Viagens
a mundos
invisíveis

Anthony Peake

Viagens a mundos invisíveis

O Que a Ciência e a Espiritualidade Explicam Sobre
AS EXPERIÊNCIAS FORA DO CORPO

Prefácio de Ervin Laszlo

Tradução
NEWTON ROBERVAL EICHEMBERG

Editora
Pensamento
SÃO PAULO

Título do original: *The Out-of-Body Experience – The History and Science of Astral Travel.*

Copyright © 2011 Anthony Peake.

Publicado pela primeira vez em 2011 por Watkins Publishing, Sixth Floor, Castle House, 75-76 Wells Street, London WIT 3QH.

Copyright da edição brasileira © 2016 Editora Pensamento-Cultrix Ltda.

Texto de acordo com as novas regras ortográficas da língua portuguesa.

1ª edição 2016.

1ª reimpressão 2017.

Todos os direitos reservados. Nenhuma parte desta obra pode ser reproduzida ou usada de qualquer forma ou por qualquer meio, eletrônico ou mecânico, inclusive fotocópias, gravações ou sistema de armazenamento em banco de dados, sem permissão por escrito, exceto nos casos de trechos curtos citados em resenhas críticas ou artigos de revista.

A Editora Pensamento não se responsabiliza por eventuais mudanças ocorridas nos endereços convencionais ou eletrônicos citados neste livro.

Editor: Adilson Silva Ramachandra
Editora de texto: Denise de Carvalho Rocha
Gerente editorial: Roseli de S. Ferraz
Preparação de originais: Marta Almeida de Sá
Produção editorial: Indiara Faria Kayo
Editoração eletrônica: Join Bureau
Revisão: Bárbara C. Parente e Vivian Miwa Matsushita

Dados Internacionais de Catalogação na Publicação (CIP)
(Câmara Brasileira do Livro, SP, Brasil)

Peake, Anthony
  Viagens a mundos invisíveis : o que a ciência e a espiritualidade explicam sobre as experiências fora do corpo / Anthony Peake ; prefácio de Ervin Laszlo ; tradução Newton Roberval Eichemberg. – São Paulo : Pensamento, 2016.

  Título original: The out-of-body experience : the history and science of astral travel
  ISBN 978-85-315-1941-3

  1. Espiritualidade 2. Parapsicologia e ciência I. Laszlo, Ervin. II. Título.

16-01748 CDD-133

Índices para catálogo sistemático:
1. Parapsicologia 133

Direitos de tradução para o Brasil adquiridos com exclusividade pela
EDITORA PENSAMENTO-CULTRIX LTDA., que se reserva a
propriedade literária desta tradução.
Rua Dr. Mário Vicente, 368 – 04270-000 – São Paulo – SP
Fone: (11) 2066-9000 – Fax: (11) 2066-9008
http://www.editorapensamento.com.br
E-mail: atendimento@editorapensamento.com.br
Foi feito o depósito legal.

Sumário

Agradecimentos 7

Prefácio de Ervin Laszlo 9

Prólogo 13

Parte I – A Experiência 19

1. Introdução 21
2. A Explicação Mística 29
3. O Mistério da Experiência de Quase Morte 49
4. Um Caso Especial: Robert Monroe 75
5. Visão Remota: O Caso de Ingo Swann 96
6. Os Grupos Modernos 116
7. O Mistério do Sonho Lúcido 137

Parte II – A Ciência 157

    8. Neurologia 159
    9. O Caminho Psicodélico 171
  10. A Física 189
  11. A Experiência "Intrassomática" 231

    Epílogo 251
    Notas 255

AGRADECIMENTOS

Gostaria de agradecer aos doutores Arthur Funkhouser e Tom Campbell por seus conselhos e sua assistência técnica em física quântica; aos garotos fantásticos do meu Fórum; ao Walker Group e, por fim, mas não menos importante, à minha esposa Penny pelo contínuo e abnegado apoio que ofereceu a mim e a meu Daimon.

Prefácio

ANTHONY PEAKE ESCREVEU O LIVRO mais incrivelmente lúcido e abrangente sobre o mais complexo e misterioso de todos os assuntos. É um prazer escrever algumas palavras para prefaciá-lo e sugerir que ele deve ser lido – lido por todos os que já se perguntaram se aquilo que nós percebemos no mundo cotidiano é *realmente* este mundo. E se existem percepções que se encontram inteiramente além deste mundo.

A resposta para a primeira pergunta é não, e para a segunda, sim. Não, é muito improvável que o mundo seja simplesmente da maneira como o percebemos, e sim, nós também podemos perceber o mundo de maneira muito diferente daquela à qual as nossas percepções ordinárias nos dão acesso. (Bertrand Russel fez pouco-caso da primeira pergunta. Ele disse: "O senso comum, se for verdadeiro, leva à física. A física, se for verdadeira, mostra que o senso comum é falso. Portanto, o senso comum, se for verdadeiro, é falso. Portanto, ele é falso".)

À luz da ciência moderna, da física em particular, a resposta à primeira pergunta é razoavelmente inequívoca. Mas não há uma resposta clara à pergunta mais difícil: "Qual é a verdadeira natureza do mundo?"

E também: "Como é que nós podemos perceber o mundo de maneiras tão radicalmente diferentes?" Não apenas a partir de dentro do cérebro e do corpo, mas até mesmo além deles... São perguntas que têm intrigado as pessoas ao longo das eras, e que permanecem tão importantes hoje quanto sempre o foram. Elas não nos abandonam pelo fato de serem ignoradas, como fazem as pessoas modernas quando adotam a postura cômoda, e em conformidade com a moda, do ceticismo simplório.

Peake se defronta com essas questões difíceis, pois ele teve experiências que não poderia ignorar, e com certeza não gostaria de ignorar. Ele reconta, neste livro, suas próprias experiências, bem como um amplo repertório de experiências vivenciadas por outras pessoas, algumas delas sem comprovação científica, e outras cuidadosamente testadas. Elas são inexplicáveis no contexto do pragmatismo terra a terra, e no entanto são insistentemente reais. Não são sequer incomuns, mas, com muita frequência, são reprimidas, e em geral são relatadas e investigadas de modo insatisfatório. Pelo que parece, nossa mente e nosso cérebro podem comunicar-se com o mundo por vias estranhas e maravilhosas. E o próprio mundo é estranho e maravilhoso por vias que ninguém, a não ser os místicos e os poetas, poderia imaginar.

Peake refere-se às minhas teorias ao lidar com essas perguntas, e eu devo acrescentar algumas palavras à sua lista de pontos abordados. Sim, eu realmente disse que o mar de informação e de memória que tudo abrange e tudo permeia, e a que dei o nome de "Campo Akáshico", está arraigado no campo do ponto zero (CPZ) do universo. Porém, nos últimos anos, modulei essa hipótese simples, e talvez demasiadamente simples. O CPZ é apenas uma das muitas manifestações físicas da estrutura profunda do universo. No fundo de tudo isso encontra-se, muito provavelmente, o campo dos campos, que inclui o CPZ com sua energia do ponto zero, mas ele inclui muito mais do que isso. Inclui também todos os campos universais e quânticos, e o campo holográfico, ainda pouco entendido, o qual, como eu acredito, transmite a conexão não local subjacente ao entrelaçamento no nível micro, bem como no nível macro. No entanto, tudo o que eu afirmei antes para o CPZ vale para esse campo unificado superabrangente (*super-grand*). Ele é a matriz que, embora não observável em si mesma, fundamenta o universo observável. Não podemos defini-lo como uma realidade separada porque toda definição que poderíamos oferecer seria em função de coisas – campos, forças, relações ou entidades – que não apenas são produzidas por esse campo, mas que também estão efetivamente nesse campo. Ou, mais radicalmente, que *são* esse campo.

Não é como se, por um lado, houvesse o mundo manifesto *e*, por outro, um campo fundamental que lhe serve de base. O mundo e o campo são um só. Esse mundo uno é não local; todos os seus elementos estão sutilmente ligados, mas ligados de maneira efetiva. Microtúbulos, condensados de Bose-Einstein, hologramas, a ordem implicada, o CPZ e o Campo Akáshico unificado superabrangente são tantas outras hipóteses alternativas para se compreender sua natureza e sua dinâmica, e as possibilidades dessa compreensão.

Peake oferece uma revisão cuidadosa e abrangente das evidências mais importantes de experiências inusitadas e inexplicáveis à luz do senso comum, examinando, com clareza de raciocínio, as explicações possíveis. Ele nos aproxima da compreensão do mistério do mundo real, e dos muitos caminhos que podemos seguir para apreendê-lo. Este livro é sobre tudo isso. É sobre uma enormidade de coisas, tantas ou mais coisas do que as que foram tratadas em qualquer livro que eu já tenha lido. A experiência de expansão da mente e de intensificação da percepção que sua leitura pode lhe proporcionar é uma oportunidade que você não deve perder.

Ervin Laszlo

Prólogo

SUBITAMENTE, EU NÃO ESTAVA mais certo sobre isso. O que me parecera uma boa ideia quando eu voltava para casa na Inglaterra parecia-me agora menos sedutor conforme eu observava seu inventor persuadindo *Lucia* a viver. Ela se sentou em um canto da sala, com sua estranha aparência de inseto, e com seu único olho, esperando para me prender com seu olhar paralisante de medusa. Na verdade, eu estava me lembrando dos óvnis que desencadearam destruição sobre a humanidade no filme *Guerra dos Mundos*, em sua versão original na década de 1950.

Eu estava na casa da escritora Evelyn Elsaesser-Valarino, junto às praias do Lago de Genebra, na Suíça. Fui convidado por ela para me encontrar com um psicólogo austríaco, o dr. Engelbert Winkler, e seu colaborador, o neurologista dr. Dirk Proeckl. O dr. Winkler havia lido meus dois livros anteriores e sabia que eu estava avançado na redação do livro que você agora está lendo. Ele também estava ciente de que este livro tratava da experiência fora do corpo e, como tal, estava igualmente muito interessado em que eu experimentasse, por mim mesmo, como tal estado pode ser criado à vontade.

Na noite anterior, durante uma refeição maravilhosa em Genebra, o dr. Winkler havia me explicado com alguns detalhes como *Lucia* operava sua magia. Ele contou-me que combinando luz estroboscópica com diferentes níveis de brilho, ele e o dr. Proeckl encontraram uma maneira de mudar os padrões de ondas cerebrais de um sujeito colocado na frente do *LL-stimulator** de modo a refletir o nível normalmente observado em indivíduos que passaram anos praticando técnicas de meditação profunda. Entretanto, como se estava usando luz para estimular reações dentro do cérebro, às vezes *Lucia* também gerava experiências transcendentais semelhantes àquelas relatadas durante experiências de quase morte e de outros estados alterados de consciência.

Em seguida, o dr. Winkler descreveu como, em abril de 2010, ele e seus colaboradores visitaram o Tibete para avaliar a efetividade do *LL-stimulator* com um dos poucos grupos do mundo que poderia dar uma opinião ponderada a respeito – budistas treinados em técnicas de meditação profunda, particularmente na forma conhecida como "Yoga do Sonho".

Os resultados foram espantosos. Um monge afirmou que foi como "ver uma mandala com os olhos fechados". Outro relatou que a lâmpada possibilitou-lhe focalizar seu espírito interiormente e se desligar do mundo exterior. Acrescentou que sentiu deixar seu corpo para trás e experimentar um estado em que ficou cercado por cores vívidas. Winkler e Proeckl ficaram muito satisfeitos com o fato de que suas pesquisas neurológicas e psicológicas fossem apoiadas por esses indivíduos profundamente envolvidos com a experiência meditativa.

Para mim, fenômenos como a experiência fora do corpo, o sonho lúcido e outras percepções psicológicas incomuns são campos de interesse que se estendem por toda a minha vida, mas eu nunca havia experimentado algo que pudesse ser descrito como um estado alterado de consciência.

---

* *Light Lucid Stimulator* ou *Lucia Stimulator*. (N.T.)

E foi então que na tarde seguinte eu me entreguei às suaves clemências da "dama" conhecida como *Lucia*.

Enquanto o dr. Winkler carregava a máquina, eu soube que os próximos 20 minutos poderiam colocar-me em contato com vigorosas evidências subjetivas da existência de tais estados; caso contrário, eles seriam, para sempre, sensações descritas por outras pessoas e com as quais eu realmente nunca poderia ter empatia.

Esperei que minha aventura começasse. Instalei-me em uma cadeira reclinável. *Lucia* estava a cerca de 90 centímetros de mim, com seu conjunto de luzes posicionado no nível dos meus olhos. O dr. Winkler pediu-me para fechar os olhos. Eu o fiz e dentro de alguns segundos escutei a máquina entrar em operação. Percebi através de minhas pálpebras fechadas uma série de pequenas luzes bruxuleantes circundando uma luz central maior, que ligava e desligava repetidamente de maneira pré-programada. Durante cerca de dois minutos, observei o bruxuleio com moderado interesse. Então, de maneira totalmente inesperada, houve uma série de explosões de luz azul no centro de meu campo visual. Segundos depois, em minha visão periférica, apareceu uma mancha de luz amarela que, lentamente, espalhou-se pela imagem à minha frente e, ao fazê-lo, obscureceu as explosões azuis. Eu estava convencido de que essas luzes estavam sendo causadas pelo dr. Winkler ao mudar as cores do *LL-stimulator*. Perguntei se era esse o caso. Pediram para que eu abrisse ligeiramente os olhos. Para minha total surpresa, a fonte de luz externa era ainda a luz branca sem nenhum traço de coloração. Essas cores não estavam sendo geradas por qualquer fonte externa, mas internamente, pelo meu cérebro. Achei isso realmente muito estranho.

Mas o que aconteceu em seguida começou a me perturbar. Meus olhos passaram a vibrar em minha cabeça. Era uma sensação muito desagradável. Perguntei ao dr. Winkler sobre isso. Ouvi então a voz do dr. Proeckl, o neurologista, que sem dúvida acabava de entrar na sala. Ele me disse para que não me preocupasse, e me esclareceu afirmando que aquilo que eu havia sentido era uma reação fisiológica, e não neurológica, aos efeitos estroboscópicos. Depois de alguns segundos, e para o meu grande alívio, a vibração parou e então notei algo se movendo na região à extrema direita do campo da minha "visão" periférica. Mencionei isso e o dr. Winkler pediu para que eu movesse minha cabeça ao meu redor para ver o que havia lá. Ele disse que o meu cérebro havia agora tomado o controle do que eu estava sentindo, e que as luzes coloridas continuariam mesmo que eu virasse a cabeça para a direita e, ao fazê-lo, afastasse os meus olhos do *stimulator*. Achei isso difícil de acreditar, mas fiz como me fora instruído. Fiquei perplexo. A iluminação continuava mesmo que eu não estivesse mais olhando diretamente para *Lucia*. Girei minha cabeça e "focalizei" a perturbação. Conforme eu entrava em foco, sentia meu coração saltar para dentro da boca. Eu sabia que o meu corpo ainda estava localizado em uma sala de uma casa perto de Genebra, mas parte de mim encontrava-se em outro lugar, um lugar totalmente diferente.

Eu estava olhando para baixo, para uma enorme planície feita de uma série de quadrados pretos e brancos semelhantes aos de um tabuleiro de xadrez. Podia ver os quadrados fugindo em direção a um horizonte distante que parecia brilhar com uma débil luz azulada. Então percebi que estava suspenso milhares de metros acima da superfície da planície. Minha mente, simplesmente, não conseguia compreender a sensação da dupla localização. Entretanto, minhas mãos decidiram que esse era um lugar perigoso para se estar e agarraram os lados da cadeira como se estivessem grudadas. A sensação de vertigem era palpável. Enquanto eu estava tentando entrar em acordo com isso, as vibrações recomeçaram, mas dessa vez não eram apenas os meus olhos, mas todo o meu corpo que vibrava. Quando os níveis de vibração aumentaram, senti o que me pareceu um maciço jorro de sangue na minha cabeça e me senti erguendo da cadeira. Bem, isso não foi totalmente verdade. Senti como se uma parte de mim estivesse vibrando para dentro e para fora do meu corpo. Estava convencido de que as outras pessoas na sala podiam ver o meu corpo sendo puxado para cima e para baixo com uma taxa vibratória assustadoramente rápida. Eu me senti como um astronauta sentado na ponta de um foguete Apollo conforme ele acelera espaço adentro. Foi extremamente assustador, mas também estupendamente assombroso. Mesmo assim, meu medo superou meu fascínio, e pedi ao dr. Winkler para que desligasse *Lucia*. Ele o fez e eu estava subitamente de volta à realidade que eu havia sentido tão segura por mais de 56 anos.

O que quer que tivesse acontecido comigo e para onde quer que eu tivesse viajado naquela quente tarde suíça, não foi naquilo que chamamos de "espaço consensual" – o lugar que nós compartilhamos com outras pessoas como parte de nossa experiência cotidiana do mundo –, mas em um local totalmente diferente. Eu havia vivenciado o meu primeiro encontro com o assunto deste livro, que eu então estava planejando, um encontro que iria mudar por completo minha abordagem desse assunto intrigante.

Minha experiência me fez compreender que eu havia feito as perguntas erradas. Tentar descobrir se a experiência fora do corpo é real ou imaginária é errar completamente o alvo. O que eu deveria estar fazendo era indagar sobre a própria natureza da percepção e, por implicação, sobre a natureza do mundo dos fenômenos, que os nossos sentidos nos dizem que é tão real.

O livro que agora você tem em mãos é um registro de minha busca pessoal para compreender o que aconteceu comigo naquele dia na Suíça e para incorporar essa experiência ao modelo que eu já estava em processo de desenvolver. Em suas páginas, revisarei as evidências de que tais estados alterados de consciência são experiências subjetivamente reais;

mergulharei na ciência por meio da qual a consciência pode aparentemente se localizar fora do corpo e, por fim, apresentarei minhas próprias hipóteses sobre o que pode estar acontecendo quando uma pessoa tem tais percepções. Como acontece com todos os meus livros, eu simplesmente apresentarei as informações. É você, caro leitor, que irá decidir se aceitará ou não as minhas conclusões.

Parte I

A Experiência

CAPÍTULO 1

Introdução

A Experiência Malaia

AO LONGO DOS ÚLTIMOS ANOS, minha vida tornou-se muito estranha. Embora desde o início da minha adolescência eu estivesse interessado por aquilo que muitas pessoas chamam de "fenômenos sobrenaturais" ou "misteriosos", foi apenas depois da publicação do meu primeiro livro, *Is There Life After Death? – The Extraordinary Science of What Happens When We Die*, que eu passei a me encontrar com muitas e muitas pessoas que passaram por tais coisas em primeira mão.

Eu, por outro lado, só entrei em contato com um punhado de eventos singulares em minha vida, e esses eventos simplesmente empalidecem na insignificância quando comparados com os acontecimentos surpreendentes que são explicados a mim quando realizo minhas palestras, descrições que leitores de meus livros enviam-me por e-mail ou que agora são postados em meu Fórum na internet. Porém, a coisa mais estranha e que mais me choca regularmente é o fato de eu constatar quanto a maior parte das pessoas que vivenciam tais experiências é prática e "normal". São pessoas comuns com as quais aconteceram eventos extraordinários para os quais elas não têm explicação. De fato, muitas confiam em mim porque ficam assustadas diante da possibilidade de que, ao contar a seus amigos e colegas sobre suas experiências, eles as estigmatizem dizendo-lhes que precisam de tratamento psiquiátrico.

Após a publicação do meu segundo livro, *The Daemon – A Guide to Your Extraordinary Secret Self*, o interesse em mim e em minhas ideias aumentou a ponto de eu, de repente, passar a ser convidado regularmente por programas de rádio no Reino Unido e nos Estados Unidos. Graças a essa promoção do meu perfil, um número cada vez maior de pessoas entrou em contato comigo. Fui obrigado a concluir que eventos extraordinários não eram raros, em absoluto. Na verdade, eram fenômenos comuns. Ficou claro para mim que essas pessoas estavam ansiosas para que suas histórias fossem contadas, pois elas queriam *respostas*, respostas apropriadas que pudessem lhes *explicar* exatamente o que ocorria quando elas experimentavam o inexplicável.

Então, em uma segunda-feira, eu estava apresentando meu programa vespertino regular na Rádio Merseyside, da BBC. A cada quinze dias, eu escolhia um tópico e o discutia com Billy Butler, uma celebridade popular local conhecida por sua abordagem prática e seu aguçado senso de humor. Billy é o anfitrião ideal, e sempre consegue me fazer as perguntas que o ouvinte médio gostaria de perguntar. Nessa tarde, em particular, o assunto escolhido foi a experiência fora do corpo. Era um tema com o qual eu tinha apenas uma vaga familiaridade. Entretanto, eu sabia o suficiente para apresentar uma rápida visão geral a respeito do que era uma EFC, abreviatura pela qual essa experiência é geralmente conhecida. Expliquei que, ocasionalmente, e em geral em situações de tensão ou medo, as pessoas afirmam que se encontraram fora de seus corpos e viram o mundo ao seu redor a partir de outra localização. Outros afirmam que podem visitar locais distantes nesse estado; e que até mesmo encontram outros seres, alguns humanos, outros não.

Conforme eu descrevia isso, podia dizer que Billy estava achando tudo o que eu dizia bizarro demais para o seu gosto. Ele indagou-me como isso podia acontecer; que evidências científicas havia para tais circunstâncias. Respondi que não conhecia o bastante sobre o assunto, mas que era algo em que eu estava ansioso para me aprofundar. Steve Coleman, o produtor de Billy, enviou a nós uma mensagem pelos nossos fones de ouvido dizendo que alguém ao telefone estava querendo muito falar conosco "no ar". Billy e eu concordamos e, depois de alguns segundos, ele estava em contato conosco.

O que ele queria tanto discutir conosco era um acontecimento que havia ocorrido muitos anos antes, quando ele estava prestando o serviço militar no exército nacional na Malaia (hoje Malásia) no fim da década de 1950. Ele explicou que se levantava da cama todas as noites em turno de vigília e havia acabado de retornar ao alojamento. Enquanto se sentava em sua beliche, ele percebera que havia se esquecido de despertar o soldado do turno seguinte para substituí-lo. Ele se levantou e começou a caminhar ao longo do dormitório até o beliche do seu colega. Enquanto fazia isso, sentiu-se um tanto estranho. Seu corpo lhe parecera esquisito. Por alguma razão, ele se virou para trás e olhou para seu beliche. Absolutamente chocado, viu a si mesmo ainda sentado na cama, fitando o espaço. Como seria de se esperar, ele levou um susto dos diabos e se precipitou de volta ao seu corpo, cruzando o dormitório. A próxima coisa de que se lembra era de se levantar do seu beliche algumas horas mais tarde.

Estava claro, pelo seu tom de voz, que esse evento tinha sido um constante mistério para ele. Simplesmente, ele não conseguia entender como pôde estar fora do seu corpo, olhando para si mesmo de uma curta distância. Ele queria encontrar uma explicação plausível porque não estava morrendo quando esse fenômeno ocorreu. Estava apenas exausto, mas alguma coisa estranha havia acontecido naquela noite abafada muitos anos atrás; alguma coisa que, para ele, era completamente inexplicável.

Tentei minha abordagem normal de fazer o papel de advogado do diabo. "Será que você não estava dormindo na ocasião?", perguntei. "Não", foi a resposta precisa, "eu estava cansado, mas bem desperto". Esse homem estava absolutamente inflexível em sua convicção de que, por alguns segundos, havia mais de 50 anos, ele entrou em contato com algo que é totalmente inexplicável no âmbito de nossa moderna compreensão científica sobre como o mundo funciona. As pessoas não podem simplesmente deixar o corpo e sair perambulando por aí no mundo exterior. A consciência é criada pelo cérebro e está localizada dentro dele. Sugerir que a consciência possa existir fora do cérebro significa que todo o nosso modelo materialista está errado – que a mente de uma pessoa possa existir sem a necessidade de um corpo para lhe suprir de oxigênio, de olhos para processar ondas luminosas e de ouvidos para processar ondas sonoras. Significa, além disso, que a consciência pode se mover pelo mundo exterior sem qualquer maneira óbvia de fazer isso. Em seu estado desencarnado, o jovem soldado não tinha pernas para se mover ao longo do piso do alojamento. Como poderia ele ter "caminhado" para qualquer lugar que fosse?

Quando o ouvinte ao telefone terminou de descrever sua experiência, é claro que Billy e eu estávamos perplexos. Mais uma vez, tratava-se de um senhor idoso, aparentemente normal e equilibrado, que estava descrevendo o mais extraordinário acontecimento ao vivo transmitido pelo nosso programa de rádio.

Suzanne Segal

Ao voltar para casa, meu interesse pela experiência fora do corpo foi realmente estimulado. Comecei a ler sobre o assunto e, mais uma vez, para minha surpresa, descobri que se tratava de um fenômeno muito mais comum do que eu havia suposto. Na verdade, descobri depois que psicólogos e psiquiatras atuais não descartam esse fenômeno, em absoluto, e muitos estudos interessantes foram realizados nos últimos anos. Além disso, os cientistas, sensivelmente, substituíram a expressão "experiência fora do corpo", que é um tanto incômoda e desajeitada, além de negativamente parcial e tendenciosa, por um nome menos sujeito a levantar reações negativas. O novo termo é "ecsomático". É uma palavra muito mais precisa, que abrange todas as experiências nas quais a consciência parece estar fora do corpo. Na verdade, é exatamente isso o que ecsomático significa – *ec* indicando "estar fora" e *soma* é uma palavra latina para "corpo".

Fiquei surpreso ao constatar que havia muitos artigos acadêmicos escritos sobre o assunto e que centenas de casos foram registrados. Um deles, em particular, chamou a minha atenção. Envolvia uma jovem norte-americana chamada Suzanne Segal, que morava em Paris no início da década de 1980.

Na primavera de 1982, ela estava esperando um ônibus que a levaria para casa, depois de assistir a uma aula sobre parto, quando uma coisa muito estranha aconteceu. À medida que o ônibus se aproximava, ela sentiu um estalo nos ouvidos e subitamente pareceu-lhe que estava encerrada em algum tipo de campo de força que a envolvia e formava uma barreira entre ela e o mundo exterior. Por alguns segundos, ela ficou totalmente desorientada e então percebeu que seu corpo estava agindo como se realmente não estivesse sob seu controle. O que aconteceu em seguida iria mudar sua vida. Em seu livro *Collision with the Infinite*, ela descreve assim o incidente:

> Levantei o pé direito para entrar no ônibus e colidi de frente com uma força invisível que entrou na minha percepção como um bastão de dinamite que explodisse silenciosamente, em um impacto que foi capaz de arrancar as dobradiças e abrir as portas da minha consciência usual, dividindo-me em duas partes. Na lacuna espacial que apareceu, o que eu

anteriormente chamava de "eu" havia sido empurrado à força para fora de sua localização usual dentro de mim até um novo local aproximadamente 30 centímetros atrás e à esquerda da minha cabeça. Agora, "eu" estava atrás do meu corpo olhando para o mundo sem usar os olhos físicos.[1]

Subitamente, ela estava fora do seu corpo, existindo em um espaço atrás e à esquerda do seu ser corporal. Ela descreveu sua nova localização no tempo e no espaço como uma "nuvem de percepção".

Essa foi uma versão semelhante, mas ainda mais poderosa, do que aconteceu com o ouvinte que me telefonou na Rádio Merseyside. Essa experiência mudou totalmente a vida de Segal e, a partir daí, pareceu-lhe que ela existia em dois mundos. Porém, o que estava acontecendo a ela, e a todas as outras pessoas que tinham experiências semelhantes às dela? Seriam todas elas, simplesmente, vítimas de ilusões ou, pior ainda, mentirosas à procura de chamar a atenção? Bem, não posso realmente falar por Suzanne Segal, pois nunca me encontrei com ela. No entanto, ao ler o seu livro, sou da opinião de que ela era uma jovem comum e muito bem equilibrada. Na verdade, eu teria tentado entrar em contato com ela para discutir os eventos, mas, tragicamente – e talvez isso seja até mesmo significativo –, ela morreu em 1997 de um tumor cerebral.

É importante reconhecer que a ciência pode estar no início de um novo paradigma capaz de acomodar anomalias como a que me foi descrita naquela tarde no estúdio radiofônico. Na verdade, muitos cientistas de mente aberta observam regularmente que o próximo catalisador será um avanço revolucionário em nossa compreensão da natureza da consciência. Isso ocorre porque a consciência – e suas implicações – apresenta problemas insuperáveis com relação ao atual paradigma científico. A autopercepção em um universo aparentemente destituído de consciência simplesmente não faz sentido, e fenômenos paranormais, de maneira semelhante, apresentam anomalias que podem estar indicando um modelo de ciência até agora desconhecido; um modelo no qual a consciência cria a matéria em vez de a matéria criar a consciência.

No entanto, há muitas outras "anomalias" que nós não conseguimos ajustar no atual paradigma. Por exemplo, os cientistas prontamente admitem que por volta de 71,3% do nosso universo "está faltando".[2] Esses 71,3% consistem em uma coisa chamada "energia escura". Ela recebeu esse nome porque ninguém tem a mínima ideia do que ela realmente é. Os cientistas sabem apenas que, para o universo manter o equilíbrio, esse material precisa existir. O que é ainda mais estranho é que os 28,7% restantes são constituídos por aquilo que é conhecido como "matéria bariônica" e por uma outra substância misteriosa conhecida como "matéria escura". Matéria bariônica é tudo o que observamos no universo físico; na verdade, ela é a "matéria" que sabemos que existe e é definida como tendo localização, extensão e massa. A matéria escura é outra forma desconhecida de matéria que sabemos que existe porque o seu puxão gravitacional afeta a matéria bariônica. Assim, o universo físico, ao qual o nosso moderno paradigma dá tanto valor, é apenas uma parte minúscula de um universo maior que nós simplesmente não conseguimos detectar.

Poderia ocorrer que a explicação para o que aconteceu com o meu contato telefônico e com Suzanne Segal pode ser encontrada dentro dos mistérios da "energia escura" e da consciência?

O livro que você tem agora em mãos é o resultado de um longo período de intensas leituras e de trabalho de pesquisas na *web*. Consegui discutir a experiência ecsomática com alguns dos mais importantes profissionais e praticantes dessas experiências em todo o mundo. Também revi grande parte do material mais recente do mundo da ciência, da neurologia à física quântica. Ao fazê-lo, realmente acredito que consegui apresentar uma hipótese que pode, apenas pode, ajudar a explicar o que está acontecendo. Se eu estiver certo, isso significa que aquilo que, à luz da nossa compreensão, a realidade é, na verdade não é, em absoluto, nada do que acreditamos que ela seja.

Nas páginas restantes, vou apresentar a história, rever as evidências e, em seguida, apresentar o modelo. Em conformidade com a moderna terminologia científica, e para evitar confusão, vou me referir à experiência fora do corpo e à "experiência ecsomática" como expressões intercambiáveis, dependendo do contexto.

Como sempre acontece com meus livros, é você, leitor, quem decidirá se aquilo que eu apresento faz sentido racional ou lógico. E, como antes, os debates e discussões estão abertos a todos no meu Fórum internacional em www.anthonypeake.com/forum.

CAPÍTULO 2

A Explicação Mística

A Definição do Território

AO LONGO DOS ÚLTIMOS CINCO ANOS, encontrei-me com muitos indivíduos que, pacientemente, explicaram-me que o modelo de universo que apresento em meus livros anteriores reflete-se na tradição mística que tem sido completa e minuciosamente desenvolvida por adeptos e mestres desde os tempos mais antigos. No entanto, nunca realmente discutimos em qualquer detalhe a ideia de que a consciência poderia deixar o seu invólucro corporal e viajar para outros locais, tanto dentro do mundo exterior que todos parecemos compartilhar como em lugares muito mais exóticos, mas igualmente reais.

Conheci e fiz amizade com pessoas que haviam sido treinadas em tradições xamânicas, cabalistas e teosóficas, e em tradições místicas modernas, mas sempre evitamos essas áreas de discussão. O motivo disso pode estar no fato de que os meus livros sugerem um modelo razoavelmente materialista da mente. Proponho um modelo por meio do qual é no âmbito dos domínios da própria mente que lugares mágicos podem ser encontrados. O mundo exterior, para a maioria das pessoas, é uma ilusão gerada pelo cérebro, semelhante ao mundo apresentado em filmes como *Matrix* e *Vanilla Sky*. Como tal, a ideia de que a pessoa poderia projetar sua mente no espaço exterior e viajar dentro dela realmente não se encaixa.

No entanto, quando expliquei que o meu próximo livro seria uma revisão da experiência ecsomática, meus colegas começaram a explicar provisoriamente que talvez o meu modelo, agora conhecido como o IMAX Bohmiano, possa não ser a explicação completa, e nem mesmo parcial, para muitos misteriosos estados alterados de consciência. Eles sugeriram-me que os mundos visitados durante estados ecsomáticos são muito reais e são há muito tempo conhecidos dessa forma. Na verdade, eles acrescentaram que eu poderia me surpreender ao descobrir que, em sua maioria, as grandes tradições religiosas tinham modelos de realidade que envolviam a viagem ecsomática.

E foi assim que a minha jornada começou, ouvindo atentamente o que me diziam sobre essas tradições. Este capítulo apresenta uma revisão das coisas que encontrei e, como, no fim de minha resenha histórica, fiquei surpreso ao descobrir que o meu modelo e o apresentado pelo misticismo esotérico de repente não estavam mais tão distantes um do outro. Era simplesmente uma questão de perspectiva.

O Território da Transcendência

Para muitas pessoas, só existe um mundo – o mundo físico. Podemos viajar nesse mundo usando o nosso corpo para nos movermos. Esse mundo é consistente no sentido de que, quando fechamos os olhos, ele fica inalterado, o que se revela quando voltamos a abri-los. Vamos chamar isso de "mundo consensual". O mundo consensual é compartilhado com outros seres humanos, animais e objetos inanimados, todos os quais parecem existir em um espaço tridimensional. Quando dormimos e depois acordamos, o mundo consensual pode ter evoluído durante o nosso período de ausência, mas, em sua maior parte, permanece o mesmo. As pessoas que conhecíamos antes de irmos dormir ficam praticamente inalteradas, assim como suas personalidades e motivações.

No entanto, quando deixamos o mundo consensual e ingressamos no mundo dos sonhos, tudo muda. O mundo consensual parece recuar de nós; então, entramos em outro lugar, um lugar que não é consistente. Esse mundo não tem continuidade nem um mapa ou geografia definitivos. As leis da ciência não parecem aplicar-se a esse lugar e as pessoas que encontramos nesse mundo não são consistentes. De fato, podemos encontrar pessoas que sabemos estarem mortas. Podemos descobrir que conseguimos voar. Podemos nos encontrar com criaturas míticas, visitar lugares estranhos e estar presentes em estranhas situações. O tempo também parece tornar-se elástico e maleável. Quando finalmente acordamos, estamos de volta ao mundo consensual, que permanece consistente e confiável. Na próxima vez que dormirmos, seremos, mais uma vez, lançados de volta no mundo dos sonhos, mas geralmente um mundo muito diferente daquele que deixamos. O mundo dos sonhos é definido pela sua falta de continuidade ou permanência.

Até onde os registros escritos podem nos levar, e – como é perfeitamente razoável concluir – até onde o homem tem discutido o seu mundo interior com os outros seres humanos, o que esse lugar de sonhos e de alucinações representa é uma janela para outra realidade. É o lugar onde o homem pode encontrar o mundo espiritual, o mundo dos espíritos e, possivelmente, o domínio dos deuses. Ao longo dos milênios, místicos, magos e santos têm encontrado esse mundo alternativo e o vivenciado em seus próprios termos, e, ao fazê-lo, inventaram técnicas e processos por meio dos quais podiam entrar e sair à vontade desse lugar. Esses "viajantes", ao voltarem, têm relatado aos seus companheiros que esses "Planos Astrais" possuem uma geografia e uma estrutura surpreendentemente consistentes. É para essas tradições místicas que voltaremos agora a nossa atenção.

Xamanismo

O xamanismo é reconhecido como a religião mais antiga do mundo. Registros de seus rituais foram encontrados em pinturas rupestres que remontam a 6.000 a.C.

A palavra *saman* deriva da linguagem dos povos tunguses da Sibéria. Ela foi transliterado para o russo como "xamã", palavra que tem sido interpretada com o significado de "aquele que sabe", ou "aquele que é estimulado, movido, exaltado", "que é arrebatado, erguido". Em geral, ela tem sido aplicada a muitas figuras tradicionais, entre elas, curandeiros, necromantes e médiuns, mas, essencialmente, o xamã é um agente de cura indígena cuja habilidade consiste em entrar em um estado de transe que permite à sua alma viajar para os mundos superiores e inferiores dos espíritos e demônios. O xamã "viaja" através desse estado alterado de consciência a fim de ganhar acesso ao mundo dos espíritos como um mediador para a sua tribo ou seu povo.

Tornar-se um xamã é algo que pode envolver uma herança, no sentido de que a capacidade para viajar aos mundos superiores e inferiores tem sido transmitida no seio de famílias, mas geralmente se constata que o indivíduo apresenta características singulares, que sugerem habilidades xamânicas. Essas habilidades podem incluir estados de transe espontâneos, comportamento extático ou perturbado, ou até mesmo sintomas de possessão.

A Sibéria é considerada a pátria do xamã, mas a tradição lentamente se espalhou pela parte central e norte da Ásia seguindo em direção às Américas do Norte, Central e do Sul. É razoável concluir que o sistema de crença seguiu as rotas de migração dos povos do norte da Ásia, passando pela antiga ligação entre a Sibéria e o Alasca, e depois continuou a descer, atravessando a América continental.

Embora o ritual e as tradições tenham mudado ao longo dos milênios, o xamanismo ainda retém uma série de crenças fundamentais; uma delas, que é importante para nós, é a crença na capacidade de um xamã para deixar o corpo e visitar outros planos de existência.

Estou na posição privilegiada de conhecer um punhado de indivíduos treinados na tradição xamânica. Eles incluem Gary Plunkett e Sebastian Cheatham, que experimentam regularmente viagens xamânicas e treinam outras pessoas ensinando-as a obter esses estados alterados de consciência.

Gary informou-me que para trafegar com sucesso ao longo dos níveis superior e inferior do universo xamânico, o viajante precisa ser treinado para compreender os símbolos e os arquétipos que ele encontrará ao ingressar nesses reinos desencarnados.

A fim de intensificar a consciência o suficiente para se atingir um estado em que a viagem xamânica pode começar, o cérebro tem de ser retirado do seu estado normal. Um método popular de fazer isso consiste em recorrer aos tambores xamânicos. Qualquer batida repetitiva fará isso, como aficionados da moderna "cultura rave" o atestarão, mas o vigor e o ritmo das batidas de tambores parecem particularmente eficazes. Quando a mente se concentra no som dos tambores, ela entra em estado de transe. O viajante xamânico então se transfere para outro lugar, chamado de "mundo do meio", que pode parecer idêntico ao nosso mundo normal, mas não é. O viajante pode sentir que nada aconteceu. No entanto, Gary explicou-me que a melhor maneira de testar isso é saltar para cima e para baixo. No mundo do meio, o viajante pode achar que continua a se erguer no ar sem voltar para a Terra.

Não é isso idêntico a uma experiência ecsomática clássica? A sensação de flutuação é uma das primeiras coisas que um experimentador ecsomático sente quando se encontra em um estado fora do corpo – flutuando perto do teto ou em uma posição a uma certa distância atrás e acima do corpo. É importante notar que, para as pessoas treinadas na tradição xamânica, esse lugar não é a realidade consensual, mas um outro reino idêntico a ela em todos os sentidos.

Gary explicou-me que o mundo do meio, embora real, é criado a partir dos bancos de memória do cérebro e conterá arquétipos e símbolos pessoais para o viajante. Em outras palavras, ele é criado a partir das memórias do experimentador. Como tal, o ambiente aparentemente externo do mundo do meio é modelado pela mente a partir de informações que ela já possui. É como se eu tivesse em minha mente uma imagem do que está atrás da minha cabeça no momento. Sei, em termos gerais, o que deveria estar lá, porque me sentei junto a esta escrivaninha muitas vezes em meu escritório. Posso visualizar um modelo muito preciso, e estou certo de que, em um estado semionírico, eu poderia criar uma imagem em meu campo visual.

Uma vez que um viajante xamânico percebe que se encontra no mundo do meio, ele precisa procurar seu guia xamânico, ou totem. Este é sempre um animal, e ele se aproximará do viajante logo depois que este alcançar o mundo do meio. Às vezes, um outro ser será encontrado. Este, em geral, tem forma humanoide e é chamado de "o professor". Ele se manifestará na imagem de um arquétipo específico para o viajante. Ele poderá ser um personagem de ficção ou de filme. Por exemplo, nos últimos anos, muitos viajantes têm encontrado Gandalf, de *O Senhor dos Anéis*, Spock, de *Jornada nas Estrelas*, ou Obi Wan Kenobi, dos filmes da série *Guerra nas Estrelas*. São, todos eles, arquétipos de sabedoria e, sendo personagens fictícios, todos são, obviamente, arquétipos gerados internamente.

O totem ou o professor ajudará o viajante a encontrar algo chamado de "o portal". Em diferentes tradições, ele pode variar, mas geralmente será um portão, uma porta ou outra forma de entrada. Na tradição celta, em geral é uma árvore com uma porta ou entrada anômala em seu tronco. Isso me faz lembrar das imagens do maravilhoso filme *O Labirinto do Fauno*, de Guillermo del Toro, em que a jovem heroína, Ofelia, começa sua viagem ao mundo subterrâneo através de um buraco em uma velha árvore. Sem dúvida, del Toro está usando imagens das tradições xamânicas europeias para desenvolver sua história poderosa e extremamente comovente.

Uma vez que se tenha descoberto o portal, o viajante xamânico entrará por ele e descobrirá uma instalação que lhe permitirá ir para cima ou para baixo. Com a ajuda do totem, ele decidirá por qual caminho irá seguir. Se subir, entrará naquele que é chamado de "mundo superior", e se descer, encontrará o "mundo inferior".

Se um viajante em sua viagem xamânica decidir encaminhar-se para o mundo superior, encontrará um lugar etéreo e cheio de nuvens e de névoa. Na verdade, o viajante pode se encontrar voando dentro das nuvens antes de pousar em algum lugar e encontrar-se com muitos seres, alguns humanos, alguns animais, mas todos estão lá para ajudar o xamã a desenvolver suas habilidades xamânicas.

Dentro da tradição xamânica, o mundo inferior é um lugar sem fronteiras, mas inspirando um intenso sentimento de beleza natural. É um ambiente muito natural com condições de floresta, de deserto ou de locais árticos.

Fiquei intrigado com as implicações do modelo xamânico porque ele sugeria sem dúvida que a experiência ecsomática envolvia uma busca que incluía uma viagem interior nas mais longínquas regiões da mente, assim como uma série de encontros em um lugar real que existia no mundo consensual. De fato, em minhas discussões com xamãs com quem fiz contato, ficou claro que aquilo que encontramos é uma série de mundos cheios de arquétipos extraídos das áreas mais profundas da mente subconsciente. No entanto, o que é significativo é que esses seres parecem animados por motivações próprias, como se tivessem uma existência independente do viajante xamânico. Para mim, isso significava que, embora esses mundos pudessem ser criações da mente, eles também tinham uma realidade que desafiava nosso atual modelo materialista a respeito de como o universo funciona.

O xamanismo não pode realmente ser chamado de religião no sentido geral das religiões que iriam sucedê-lo. Ele não possui nenhuma tradição escrita nem verdadeiros rituais. No entanto, sua crença em níveis de existência além do mundo físico incorporaram-se em muitos dos sistemas de crença mais organizados das terras asiáticas, sistemas nada menos importantes que as religiões do norte da Índia, do Tibete e do Nepal.

Religiões do Sudeste Asiático

O subcontinente indiano foi habitado há milênios e apresenta evidências de ter abrigado algumas das civilizações mais antigas do planeta. Portanto, não é de modo algum surpreendente que crenças religiosas sofisticadas e complexas tenham se desenvolvido nessa área.

A mais antiga delas, e provavelmente a mais influente, é, na verdade, uma série de crenças coletivamente conhecidas como hinduísmo. Acredita-se que essa religião combinada com filosofia seja talvez a mais antiga religião viva do mundo, tendo, no mínimo, 5 mil anos de idade. Embora esteja, em geral, associado com o subcontinente indiano, o hinduísmo espalhou-se por toda a Ásia e agora tem adeptos em todo o mundo. Em muitos aspectos, em vez de ser apenas uma religião, o hinduísmo é um modo de vida.

Sustenta-se comumente a crença em que os hinduístas cultuam muitos deuses. Esse é um entendimento errôneo do princípio básico do hinduísmo, que se refere ao papel de Brahman. Brahman é o Absoluto – ou seja, é um ser sem forma, que permeia tudo, está presente em toda a parte, é onisciente, onipotente e transcende o espaço e o tempo. Em palavras simples, tudo o que é, é Brahman, e isso abrange todos os seres vivos, incluindo o homem.

O universo material que percebemos com nossos sentidos é *maya*, uma ilusão, um mundo onírico de Brahman. Como tais, somos elementos de Brahman, existimos dentro de um sonho lúcido que, coletivamente (como Brahman), estamos sonhando. O que para nós é o nosso corpo físico compõe-se de um elemento que existe dentro de *maya* e de um corpo sutil, conhecido como a *Sukshma sarira* ou *Sukshma sharira*. O corpo físico é simplesmente um recipiente para o corpo sutil e, por ocasião da morte, o *Sukshma* simplesmente reencarna em uma nova vida. O *Liṅga Śarīra* está contido nesse corpo sutil. Ele corresponde ao que conhecemos como percepção consciente.

Os antigos escritos do hinduísmo incluem muitas referências à ideia de que o corpo sutil e o *Liṅga Śarīra* podem transpor os limites do corpo físico e viajar para outros lugares. Por exemplo, esses escritos fazem referência àquilo que se conhece como os oito *siddhis*. Estes são poderes paranormais que podem ser desenvolvidos por meio da meditação profunda e do estudo. O sexto *siddhi* é descrito como "voando pelo ar". Muitos comentaristas consideram que isso significa experiências fora do corpo.

É claro que em um sistema de crença em que se propõe que o mundo físico é simplesmente o sonho de Brahman, é axiomático supor que o corpo sutil pode viajar para onde quer que ele deseje dentro dessa paisagem onírica, sendo que a única restrição é a falta de imaginação.

Em 566 a.C., um príncipe chamado Sidarta Gautama nasceu no país hoje conhecido como Nepal. Seu pai era o rei do povo indiano Sakya e o jovem Gautama foi criado no sistema de crença hinduísta. No entanto, aos 30 anos de idade, saiu de casa em busca de iluminação e cinco anos depois ele a achou sentado sob uma árvore Bodhi, em um lugar chamado Bodh Gaya, atualmente Bihar. Assim que ele saiu de seu estado meditativo, ele era um *buddha*, um ser iluminado. Desse dia em diante, ele passou a perambular pela região rural pregando sua nova visão sobre como o homem deve viver a vida. Na época de sua morte, em Kusingara, em Oudh, sua nova religião havia pacificamente emergido do hinduísmo e um punhado de décadas depois se espalhou por todo o sul da Ásia.

Embora o budismo se arraigasse na maior parte do sul da Ásia e do Sudeste Asiático, foi nas montanhas do Tibete que ele desenvolveu um vigoroso elemento místico; onde, acreditam os estudiosos, ele encontrou e assimilou muitos conceitos vindos de uma tradição xamânica muito mais antiga. De fato, uma antiga tradição tibetana (posteriormente influenciada pelo budismo) ainda aplica essas crenças como parte de seus ensinamentos. Conhecida como Bön, essa escola venera uma pequena estrutura do cérebro conhecida como glândula pineal. Para os seguidores da religião Bön, esse órgão é uma porta de entrada para estados alterados de consciência.

Outra escola tibetana, que surgiu mais tarde, e apresenta particular interesse no que diz respeito a experiências ecsomáticas, é o budismo Vajrayana. De acordo com os ensinamentos dessa escola, há um processo chamado "yoga do sonho". Os tibetanos acreditam na existência de três estados da mente. Estes são o estado de vigília, o sono e o sonho. Eles consideram que esses estados correspondem à vida, à morte e ao renascimento.

Possivelmente, de grande importância para a nossa busca por uma compreensão da experiência ecsomática foi o fato de que as pessoas que testaram o *LL-stimulator* quando o dr. Winkler e seus colaboradores viajaram para o Tibete em abril de 2010 eram membros das tradições Bön e "yoga do sonho". O leitor se lembrará do que dissemos no prólogo, que os praticantes dessa tradição antiga, quase xamânica, consideraram que o efeito do estimulador luminoso foi profundo. Nessa tradição, a fonte não dual da consciência é descrita como uma esfera de luz multicolorida – exatamente o que foi descrito pelos tibetanos quando eles experimentaram o estimulador. Alguns dias depois, o dr. Winkler, em uma visita ao

Palácio de Potala, em Lhasa, constatou que uma coleção de glândulas pineais ossificadas de elefante era muito reverenciada. Ao indagar sobre isso, foi informado de que eram relíquias de valor sagrado extremamente alto para os seguidores da tradição Bön. Vamos descobrir mais tarde o quão importante isso pode se comprovar em relação a uma possível explicação para a experiência ecsomática.

É importante que as pessoas tentem adquirir lucidez nos sonhos durante a vida, pois isso as ajudará a apreciar o que realmente estará acontecendo quando elas se defrontarem com o temido estado de "bardo" após sua morte. Se você adquiriu lucidez, saberá que o estado de bardo é uma criação da mente. Se não adquiriu, irá supor que esse estado é real e simplesmente uma extensão do estado de vigília. O que o ajudará a compreender isso é um conceito conhecido como a "clara luz da morte". De fato, essa clara luz é o "eu verdadeiro" da pessoa, e, ao se fundir com essa luz, a alma pode evitar o renascimento compulsório, que é forçado sobre aqueles que permanecem no estado de bardo, ignorantes do verdadeiro propósito desse estado. Ao tornar-se, literalmente falando, um "ser iluminado", a alma se lembra de todas as suas vidas anteriores e pode decidir se deseja ou não voltar para seguir, mais uma vez, o ciclo de nascimento e morte.

Os textos budistas da escola tântrica ensinam como é possível ganhar lucidez no estado onírico graças ao encontro com a "clara luz do sono". Como o nome sugere, trata-se de um estado relacionado com a "clara luz da morte", que pode ser encontrada nas terras fronteiriças entre o estado de vigília e o de sono. Se essa técnica é realizada com sucesso, a pessoa torna-se lúcida quando está imersa no estado de sonho.

Nos ensinamentos Dzogchen, o objetivo supremo consiste em permanecer lúcido durante o estado de vigília, bem como durante o estado de sonho. Esse é um ponto importante. De acordo com as escolas esotéricas do budismo, todos os seres humanos encontram-se em um estado de permanente não iluminação. Eles acreditam que estão plenamente conscientes durante o estado de vigília, mas essa crença é outra ilusão. Apenas se levar a clara luz para o estado de vigília, uma pessoa pode realmente se tornar consciente de que aquilo que ela percebe desse estado é, na verdade, uma projeção da mente. Ao atingir essa compreensão, a pessoa pode se libertar das algemas forjadas pela mente e tornar-se, literalmente, um "Ser do Arco-Íris", isto é, um ser feito de luz. Com a morte, tudo o que restará do cadáver serão unhas e cabelos.

Tais conceitos têm sido, desde há muito tempo, parte das tradições das grandes religiões da Ásia, cujo principal sistema de crença afirma que o mundo é apenas uma ilusão criada pela mente. No entanto, embora possa causar uma certa surpresa para aqueles que desconhecem essas coisas, todas as grandes religiões ocidentais têm em seu âmago tradições esotéricas sugerindo que a matéria física não é o que parece, e que há mundos por trás daquele que os nossos sentidos nos apresentam.

A principal tradição, e que provavelmente influenciou crenças semelhantes dentro do cristianismo (gnosticismo) e do islamismo (sufismo), é a tradição judaica conhecida como Cabala.

Cabala

Para os cabalistas, tudo o que *é* emana do que é conhecido como "O Uno", expressão pela qual eles se referem a IHVH, Jeová, ser que está além de toda compreensão. Na verdade, "ele" só pode ser definido por aquilo que ele não é. O Uno é a unidade de todas as coisas. Como tal, nada pode ser escrito a respeito de IHVH que o diferencie do que ele é. No âmbito desse ensinamento, IHVH é o "nada", pois ele está, literalmente, fora da cognição humana.

Por alguma razão desconhecida, e incognoscível, "O Uno" pôs em movimento o processo que, em última análise, levou ao mundo visível que percebemos. No entanto, nosso mundo é o último de uma série de "emanações", que se espalharam para fora de IHVH, cada uma delas um pouco mais física do que aquela da qual emanou. Inicialmente, emergiu a pureza de espírito, e, à medida que nos movemos através das várias emanações, atingimos um ponto em que o "espírito" fica encerrado na matéria.

O mundo mais alto é conhecido como *Atziluth*. É o mais próximo da "Luz Sem Limites",* que é a Mente Divina. Ele também é conhecido como o mundo do Fogo. O mundo seguinte é conhecido como *Beriah* – aquele em que se pode encontrar os "arquétipos". Assim como no caso das "Formas" de Platão, esses arquétipos são as realidades mais puras dos universais apreendidos pela mente. Se refletimos sobre sua correspondência com os quatro elementos tradicionais, vemos que *Beriah* é o mundo do Ar. Nessa cosmologia, ele age como uma barreira entre *Atziluth* e o nível seguinte, que é de grande importância para qualquer experiência ecsomática. É chamado de *Yetzirah* e é o equivalente do plano astral. É conhecido como o mundo da Água. Finalmente, temos o mundo material, em cujo âmbito existe o corpo físico. Ele é conhecido como *Assiah* (Ação).

Na tradição cabalística, a psique humana consiste em três elementos relacionados. O elemento mais próximo do Divino é conhecido como *Yechidah*. Por sua vez, esse ser tem três elementos: o Eu Divino (*Yechidah*), a Vontade Verdadeira (*Chiah*) e a Intuição (*Neshamah*). O eu cotidiano, o ser que chama a si mesmo de "eu" e existe dentro do mundo material, é chamado de *Ruach*. *Ruach* está ligado com a Terra e *Yechidah* com o Fogo. Nesses elementos se reflete sua verdadeira natureza. *Ruach* está enraizado no mundo da matéria física enquanto *Yechidah* é muito mais etéreo, refletindo a maneira como o fogo parece se comportar. Por exemplo, o fogo sempre se ergue acima da terra e parece mover-se rapidamente para dentro e para fora da existência.

---

* Ou, simplesmente, *Ain Soph*, o "Sem Limites". É um Deus sem atributos, pois qualquer atributo o limitaria. (N.T.)

O corpo físico, conhecido como *Guph*, é uma extensão do eu inferior. Ele não pensa e não tem aspectos espirituais. Está enraizado no mundo físico e com a morte retorna aos seus componentes físicos.

Ruach existe dentro de *Assiah*. É o mundo cotidiano da matéria, enraizado na realidade física e seguindo todas as leis físicas que foram descobertas pela ciência materialista. No entanto, em sonhos e estados alterados, o mundo de *Yetzirah* pode ser encontrado, mesmo que seja apenas por uns breves momentos. Enquanto se encontra nesses estados, *Ruach* pode ter espantosas intuições e profundas percepções iluminadoras. Esse modelo está em estreita conformidade com as experiências dos viajantes ecsomáticos que vamos encontrar neste livro. Na verdade, esse modelo será rapidamente reconhecido com relação a experiências de projetores astrais como Robert Monroe e Ingo Swann.

De acordo com os ensinamentos da cabala, o universo consiste em dez níveis, esferas ou *sephiroth*. Estes são *Chockmah, Kether, Yesod, Hod, Netzach, Tiphareth, Geburah, Chesed, Binah* e *Malkuth*. Em setembro de 1994, o fundador e presidente de *Les Philosophes de la Nature*, Jean Dubuis, proferiu palestras a respeito da verdadeira natureza da realidade de um ponto de vista cabalístico moderno. É importante estar ciente de que Dubuis é um cientista treinado, trabalhando como físico nuclear com o ganhador do Prêmio Nobel Joliot-Curie. Ele reconheceu que durante uma experiência fora do corpo ou um sonho lúcido, o viajante alcançará um dos sete *sephiroth* disponíveis. De acordo com Dubuis, são estas as pistas para se identificar a localização:

Yesod Um lugar de luz pálida, com frequência povoado com as formas-pensamento da Terra.

Hod Um palácio de conto de fadas, completado com um oratório mágico, um laboratório alquímico e observatório astrológico. Por alguma razão, Hod pode ser assustador.

Netzach Inspirado pela natureza, coisas de cor verde predominam nessa esfera. Ela pode aparecer como uma meia-árvore, ou como um palácio luxuriantemente colorido, ou como uma combinação de ambos.

Tiphareth Como o palácio dos reis franceses, em Versailles, completado com a *fleur-de-lis*. É brilhante, com grandes janelas, e o céu é sempre azul.

Geburah Uma cidadela, mas confortável.

Chesed Com frequência é um enorme edifício religioso, ou um castelo com um grande templo em seu interior.

Binah Muitas vezes experimentada como uma pirâmide ou um templo maciço com um único pináculo.

Chockmah e *Kether* estão além da compreensão e, portanto, não podem ser percebidos durante uma EFC. Ele as descreve como:

> *Chockmah* e *Kether* existem além do âmbito em que são reconhecidas como imagens da psique. Na melhor das hipóteses, pode-se dizer que *Chockmah* seria uma experiência de ausência de espaço – ou uma experiência em que tudo na criação existe em um mesmo lugar – e *Kether* como a experiência de um único ponto. Sem dúvida, esses dois estão estreitamente relacionados e são, na verdade, aspectos da mesma coisa: a unidade que existe em todos os níveis.

Finalmente, ele menciona o plano terrestre:

Malkuth Nosso mundo físico sendo que toda a Terra é o seu templo.[3]

O interessante nisso tudo é que, sugere Dubuis, não viajamos astralmente dentro de nossas próprias *sephiroth*. Isso contradiz os relatos de

EFCs experimentadas em estados de quase morte, e de EFCs espontâneas ou autoinduzidas, como são descritas por muitos que experimentam esses estados. Se Dubuis está certo, isso explicaria por que todas as tentativas de obter comprovações de EFCs foram desapontadoras ao extremo, e por que, na verdade, experiências relatadas como EFCs são, na verdade, sonhos lúcidos ou visitas a outras *sephiroth*, que podem parecer semelhantes a *Malkuth*.

Os ensinamentos da cabala têm exercido profunda influência sobre muitas escolas místicas ocidentais. O modelo geral, como descrevemos acima, espelhou-se nas tradições herméticas da Renascença e foi transmitido a muitas escolas esotéricas secretas e semissecretas surgidas no final do século XIX, como a Golden Dawn (Ordem Hermética da Aurora Dourada), os Builders of the Adytum (Construtores do Ádito ou Construtores do Santuário), a Society of the Inner Light (Sociedade da Luz Interior) e o maior e mais influente dos grupos modernos, os Servants of the Light (Servos da Luz). No entanto, o grupo mais importante a apresentar esses conceitos para o público em geral é o dos teosofistas, e é para os seus ensinamentos que nós agora voltamos nossa atenção.

Teosofia

No fim do século XIX, houve uma grande revivificação espiritual no mundo ocidental. Assim como houve uma intensificação do fervor dentro do cristianismo, houve também um interesse renovado pelos ensinamentos das religiões do Oriente Médio e do sul da Ásia, mais especificamente a cabala judaica e os ensinamentos esotéricos do hinduísmo e do budismo.

De todos esses grupos, aquele que exerceu maior influência foi a teosofia, que ainda viceja atualmente em lojas espalhadas pelo mundo anglófono. Na verdade, grande parte dos ensinamentos da teosofia tem semelhanças com o "yoga do sonho" e com os ensinamentos da escola Dzogchen, a cujo respeito discutimos anteriormente. É razoável concluir que a fundadora desse movimento, Helena P. Blavatsky, aprendeu sobre esses conceitos durante suas viagens ao Tibete na década de 1850.

A teosofia ensina que há muitos níveis imperceptíveis de mente e realidade e que se pode percorrer esses níveis, atravessando-os tanto interna como externamente. Esses níveis são povoados por muitos seres sensíveis; alguns deles são hostis e outros querem ajudar a promover a evolução da humanidade, tanto coletiva como individualmente.

Estamos aprisionados na ilusão da matéria. Este é o plano mais inferior e físico da existência. À medida que nos movemos para cima através dos planos, a densidade diminui até que, no plano mais elevado, o sétimo, tudo o que existe é puro espírito. Os seres humanos, de acordo com Blavatsky, estão evoluindo através desses planos com o objetivo supremo de se tornarem seres puramente espirituais.

O que nos interessa aqui é o fato de que a teosofia nos ensina que esses níveis se sobrepõem de modo que, com efeito, há uma parte do segundo plano que é acessível a uma pessoa que esteja dentro do primeiro plano. Blavatsky sugere que outros planos podem ser experimentados, mas apenas por seres humanos particularmente avançados, que passaram muitas vidas treinando-se para fazê-lo.

Esses indivíduos avançados (chamados por ela de Adeptos) são conhecidos por sua extrema espiritualidade dentro deste plano. Eles geralmente tornam-se mestres espirituais, como Buda e Jesus.

Assim como há Sete Planos, todos nós temos sete corpos, cada um deles refletindo a densidade progressivamente menor do plano correspondente.

O corpo sutil mais denso é chamado de "etérico". Esse corpo coincide com o *soma*, mas não é totalmente feito de matéria. Dentro de sua estrutura, há vários centros de percepção e energia. São chamados de *chakras*. Em conformidade com o tema geral, há sete chakras principais e eles atuam como condutores para a *kundalini*, uma forma de luz congelada de natureza neurológica que reside no chakra básico. No entanto, é o próximo corpo que tem especial importância para as experiências ecsomáticas. É o "corpo astral", que possui a mesma consistência material que a do plano astral e pode viajar dentro desse plano durante os estados de sono.

No entanto, e isso tem alguma importância, os teosofistas acreditam que o corpo etérico pode viajar para outros locais dentro do plano terrestre se ele conseguir ter acesso à região em que esse último se sobrepõe ao plano astral. Poderia essa viagem ser equivalente à clássica experiência fora do corpo como é relatada? Segundo Blavatsky, seus mestres tibetanos a informaram de que o órgão mais importante do corpo é a glândula pineal. Ela escreveu:

> [A glândula pineal] é, na verdade, a própria sede da consciência mais elevada e mais divina no homem, sua mente onisciente, espiritual e que tudo abrange.[4]

Esse tema foi reconsiderado por seu aluno C. W. Leadbeater. Ele propôs que a glândula pineal era o foco de energias recebidas dos planos superiores. Na verdade, Leadbeater também propôs que o conceito de "alma" estava incorreto: o homem evolui através dos sete corpos e, gradualmente, se torna espiritual por etapas.

É óbvio que Blavatsky não foi a criadora dessa proposta. No entanto, foi uma das primeiras pessoas a publicar informações secretas que ela alegou terem sido transmitidas de forma sigilosa ao longo dos séculos. Vamos descobrir quão intrigante é essa observação quando revisarmos, em um capítulo posterior, as causas neurológicas da experiência ecsomática.

Blavatsky e os teosofistas também introduziram, no pensamento ocidental, outro conceito que atualmente está causando grande interesse nos campos da cosmologia e da física quântica, algo que eles chamaram de "Registros Akáshicos". O termo *akasha* é uma expressão em sânscrito que significa "céu" ou "éter". Essa substância mística está presente por toda parte e dentro dela está gravada cada ação, cada emoção, cada pensamento, cada sentimento e cada experiência de cada ser vivo. É como um imenso banco de dados que contém um registro de tudo o que foi, é e será. Os místicos há muito sugerem que essas informações podem ser acessadas em certos estados de consciência intensificada e seus dados podem ser baixados para uso futuro.

Blavatsky descreveu *akasha* como a força vital universal que se manifesta nos seres vivos como algo que já era conhecido pelos ocultistas ao longo dos séculos como a *anima mundi*, a "alma do mundo". Os Registros Akáshicos ou "Livro da Vida" é a expressão teosófica para as informações armazenadas dentro do *akasha*.

Como vamos descobrir mais tarde, quando nos depararmos com a ciência das experiências ecsomáticas, esse conceito é muito mais que um mero ideal místico, e poderia muito bem se constituir em um elemento de importância crucial para a nossa compreensão do que realmente ocorre quando alguém percebe que deixa o seu corpo e viaja para outros lugares.

Conclusão

É claro que todos os exemplos acima de crenças tradicionais e místicas baseiam-se em experiências subjetivas. Essas observações podem ter origem em experiências "reais", mas a realidade só vai até onde alcança a experiência interior do místico, xamã ou adepto. Embora fascinante para se discutir, esse material não contém "provas" que poderiam ser consideradas "científicas". No entanto, outro mistério que tem sido relatado durante séculos é um fenômeno que hoje conhecemos como experiência de quase morte. Nos últimos anos, tem havido um enorme interesse por esse assunto e muitos *best-sellers* na atualidade são obras que descrevem o que ocorre, conforme se tem relatado, quando a consciência humana se aproxima da morte. Há muitas diferentes descrições, mas há uma constante, que todos os experimentadores descrevem: a sensação de sair do corpo e viajar para outro lugar em que a autopercepção continua. É para esse fenômeno fascinante que voltaremos agora a nossa atenção.

CAPÍTULO 3

O Mistério da Experiência de Quase Morte

George Ritchie & Raymond Moody

FUI MEMBRO PROFISSIONAL de uma organização chamada International Association of Near Death Studies (IANDS, ou Associação Internacional de Estudos de Quase Morte) durante cerca de dez anos. O que me atraiu a essa associação de profissionais médicos, psiquiatras, psicólogos e leigos entusiasmados era o seu interesse pelo fenômeno conhecido como experiência de quase morte, ou EQM. Havia muito eu estava fascinado pelas implicações desse curioso estado psicológico que tem sido relatado desde que os registros começaram. Para mim, a EQM, se fosse compreendida mais detalhadamente, seria uma possível maneira pela qual os chamados fenômenos paranormais poderiam ser explicados por meio de métodos científicos. Depois de muitos anos de leitura de volumosas quantidades de informação a respeito da EQM, ainda sou dessa opinião. Além disso, acredito que os aspectos fora do corpo da EQM são de importância crucial para nos ajudar a compreender os mecanismos de ambos os fenômenos. É minha intenção rever a estreita relação entre as experiências de quase morte e, em alguns casos, de morte real, e a experiência fora do corpo. Além disso, tentarei apresentar algumas contraexplicações, as quais sugerem que o fenômeno pode ser, simplesmente, uma alucinação criada pelo cérebro moribundo.

O interesse moderno pelo assunto começou em meados da década de 1960, quando um jovem estudante de filosofia deparou-se com uma experiência muito estranha relatada por um psiquiatra chamado dr. George Ritchie. O estudante, Raymond Moody, frequentava a Universidade de Virgínia. Junto com cerca de vinte pessoas, participava de um seminário ministrado pelo professor John Marshall, cujo tema eram questões filosóficas relacionadas com a morte. Marshall contou ao grupo a respeito de um psiquiatra local que fora declarado morto após um caso de pneumonia dupla, mas que conseguira depois ser reanimado com sucesso. Enquanto estava "morto", o psiquiatra passou pela notável experiência de encontrar-se fora de seu corpo. Marshall perguntou aos alunos o que essa experiência lhes sugeria a respeito da natureza subjetiva da morte.

Poucos meses depois, Moody teve a oportunidade de ouvir o dr. Ritchie descrever pessoalmente como, em 1943, estava em um hospital no Texas com uma infecção respiratória. Ritchie explicou ao público presente que naquela época ele tinha 20 anos de idade e era um soldado raso do exército. No entanto, estava muito animado porque havia sido escolhido para treinar como médico na Medical College of Virginia. Infelizmente, essa doença súbita ameaçava atrasar a sua matrícula na faculdade no dia seguinte, algo que realmente o preocupava. Enquanto estava deitado na cama, algo começou a preocupá-lo ainda mais. Sentiu um súbito aumento de sua temperatura e, em seguida, para seu horror, começou a cuspir sangue. Quando inclinou-se para a frente, tudo ficou preto... Mas só por cerca de um segundo.

Ritchie abriu os olhos e percebeu que estava deitado em uma cama estranha. Olhando ao seu redor, viu-se em um quarto desconhecido, pequeno e mal iluminado, e imediatamente supôs que havia adormecido, e que já era o dia seguinte, o dia em que tinha de viajar para Richmond a fim de se matricular. Em pânico, saltou da cama temendo perder o trem. Olhou para trás e gelou. Em uma situação incrivelmente semelhante à do senhor que me telefonou durante meu programa de rádio, ele olhou para trás e viu um jovem deitado na cama que havia acabado de desocupar.

Ainda preocupado com a possibilidade de perder o trem, ele se virou para a frente e entrou no corredor; ao fazer isso, viu um menino que trabalhava no hospital aproximar-se dele. O rapaz o ignorou, o que era estranho, mas o que aconteceu em seguida foi ainda mais estranho. O jovem atravessou Ritchie e continuou caminhando ao longo do corredor. Totalmente abalado, Ritchie se aproximou de outro homem, um sargento, que carregava uma bandeja de instrumentos, e perguntou se ele havia visto o menino. O sargento não respondeu nem demonstrou qualquer sinal de que alguém estivesse à frente dele.

Antes que tivesse tempo de avaliar exatamente o que estava acontecendo, Ritchie se viu do lado de fora do hospital e voando pelo ar. Ao olhar para baixo, pôde ver que ainda estava usando o pijama do hospital. Apesar de muito apropriado para uma enfermaria de hospital, ele era totalmente inadequado para protegê-lo contra o ar da noite fria. No entanto, Ritchie não tinha nenhuma sensação de frio, mas apenas a de se mover muito depressa. Ele se perguntou se poderia controlar sua velocidade e, para sua surpresa, descobriu que podia. Reduziu a marcha e manobrou, pousando suavemente na esquina de uma rua perto de um rio. As pessoas estavam passando perto dele, mas, assim como no hospital, olhavam diretamente através do seu corpo. Automaticamente, ele inclinou-se contra um arame de estai que sustentava um poste telegráfico e ficou chocado ao ver seu corpo atravessá-lo. Mais tarde, ele escreveria: "De alguma maneira inimaginável, minha carne, o corpo que as outras pessoas viam, havia perdido a solidez".

Sua maior preocupação naquele momento não era a de reconhecer quão incomuns eram as suas circunstâncias, mas sim a de ver que, nesse estado desencarnado, uma carreira como médico seria impossível. Ele sabia que precisava voltar ao hospital o mais rápido possível, e então, descobrir uma maneira de retornar ao seu corpo físico. Ele levantou voo e, num piscar de olhos, estava de volta ao hospital. Não tinha ideia de em que ala se encontrava. Correu de ala em ala, verificando os rostos adormecidos dos soldados. A luz fraca tornava muito difícil a identificação. Ele então se lembrou de que possuía um anel de fraternidade de ouro e ônix muito fácil de identificar. Sua procura tornou-se mais e mais frenética. Ele então reconheceu o anel na mão esquerda de um corpo, mas para o horror de Ritchie essa mão pertencia a um corpo coberto por um lençol branco, sem dúvida um corpo bem morto. O jovem percebeu que ele, ou pelo menos o seu corpo, estava morto. Naquele momento, toda a sala ficou cheia de uma luz intensa. Foi o início da segunda fase da EQM de Ritchie. Nela, Ritchie conheceu um "Ser de Luz", que ele supôs ser Jesus. Esse ser, depois de mostrar-lhe muitas visões, disse-lhe que ele precisava voltar para a sua vida terrena, pois ainda não havia chegado sua hora de morrer.

Em um *flash*, Ritchie percebeu que estava desperto em seu corpo terrestre. Para sua surpresa, estava debaixo de um lençol branco, exatamente na mesma posição em que se vira antes que o Ser de Luz aparecesse. Um enfermeiro que estivera preparando o corpo para o necrotério notou fracos sinais de vida no cadáver e chamou o médico. Este, preocupado, injetou às pressas adrenalina diretamente no coração. Isso, em um solavanco, trouxe o jovem de volta à vida – uma segunda vida. Embora Ritchie só tenha recomeçado a respirar depois de nove minutos completos, ele não apresentou sintomas de danos cerebrais. O oficial do exército em posto de comando no hospital descreveu o caso de Ritchie como "a mais surpreendente circunstância da minha carreira", e mais tarde viria a assinar uma declaração de que George Ritchie havia de fato retornado milagrosamente da morte virtual naquela fatídica noite de 20 de dezembro de 1943.

As implicações desse caso fascinaram o jovem Raymond Moody, e ele decidiu indagar amigos e conhecidos perguntando-lhes se eles haviam passado por alguma coisa semelhante à relatada pelo dr. Ritchie, ou mesmo se eles tinham ouvido falar de casos parecidos. Para seu espanto, Moody descobriu que esse fenômeno era muito mais comum do que ele imaginava. A razão pela qual praticamente não havia relatos sobre ele é que até então ninguém ainda lhes havia feito tal pergunta. Durante os onze anos seguintes, Moody reuniu uma imensa coleção de relatos de primeira mão semelhantes ao de George Ritchie. Na verdade, o que mais surpreendeu Moody foi a constatação do quanto esses relatos pareciam consistentes. Ele tinha certeza de que havia encontrado algo profundamente significativo. Seu interesse era tão grande que, depois de ensinar filosofia durante três anos, ele decidiu que, embora fascinante, ela não poderia lhe dar as respostas que procurava. Ele sentia que a única maneira de realmente compreender o significado que havia por trás dessas experiências seria obter treinamento como médico e testar as coisas em primeira mão. Posteriormente, Moody completou sua graduação em medicina e passou a se concentrar nos aspectos fisiológicos e psicológicos desse fenômeno incomum e sem nome.

Depois de coletar informações sobre mais de 150 casos semelhantes ao de George Ritchie, o dr. Moody decidiu escrever um livro sobre suas descobertas. Esse livro, *Vida Depois da Vida*, transformou-se em um *best-seller* da noite para o dia. Seu livro gerou considerável interesse, e logo outros profissionais de medicina envolveram-se na coleta de dados e na sugestão de explicações para esse fenômeno intrigante e incomum.

Embora Moody tenha sido o primeiro a anunciar ao mundo a existência dessa experiência, outros pesquisadores também estavam trabalhando em áreas correlatas. Um deles era o dr. Karlis Otis e outro a dra. Elizabeth Kübler-Ross. No entanto, foi Moody quem primeiro reuniu todos esses casos sob uma mesma expressão, que se tornou um acrônimo facilmente reconhecível – a "experiência de quase morte" ou EQM.

Com base em sua pesquisa, o dr. Moody conseguiu obter um conjunto de nove características que, para ele, definiam a EQM. Ele deixou claro que nem todos os indivíduos experimentam todas as nove, e alguns podem ter apenas uma ou duas. Mas pelo menos uma precisa estar presente para que a experiência possa ser considerada uma EQM.

As nove características de Moody são:

- sensação de estar morto
- paz e ausência de dor
- experiência fora do corpo
- experiência de estar em um túnel
- pessoas de luz
- ascensão rápida para o céu
- relutância em voltar
- revisão dos atos da vida
- encontro com um supremo ser de luz

De acordo com o especialista em pesquisas de opinião George Gallup Jr., oito milhões de adultos nos Estados Unidos passaram por uma experiência de quase morte. Dos que responderam ao questionário de Gallup:

- 26% relataram a sensação de estar fora do corpo
- 9% relataram a experiência do túnel
- 32% passaram por uma revisão da vida
- 23% sentiram a presença de outro ser

O que é interessante, mas não faz parte das nove características de Moody, é que 23% dos entrevistados descreveram percepções visuais intensificadas e 6% declararam que tiveram precognição.

O livro de Moody, apoiado por estatísticas semelhantes àquelas apresentadas pela Gallup Organization, produziria uma quantidade considerável de interesse dentro da profissão médica. O dr. Michael Sabom, um cardiologista, estava muito entusiasmado para verificar se conseguiria descobrir qualquer evidência de EQM entre os seus pacientes. Ele se encontrava em uma situação perfeita para verificar isso. Especializou-se na ressuscitação de pacientes que sofreram parada cardíaca. Reconheceu a inerente dificuldade para determinar se um paciente reanimado estava ou não clinicamente morto. Ele definiu com cuidado o critério que seria aplicável. Era este: "Qualquer estado corporal resultante de uma catástrofe fisiológica extrema... que se poderia razoavelmente esperar que resultasse em morte biológica irreversível na maioria dos casos, e que exigiria atenção médica urgente". Dos 78 pacientes entrevistados por Sabom, 34 deles (43%) relataram EQM. Aplicando as nove características de Moody, os resultados foram interessantes:

- 92% relataram a sensação de estar morto
- 53% relataram a experiência fora do corpo
- 23% descreveram a experiência do túnel
- 53% experimentaram ascensão aos céus
- 100% relataram relutância em retornar
- 48% experimentaram a presença de um ser de luz

As outras "características" não mencionadas estão individualmente incluídas nas definições gerais.

Curiosamente, a pesquisa Gallup sugere que 26% de todas as pessoas que vivenciaram uma EQM relatam uma EFC. O levantamento de Michael Sabom trouxe à tona uma porcentagem ainda maior, 53%.

Um caso clássico, mas pouco conhecido de EFC relacionada com EQM, foi registrado pelo historiador mórmon Bryant S. Hinckley, em seu livro *The Faith of Our Pioneer Fathers*.[5] Publicado em 1956, esse livro descreve as condições e adversidades enfrentadas pelos pioneiros mórmons quando eles cruzaram o continente norte-americano para fundar Salt Lake City. Nesse livro, Hinckley mergulha nas cartas e diários desses intrépidos indivíduos. Um desses documentos descreve como um dos "santos" foi gravemente ferido por um vagão desgovernado. Imediatamente após o incidente, o homem ferido se viu fora de seu corpo e olhando para este de uma posição acima dele:

> Seu espírito deixou o corpo e ficou, por assim dizer, pairando no ar acima dele. Ele podia vê-lo inerte e os homens de pé ao seu redor, e ouviu a conversa. Teve a opção de poder reentrar no seu corpo ou de permanecer como espírito. A reflexão que fez sobre a responsabilidade que tinha com relação à sua família e seu grande desejo de viver o levaram a optar por ingressar novamente no seu corpo e viver. Quando fez isso, recuperou consciência e teve fortes dores por causa dos ferimentos que sofrera no acidente.[6]

Parece que o que temos é um conjunto aparentemente consistente de descrições abrangendo muitos anos. Essas pessoas não ouviram falar umas das outras, nem teriam sabido, como é razoável concluir, como outras pessoas percebiam tal evento quando se encontravam nas proximidades da morte. Isto, sem dúvida, é um aspecto importante. Seria essa experiência ecsomática uma alucinação complexa forjada pela engenharia de um cérebro moribundo, ou seria um genuíno fenômeno que se desenvolve fora do corpo? Essa questão permanece em aberto. Mas uma coisa é certa. Para aqueles que tiveram essas sensações, elas são muito reais.

As Evidências

Os casos históricos abordados até agora envolveram experiências subjetivas de indivíduos que estavam nas proximidades da morte. Para corroborar o que viram em seus estados fora do corpo, eles retornaram aos seus respectivos corpos e conseguiram descrever subsequentemente suas experiências a testemunhas. No entanto, há um caso histórico fascinante no qual houve uma experiência de "morte real".

O dr. Josef Issels foi um dos mais importantes especialistas em câncer do mundo. Em seus últimos anos, ele dirigiu uma clínica na pequena cidade bávara de Ringburg. Embora fosse uma figura muito controvertida na parte final de sua vida, ele dirigiu uma instalação muito sensível e cheia de cuidados, onde pacientes terminais recebiam esperanças de que sua doença poderia ser curada. Foi uma dessas pacientes que chamou o dr. Issels ao seu quarto certa manhã. Ela alegremente informou o médico surpreso de que ela podia deixar seu corpo à vontade. Embora ele fosse conhecido por seus pontos de vista não convencionais, a ideia da percepção fora do corpo não era algo em que ele acreditasse em qualquer sentido. Percebendo sua dúvida, a mulher sorriu e lhe disse: "Vou lhe dar a prova, aqui e agora". Ela pediu ao incrédulo Issels para que ele fosse imediatamente até a sala 12 e que nessa sala ele encontraria uma mulher escrevendo uma carta para o marido. "Ela está na primeira página", afirmou a paciente, que acrescentou: "Acabo de vê-la fazer isso". Issels, agindo em conformidade com o pedido da mulher, correu até a sala 12, que estava localizada no fim do corredor. Entrando no quarto, ficou surpreso ao ver uma mulher colocando as palavras finais na primeira página de uma carta. A mulher também confirmou que era uma carta ao marido, e que ela a havia começado a escrever alguns minutos antes.

Issels ficou maravilhado com isso. Saiu em disparada pelo corredor para dizer à paciente viajante do astral que ela estava realmente correta. Mas ao entrar no quarto percebeu que entre o momento em que saiu do quarto e o momento em que estava de volta a paciente havia morrido. Estaria a sua habilidade incomum relacionada ao fato de que ela estava prestes a morrer? Na verdade, o que é fascinante nesse caso é o fato de que a mulher, uma doente terminal, não passou por uma EQM. Sua capacidade para deixar o corpo estava sem dúvida relacionada, de alguma forma, com sua morte iminente, mas não fazia parte do próprio processo da morte. O que é ainda mais intrigante é o fato de que essa mulher declarou que podia induzir suas experiências fora do corpo desejando que elas acontecessem.

No entanto, esses casos não têm comprovação científica. Em anos recentes, foram relatados exemplos do que tem sido chamado de EFC "verídicas" relacionadas à EQM. Aqui o adjetivo "verídicas" indica que as imagens e os incidentes relatados pela pessoa "moribunda" foram posteriormente confirmados por outras pessoas.

Um dos exemplos clássicos e sempre atuais de uma EQM/EFC verídica é o caso muito citado, e muito analisado, conhecido como "Sapato de Maria".

Em abril de 1977, uma trabalhadora migrante foi admitida no Harborview Medical Centre de Seattle no estado de Washington, Estados Unidos. Ela havia sofrido um ataque cardíaco, sendo por isso rapidamente levada para a unidade coronariana. Seu caso era bastante grave e três dias depois sofreu um segundo ataque muito forte. Felizmente, o pessoal especializado estava presente e ela foi ressuscitada com sucesso. Mais tarde naquele mesmo dia, uma assistente social chamada Kimberly Clark foi chamada para verificar o estado de "Maria". Embora ainda estivesse doente, Maria recebeu Clark muito animada e ansiosa para lhe contar que havia vivenciado uma série de sensações estranhas, embora ainda se encontrasse inconsciente. Ela descreveu como havia testemunhado sua reanimação de uma posição fora do seu corpo, e acima dele, observando registros impressos saindo das máquinas de monitoramento que mediam seus sinais vitais. Então ela disse que ficou distraída por alguma coisa que estava acima da área que circundava a entrada da sala de emergência e "desejou que ela mesma" estivesse fora do hospital. Ela descreveu com precisão a área que circunda a entrada da sala de emergência, o que Clark achou curioso, uma vez que a presença de uma marquise acima da entrada teria obstruído a visão de Maria se ela simplesmente olhasse para fora da janela do seu quarto de hospital.

Em seguida, ela flutuou no ar saindo para fora da janela, quando viu algo estranho no parapeito de uma janela do terceiro andar no lado mais distante da entrada do hospital. Mais uma vez, ela percebeu que podia "desejar" estar em outro local, e então, subitamente, se viu diante do objeto que havia chamado a sua atenção. Era um tênis de homem, especificamente de cor azul-escura e para o pé esquerdo, com uma mancha de desgaste na posição sobre o dedo mínimo e um único cadarço enfiado debaixo do espaço para o calcanhar. Com essa imagem ainda vívida em sua mente, ela se viu de volta ao seu corpo enquanto a equipe de ressuscitação aparentemente salvava a sua vida.

Clark ficou fascinada por esse relato e concordou em fazer uma pesquisa para verificar se Maria tinha realmente visto alguma coisa que existia fora da sua imaginação. Ela caminhou pelo lado de fora do hospital, mas não conseguiu enxergar nada que pudesse ser visto do nível do solo. Então, ela voltou a entrar no prédio e começou uma busca sala a sala do andar acima daquele em que a reanimação de Maria ocorrera. Clark não conseguiu ver nada, mesmo quando pressionava a cabeça contra a janela para ter uma visão melhor. Por fim, e para sua grande surpresa, ela descobriu de fato o sapato. Ela havia entrado em uma sala especial no terceiro andar da ala norte e viu o sapato, mas do ponto de vista a partir de dentro do hospital ela não conseguia ver a ponta desgastada, que estava apontada para fora, ou o cadarço enfiado dentro do tênis.[7]

Mais tarde, vamos descobrir que há evidências sugerindo que casos como esses não são de fato tão surpreendentes quanto parecem quando os encontramos pela primeira vez. Tais críticas têm produzido uma série de artigos e contra-artigos que foram apresentados nas páginas do *Journal of Near-Death Studies*. Em um deles, que apareceu no verão de 2007, Kimberly Clark, escrevendo sob seu nome de casada, Kimberly Clark Sharp, defendeu sua posição como repórter do caso de "Maria". Ela permanece inflexível em sua afirmação de que "Maria" *realmente* viu coisas que era impossível ela ter conhecido a menos que estivesse flutuando fora do seu corpo e olhando para baixo e na direção do sapato.

O principal problema com o caso de "Maria" é que não há nenhuma informação confirmadora de qualquer outra fonte que não seja a própria Maria e o fato de que o sapato foi encontrado na posição em que Maria afirmara que ele estava. Como veremos mais tarde, também foram apresentadas contrapropostas segundo as quais o sapato poderia ter sido visto de dentro do hospital ou de um local fora do edifício.

Outro caso interessante apareceu na revista médica *The Lancet*, altamente respeitada, em 2001:

> Durante o turno da noite, uma ambulância trouxe um homem de 44 anos, com cianose e em estado de coma, até a unidade coronariana... Quando fomos entubar o paciente, vimos que ele tinha dentaduras na boca. Removi as de cima e as coloquei no "carrinho de emergência" com os materiais e aparelhos para a ressuscitação. [...] Só depois de mais de uma semana voltei a encontrar-me com o paciente, que agora estava de volta à ala cardíaca. No momento em que me vê, ele diz: "Oh, aquele enfermeiro sabe onde está minha dentadura". Fiquei muito surpreso. Em seguida, ele esclareceu: "Você estava lá quando fui trazido para o hospital,

e você tirou a dentadura da minha boca e a colocou naquele carrinho, havia todas aquelas garrafas nele e havia também aquela gaveta deslizante por baixo, e foi lá que você colocou os meus dentes".[8]

Em um artigo posterior sobre o caso, publicado no *Journal of Near-Death Studies*,[9] o pesquisador holandês Rudolf H. Smit discutiu detalhadamente como esse é um caso clássico de autêntica percepção ocorrida durante uma EFC induzida por EQM. O relato do enfermeiro foi registrado em 2 de fevereiro de 1994 por um membro da Fundação Merkawah, uma organização holandesa de pesquisas sobre a EQM. Em 12 páginas datilografadas em linhas bem compactadas, o enfermeiro fez um relato muito detalhado do que aconteceu naquela noite. Na verdade, ele constatou que o paciente não apenas se lembrou das dentaduras colocadas no carrinho, mas também contou, com muitos detalhes, as conversas que ocorreram entre membros da equipe de enfermagem. O paciente descreveu como ele tinha "visto" tudo a partir de uma posição em que se encontrava flutuando acima do pessoal de enfermagem e em direção ao canto da sala. No entanto, um comentário bastante curioso foi feito pelo paciente quando afirmou que, enquanto estava flutuando fora do seu corpo, ele também estava muito consciente da pressão que seu corpo estava sentindo quando um enfermeiro da equipe de ressuscitação a aplicou contra ele. Ele descreveu como sentiu uma "enorme dor" quando a máquina de massagem cardíaca foi ligada. Embora esse sentido de "bilocação" deva ter causado uma sensação muito estranha para o paciente, o enfermeiro disse que o paciente "contou isso de uma maneira tão natural, tão terra a terra", acrescentou, que "ele certamente não era uma pessoa de pensamento confuso, cuja fantasia corre solta".

Esse paciente foi registrado como "clinicamente morto", quando foi trazido para o hospital. Em abril de 2008, muitos anos após o evento, outro membro da Merkawah, Titus Rivas, conseguiu rastrear o enfermeiro e pediu-lhe mais informações sobre o incidente. O enfermeiro confirmou que o paciente fora encontrado inconsciente em um campo perto da pequena aldeia de Ooy, nas proximidades de Nijmegen. A noite tinha sido extremamente fria e, na chegada ao hospital, registrou-se que ele não tinha batimentos cardíacos, nem pressão arterial, não estava respirando e seu corpo estava "frio como gelo". Foi nessa ocasião que sua dentadura foi removida, e não mais tarde, quando ele começou a se recuperar.

É evidente que esse é um caso muito poderoso e ele apresenta certos paralelismos com outro, que fora registrado como parte do "Evergreen Study" sobre o fenômeno EQM, redigido em 1981 e realizado no Evergreen State College, no estado de Washington. Nesse caso, uma mulher que havia sofrido ruptura em uma tuba uterina foi levada às pressas para uma sala de cirurgia, e submetida a um procedimento de emergência. Um dos membros da equipe médica envolvida na operação era sua cunhada, uma enfermeira. Quando, mais tarde, a mulher voltou a si, ela descreveu para a sua cunhada que, embora inconsciente, ela havia tido uma experiência muito estranha. Ela encontrou-se fora do seu corpo olhando para baixo na sala de cirurgia. Como no caso do paciente cardíaco holandês, ela estava muito ciente dos acontecimentos que estavam ocorrendo abaixo de seu ponto de vista perto do teto. Mais tarde, ela descreveu em detalhes o que viu:

> Vi essa mesinha sobre a mesa de operação. Você sabe, aquelas pequenas bandejas redondas como as de um consultório odontológico, onde eles colocam os seus instrumentos e tudo? Vi uma pequena bandeja como essas com uma carta enviada (por um parente por casamento que ela não havia encontrado).[10]

Infelizmente, a própria enfermeira estava igualmente convicta de que não havia nenhuma carta na sala de cirurgia, nem, de fato, nenhuma mesinha redonda.

No entanto, mais tarde foi relatado que *havia* uma mesinha retangular na sala de cirurgia. Tecnicamente, não era uma mesinha, mas um *stand*, pois uma mesa tem quatro pernas enquanto um *stand* se apoia em uma estrutura tubular. Essas mesinhas são comuns nas salas de cirurgia e nos consultórios odontológicos em todo o mundo. O nome técnico para esses dispositivos é "mesa de Mayo", chamada simplesmente de "o Mayo" pela equipe médica. Os pesquisadores do Evergreen sugeriram que pode ter sido essa a fonte de confusão da paciente a respeito da carta. Era altamente provável que o pessoal da sala de cirurgia tivesse mencionado esse tipo de mesa em suas conversas. Relata-se que a audição é o último sentido a se desligar antes da morte. Como tal, o subconsciente do paciente pode ter ouvido a palavra "mayo" entendendo-a, porém, no sentido que uma pessoa não médica a teria entendido. Por exemplo, um comentário do tipo "verifique a Mayo" [*check the Mayo*] poderia ter sido interpretado como "verifique a correspondência" [*check the mail*], ou algo parecido.

Outro caso relatado no Evergreen Study mostra exatamente como uma EFC relacionada com a EQM pode envolver elementos de sonho não verídicos. Depois de um acidente de carro, uma mulher viu-se fora de seu corpo:

> Bem, então eu me lembro, não de corpos físicos, mas como se fossem mãos que seguravam nós dois acima das árvores. Era um dia nublado, com um pouco de nuvens. E pensando: aqui vamos nós, estamos partindo para a eternidade... e, em seguida, bingo, abri os olhos de repente e dei uma olhada e ele estava me fitando.[11]

Aqui temos a sensação da EFC clássica depois de um encontro com a morte, mas dentro da EFC é uma percepção de outra pessoa que está compartilhando da experiência. No presente caso, a outra pessoa também estava envolvida no acidente de carro e, se a evidência dos sentidos da mulher deve ser levada em consideração, essa outra pessoa também estava flutuando acima do acidente. No entanto, não foi esse o caso, pois o seu companheiro nem sequer havia perdido a consciência.

Em seu artigo fascinante, "Hallucinatory Near-Death Experiences",[12] do qual tirei os exemplos acima, o escritor Keith Augustine sugere que, embora existam muitos casos nos quais elementos alucinatórios invadem EFCs relacionadas com EQMs, esses casos raramente são relatados por organizações tais como a IANDS ou citados em livros ortodoxos sobre a EQM. Ele argumenta que isso ocorre porque, em sua maioria, os pesquisadores da EQM estão, em última análise, tentando mostrar que há um elemento espiritual e não materialista em todo o fenômeno.

Poderia ocorrer que muitas, se não todas, as EFCs relacionadas com EQMs poderiam ser explicadas dessa maneira? Trabalhando com base na suposição de que os sonhos constituem um fenômeno conhecido dentro do paradigma científico atual, e que boa parte das pesquisas empíricas sugere que o fenômeno conhecido como *paralisia do sono* gera EFCs ilusórias, então essa é uma posição razoável para se tomar. Como veremos mais tarde, a paralisia do sono pode ser uma pista para uma explicação neurológica fascinante e desafiadora para todo o fenômeno. Ela sugere que todos os argumentos a respeito da questão que indaga se a consciência está localizada dentro do cérebro ou em outro lugar consistem apenas em um problema de abordagem. Por enquanto, o ônus da prova tem de ficar com aqueles que acreditam que esse fenômeno apresenta evidências de que a percepção pode existir fora do cérebro. E é exatamente isso o que uma série de experimentos tem se esforçado para provar ao longo dos últimos anos.

Os Experimentos

O autor que relatou pela primeira vez o caso das "dentaduras" holandesas discutido anteriormente foi o dr. Pim van Lommel, um cardiologista que trabalhava no Hospital Rijnstate, em Arnhem, na Holanda. O dr. Van Lommel e seus colaboradores entrevistaram 344 pacientes cardíacos que foram reanimados com sucesso depois de sofrerem paradas cardíacas em dez hospitais holandeses. Desse total de pacientes, 62 relataram EQMs, dos quais 41 descreveram uma experiência central.

Van Lommel faz parte de um novo conjunto de pesquisadores de EQMs que, ao longo dos últimos vinte anos, têm tentado encontrar evidências verificáveis de que as EFCs relacionadas com as EQMs são experiências reais, e não alucinatórias.

Uma das pesquisadoras originais que adotam esse tipo de abordagem, a dra. Janice Holden, professora de Aconselhamento e Cuidado Interino da Universidade de North Texas, é uma pesquisadora ativa nesse campo há mais de vinte anos (seu primeiro artigo sobre o assunto foi publicado em 1988).[13]

Esse artigo relatou os resultados de um questionário que a dra. Holden enviou a uma amostra de indivíduos que relataram EFCs com percepções visuais intensas experimentadas enquanto estavam perto da morte.[14] Ela recebeu 63 respostas utilizáveis. O que essas respostas lhe disseram foi que as percepções obtidas em EFCs são muito claras e detalhadas.

Em sua amostra, 79% das pessoas relataram que a visão era livre de distorções, e que as imagens eram coloridas e envolviam um campo de visão panorâmica. Mais importante ainda, 61% afirmaram que sua memória do evento era de uma clareza cristalina. Isso parece conflitar com a sugestão de que as EFCs são uma forma de sonho acordado. A maioria das pessoas relata que os estados oníricos são confusos, indistintos e difíceis de lembrar, sem qualquer memória de grandes detalhes. Na verdade, 61% afirmaram que conseguiam ler coisas durante sua experiência.

Em 1990, a dra. Holden publicou um artigo juntamente com Leroy Joesten, do Lutheran General Hospital, em Park Ridge, Illinois. Foi a primeira tentativa registrada, em condições controladas, para testar se indivíduos em estado de quase morte experimentam ou não percepções autênticas. É claro que tanto a dra. Holden como o capelão Joesten acreditam firmemente na explicação "espiritual" do fenômeno EQM, em vez da explicação materialista, mas isso, de maneira nenhuma, obscureceu o julgamento de ambos na avaliação dos resultados de seu experimento.

Os experimentadores colocaram alvos visuais em vários locais ao redor do Park Ridge Hospital. Esses alvos incluíam a sala de emergência, a unidade coronariana e cada quarto na unidade de terapia intensiva. Esses locais foram:

> [...] os cantos dos quartos do hospital nos quais episódios de quase morte tinham maior probabilidade de ocorrer [...] de tal maneira a serem visíveis apenas a partir de uma posição vantajosa no teto e olhando para baixo. Nenhuma pessoa viva conheceria o conteúdo exato dos estímulos, transformando assim o planejamento do experimento em duplo cego. Uma vez que o paciente foi ressuscitado de um episódio de quase morte, em um dos quartos "marcados", o conhecimento do conteúdo do estímulo visual seria avaliado.[15]

A lógica era simples. Se uma pessoa tivesse uma verdadeira experiência fora do corpo durante uma EQM, então ela poderia ser capaz de identificar corretamente o conteúdo dos alvos visuais. Infelizmente, apenas uma parada cardíaca ocorreu em todo o período de estudo de doze meses. Para tornar isso ainda mais frustrante, o paciente era um imigrante armênio com muito pouco conhecimento de inglês.

Em 1994, um estudo semelhante foi realizado no Hartford Hospital, em Connecticut. A diretora de enfermagem do hospital, Madelaine

Lawrence, colocou um *display* de LEDs que exibia um texto por rolagem no alto de um armário localizado no laboratório de eletrofisiologia. Esse *display* não era visível para qualquer pessoa que estivesse de pé. Como Lawrence afirmou, para conseguir ver esse *display*, a pessoa teria de "usar uma escada ou estar fora de seu corpo". O *display* de LEDs exibia uma afirmação absurda gerada aleatoriamente. O plano consistia em possibilitar que quaisquer pacientes que ficassem inconscientes durante os estudos de eletrofisiologia seriam entrevistados e solicitados a descrever sua experiência.

Por volta do fim do estudo, três pacientes haviam relatado as fases iniciais de uma experiência semelhante à EFC, mas nenhum deles se afastou o suficiente de seu corpo para ver o sinal.

Três anos depois, um estudo de doze meses teve por palco unidades médicas, emergenciais e coronarianas do Southampton General Hospital, no sul da Inglaterra. Nesse período, placas foram suspensas dos tetos das alas. Várias figuras foram inscritas nos lados das placas voltados para o teto. Elas não eram visíveis do chão, mas o seriam na visão clara de uma consciência desencarnada que flutuasse perto do próprio teto. Dos 63 pacientes que sobreviveram a uma parada cardíaca durante esse período, sete relataram um nível de percepção depois de terem perdido a consciência. Destes, quatro tiveram percepções do tipo da EQM, mas nenhum relatou uma EFC.

Para sua tese de doutorado, Penny Sartori, do Morrison Hospital, em Swansea, País de Gales, colocou cartões randomizados no topo do equipamento médico dentro da sala de reanimação do hospital. Esse é o local onde os pacientes que sofreram uma parada cardíaca recebem assistência necessária para que suas vidas sejam salvas. Como esses monitores estão acima do nível dos olhos de uma pessoa em pé, eles não podem ser vistos por ninguém na sala. A ideia de Sartori era simples: se um paciente passasse por uma EFC enquanto estivesse "morrendo" durante um ataque cardíaco, seria possível que, a partir de uma posição elevada e fora do corpo, ele visse os cartões e os descrevesse se conseguisse sobreviver ao trauma. Sartori realizou esse experimento de janeiro de 1998 a janeiro de 2003.

Durante o período do seu estudo, oito indivíduos relataram EFCs relacionadas com EQMs. Nenhum deles relatou ter visto os cartões. De acordo com um artigo apresentado pelo psiquiatra dr. Peter Fenwick na conferência anual de 2004 do IANDS, isso pode ser explicado simplesmente pelo fato de que, durante uma EQM traumática, o paciente estará mais preocupado com o que estiver acontecendo com ele do que em reconhecer cartões colocados em lugares estranhos. Ele prosseguiu, descrevendo como uma experimentadora olhou para seu próprio corpo, e em seguida saiu pela janela; e como outra relatara ter retornado ao seu corpo o mais rápido que pôde; e como um terceiro descreveu como havia atravessado uma parede deslocando-se de costas. Para o dr. Fenwick, cada uma dessas circunstâncias não era propícia a uma visão vagarosa do ambiente dentro da sala de reanimação.

Em janeiro de 2004, a dra. Holden decidiu realizar uma segunda tentativa para finalmente demonstrar que as percepções ocorridas durante uma EQM/EFC podem ser reconhecidas como verdadeiras. Ela colaborou com o dr. Bruce Greyson, professor de Psiquiatria da Universidade de Virgínia, e com o dr. J. Paul Mounsey, professor-associado de Medicina Interna, também da Universidade de Virgínia. Os três pesquisadores haviam recebido uma bolsa da Fundação Bial portuguesa. A motivação para essa pesquisa ficou clara quando os três descreveram o que queriam demonstrar:

> [...] pacientes durante a parada cardíaca têm percepções que não poderiam ter normalmente a partir das posições de seus corpos, [pois isso forneceria profundas] evidências para o funcionamento independente da mente enquanto o cérebro estivesse fisiologicamente prejudicado.[16]

A equipe decidiu estudar tais fenômenos durante a aplicação cirúrgica de cardioversores desfibriladores implantáveis (CDIs). Estes são dispositivos elétricos que monitoram os batimentos cardíacos do paciente. Se detectam uma parada cardíaca, imediatamente administram um choque elétrico para fazer o coração voltar a um ritmo normal. Quando esses dispositivos são implantados no peito de um paciente, os cirurgiões deliberadamente induzem uma parada cardíaca para testar a efetividade e a sensibilidade do CDI. Quando a parada cardíaca é induzida, o paciente entra em um estado que é exatamente o mesmo vivenciado durante um ataque do coração natural. Nesse estado, ele pode experimentar uma EQM e uma EFC. Diferentemente dos pacientes de Lawrence, todos os 25 indivíduos envolvidos durante o período do estudo (janeiro de 2004 a julho de 2006) tiveram pelo menos duas paradas cardíacas durante o procedimento.

Nessas condições controladas, os experimentadores colocaram um *laptop* aberto no topo de um armário ou de um monitor de vídeo. Esse *laptop* voltado para o teto só era visível de uma perspectiva muito acima do nível dos olhos. Ele foi programado para gerar imagens facilmente reconhecíveis, como uma borboleta flutuando, um sapo saltando e fogos de artifício explodindo acima da Estátua da Liberdade. Cada imagem era exibida nas cores vermelha, alaranjada, verde ou púrpura. O computador então produzia uma sequência de cores e letras que durava quarenta segundos.

Durante o período, 52 pacientes receberam paradas cardíacas induzidas. Cinco deles reconheceram alguma lembrança dos eventos enquanto estavam inconscientes – como uma sensação de atemporalidade, sentimentos de paz, sensação vaga de estar em algum local não familiar e, possivelmente, sentimento da presença de um parente falecido –, mas nada que se parecesse com uma EQM ou com uma EFC completa.

No artigo que apresentou na conferência anual da International Association of Near-Death Studies (IANDS), o dr. Peter Fenwick discutiu por que, depois de todos esses anos, e de muitas tentativas, ainda não se descobriu nenhuma prova clara de percepção consciente que ocorresse fora do corpo. Na verdade, essa é uma afirmação excessivamente suavizada. Como constatamos com base em nossa revisão dos artigos, só o experimento de Penny Sartori relatou a ocorrência de EFCs em condições controladas. Apesar de um tempo experimental equivalente a anos, e de muitas paradas cardíacas, tanto induzidas como naturais, nenhuma experiência fora do corpo foi relatada em nenhum dos outros estudos.

Mas o dr. Fenwick não ficou desapontado com isso; ele tinha certeza de que em breve seriam encontradas provas de que a consciência pode existir fora do cérebro. Ele afirmou que, em sua opinião, o problema estava na metodologia. Com isso em mente, ele está agora envolvido com outra fascinante tentativa de finalmente encontrar sua prova.

Em 11 de setembro de 2008, um grupo que incluía os principais pesquisadores do mundo nesse campo se reuniu no edifício das Nações Unidas em Nova York. Intitulado *Beyond the Mind-Body Problem: New Paradigms in the Science of Consciousness*, esse simpósio anunciou ao mundo que um novo estudo de três anos tinha sido financiado para que, finalmente, se pudesse comprovar ou refutar a existência de experiências fora do corpo relacionadas com a experiência de quase morte. O coordenador desse projeto multinacional seria o dr. Sam Parnia, o médico que estava por trás da pesquisa realizada em 1998 no Southampton General Hospital discutida antes.

Em muitos aspectos, esse projeto é semelhante ao organizado por Greyson e Holden. Prateleiras especiais serão colocadas em áreas destinadas à ressuscitação em 25 hospitais espalhados por todo o Reino Unido, os Estados Unidos e a Europa. Essas prateleiras conterão fotos que só serão visíveis por alguém que estiver próximo ao teto. O dr. Parnia definiu com clareza exatamente qual seria o objeto desse estudo. Por ocasião do lançamento do Estudo AWARE (AWAreness during REsucitation, "percepção durante a ressuscitação"), ele afirmou:

> Se pudermos demonstrar que a consciência se mantém depois que o cérebro se desliga, isso nos permitirá considerar a possibilidade de que a consciência é uma entidade separada. É pouco provável que venhamos a encontrar muitos casos em que isso aconteça, mas precisamos ter a mente aberta. E se ninguém vir as fotos, isso mostrará que essas experiências são ilusões ou memórias falsas. Esse é um mistério que podemos agora submeter ao estudo científico.[17]

Sem dúvida, o dr. Parnia e seus colegas não compartilham da preocupação do dr. Fenwick com a metodologia. No entanto, parece que se está apenas fazendo exatamente o mesmo trabalho que Greyson e Holden realizaram entre 2004 e 2006, sendo que a única diferença é que há muito maior conhecimento do público a respeito desse projeto, junto com um nível semelhantemente inflado de expectativa. No momento em que este livro era redigido (novembro de 2010), nada havia sido relatado nem em periódicos especializados nem na mídia em geral sobre a maneira como o projeto está progredindo. Só posso supor, com base na ausência de anúncios dramáticos, que, assim como no caso de todas as outras tentativas, o estudo AWARE atraiu apenas um enorme zero em relação a qualquer evidência científica para percepções autênticas experimentadas durante uma experiência de quase morte.

Curiosamente, esse projeto, e todas as tentativas anteriores, contradiz uma suposição desde há muito sustentada e segundo a qual pessoas em estados fora do corpo não são capazes de ler coisas nem de perceber números, pois é exclusivamente o hemisfério não dominante do cérebro (geralmente o direito) que está ativo durante esses eventos. Essa informação tem sido utilizada muitas vezes como uma maneira de explicar por que todos esses experimentos montados para se comprovar EFCs autênticas falharam.

Ao usar essa desculpa, aqueles que acreditam que o corpo e a mente são entidades separadas precisam ser muito cuidadosos. Um cético, a meu ver não sem razão, responderia que não é a metodologia que está faltando, uma vez que essa ausência confirma o que muitos outros têm há muito sugerido – que a EFC é simplesmente uma alucinação. Uma volta ao ponto de partida, quando se esperava que qualquer um dos experimentadores visse os cartões no experimento de Penny Sartori, é exatamente o que tal suposição estaria sugerindo. Eles não viram os cartões porque não estavam fora de seus corpos na ocasião. Seria interessante verificar se, como eu suspeito, uma resposta semelhante a zero virá a ser relatada no fim do estudo AWARE.

No entanto, parece que há de fato uma área de evidências que curiosamente usa a ausência de visão para comprovar que a EFC relacionada com a EQM é um fenômeno muito real – as experiências de quase morte de pessoas com deficiência visual. É para essa área desafiadora que nos voltaremos agora.

O Desafio da EQM das Pessoas com Deficiência Visual

Todos os casos de EFC discutidos até aqui envolvem a percepção sensorial que está sendo fornecida por um processo desconhecido. Como uma pessoa pode "ver" e "ouvir" coisas quando ela não tem olhos para ver nem ouvidos para ouvir? Na verdade, o mistério de como esse processo funciona se aprofunda quando consideramos que não há cérebro físico para apresentar essas informações à consciência. Se EFCs autênticas são estados reais, e não simplesmente estados alucinatórios, então a nossa compreensão de como o cérebro funciona está errada. E não é apenas um pequeno erro, mas algo que exigiria uma reavaliação radical de tudo o que aprendemos com a neurologia e a fisiologia. Nesse cenário, o cérebro não é a localização da consciência e, o que é ainda mais surpreendente, a consciência não precisa do corpo físico para continuar existindo.

Para testar esse fenômeno, a ciência moderna precisará de mais do que as evidências apresentadas por experiências subjetivas. Como já se afirmou muitas vezes, os múltiplos relatos de casos não implicam uma evidência. No entanto, há uma área específica de pesquisas sobre EFCs autênticas que é muito difícil de descartar como alucinação. Ela envolve as experiências de quase morte de pessoas com deficiência visual que, no estado da EFC, afirmam que podem ver.

Kenneth Ring, pesquisador de EQMs, identificou 21 deficientes visuais que tiveram EQMs. Destes, dez haviam nascido cegos, nove perderam a visão antes dos 5 anos e dois foram prejudicados visualmente de forma séria. Curiosamente, dez dos sujeitos afirmaram que "viram" o seu corpo abaixo deles durante a EQM. Todos os dez relataram as habituais características apontadas por Moody, inclusive o voo pelo túnel em direção a uma luz brilhante e o encontro com um ser de luz.[18] Um dos pacientes mais interessantes era uma mulher de 43 anos chamada Vicki Umipeg.

Vicki, ao nascer, foi um bebê muito prematuro, tendo recebido oxigênio em excesso após o seu nascimento. Isso destruiu seu nervo óptico. Como resultado desse erro de cálculo, ela ficou cega desde o nascimento. Durante a vida, Vicki teve duas EQMs. A primeira ocorreu quando tinha 20 anos e foi provocada por um ataque de apendicite. No entanto, a segunda experiência é que provocou grande interesse. Ela se envolveu em um acidente de carro quando tinha 22 anos. Em sua EQM, ela "viu" a si mesma enquanto pairava acima da cama de hospital e percebeu que uma mecha de seu cabelo muito longo tinha sido raspada. Depois disso, sentiu que flutuava atravessando a cobertura e, em seguida, viu postes com lâmpadas e casas abaixo dela. Em seguida, viu-se em um campo coberto de flores. Nesse campo, estavam pessoas que ela soube que estavam mortas havia muito tempo. De repente, uma figura radiante caminhou em sua direção. Ela tomou essa figura como sendo Jesus, embora ele nunca se identificasse como tal. Esse Ser de Luz deu a ela uma completa "Revisão da Vida", que ela viu em cores e com grande riqueza de detalhes. Depois disso, o ser lhe disse que ela devia retornar a fim de "cuidar dos seus filhos". Isso causou grande excitação em Vicki, pois naquela época a maternidade era apenas um sonho. Com isso, ela se sentiu projetada com força contra o seu corpo e experimentou mais uma vez o pesado embotamento e a intensa dor de seu ser físico.[19]

O mais importante de toda essa experiência é o fato de que agora Vicki tem três filhos.

Esse caso, bem como os outros apresentados por Kenneth Ring e sua coautora Evelyn Elsaesser-Valarino (a pesquisadora que me apresentou a Engelbert Winkler e Dirk Proeckl) em seu livro *Lições de Luz*, sugere que há outra maneira por meio da qual a mente pode processar estímulos sensoriais e que não envolvem um cérebro ou um olho encarnado. Mais uma vez, discutiremos uma possível explicação para a experiência fascinante de Vicki em um capítulo posterior, e explicações para casos como esse são necessárias se o nosso atual paradigma científico deve se manter em vigor.

A experiência de quase morte ocorre durante uma ocasião particularmente estressante e perturbadora. Na verdade, não é surpreendente o fato de que, em tal estado, se manifestem percepções psicológicas incomuns. Alguns pesquisadores chegaram a sugerir que toda a EQM é simplesmente uma ilusão gerada pelo cérebro para ajudar a pessoa que está morrendo a lidar com o sofrimento e o trauma. No entanto, a experiência fora do corpo não se restringe a tais circunstâncias. Como vamos descobrir nos próximos capítulos, para certos indivíduos, o entrar e o sair subitamente do *soma* pode se tornar um modo de vida. Com certeza, foi esse o caso daquele que, provavelmente, é o mais famoso de todos os "viajantes astrais", o empresário norte-americano Robert Monroe. É para a sua história fascinante que vamos agora voltar a nossa atenção.

CAPÍTULO 4

Um Caso Especial: Robert Monroe

As Primeiras Experiências

ROBERT MONROE É PROVAVELMENTE o mais famoso dos modernos viajantes astrais. Ele nasceu em 1915 e cresceu em Lexington, no Kentucky. Até 1958, levou uma vida muito normal. Inicialmente, trabalhou na indústria do rádio e da televisão, e então, mais tarde em sua carreira, ingressou com muito sucesso na área da publicidade. No entanto, certo domingo, na primavera de 1958, sua vida iria mudar para sempre. Sua família tinha ido à igreja, deixando Robert sozinho em casa. Ele aproveitou a oportunidade para testar algo que tinha planejado fazer havia muito tempo. Como trabalhara durante vários anos na indústria do rádio, estava interessado no efeito que o som de fundo exerce sobre a concentração. Usando o seu sistema de som gravado em fita, ele tocava um sinal sonoro enquanto tentava bloquear todos os outros *inputs* sensoriais. Seu plano consistia em pensar sobre várias coisas enquanto mantinha sua concentração nesse estado isolado e em tentar lembrar de todas elas mais tarde.

Sua família retornou e todos se alimentaram com um café da manhã reforçado. Pouco mais de uma hora depois, Robert foi dominado por uma dor intensa no estômago. Como nenhum outro membro de sua família tinha sido afetado por essa sensação desagradável, ele chegou à conclusão de que teria sido um resultado direto de seu experimento anterior. A dor continuou inabalável durante horas, até que, à meia-noite, ele adormeceu exausto.

Na manhã seguinte, a dor e as câimbras haviam desaparecido, mas Robert estava convencido de que alguma coisa dentro dele havia mudado. Mais tarde, ele viria a descrever essa mudança como "o toque de uma varinha mágica".

Três semanas depois, ele estava novamente sozinho em uma tarde de domingo. Repousava no sofá de sua sala de estar quando algo muito estranho aconteceu. Ele viu um feixe luminoso ou um raio de luz sair do céu ao norte. O feixe o atingiu e impregnou seu corpo com calor. Na verdade, se não estivesse olhando para o norte, ele teria suposto que se tratava da luz solar. O que aconteceu em seguida garantiu-lhe que o que quer que fosse esse feixe, ele certamente não era constituído de luz do sol. Todo o seu corpo começou a sacudir violentamente. Mas se, por um lado, sentiu que todo ele vibrava, por outro percebeu que não conseguia se mover. Depois de um curto lapso de tempo, conseguiu libertar-se desse aperto paralisante, e à medida que conseguia se soltar, a vibração lentamente ia desaparecendo. Além disso, embora soubesse que durante o tempo todo não havia perdido a consciência, ele também sabia que algo muito estranho havia acontecido. Por alguma razão, sentiu que esse evento singular estava ligado ao súbito problema de saúde que tivera algumas semanas antes. Ao longo das seis semanas seguintes, a mesma condição peculiar manifestou-se outras nove vezes. Sem dúvida, havia alguma coisa muito fora do comum acontecendo. O único elemento consistente em todos esses casos parecia estar no fato de o fenômeno sempre se manifestar quando ele estava repousando ou prestes a adormecer. Em uma das ocasiões, a vibração se desenvolveu em um anel de faíscas com cerca de 60 centímetros de diâmetro que rodeava seu corpo. Começava no nível dos pés e percorria seu corpo até chegar à cabeça. E quando finalmente alcançava a cabeça, ele sentia um grande surto de energia e um som que lembrava um ronco de motor. O que é intrigante é que Robert só conseguia ver o anel de faíscas quando fechava os olhos. Tudo isso já era muito peculiar, mas alguns meses depois as coisas se tornariam ainda mais estranhas.

Certa noite, quando estava cochilando, as vibrações retornaram. A essa altura, ele já estava tão acostumado com elas – até mesmo entediado – que esperou pacientemente até que se apaziguassem e ele pudesse ir dormir. Enquanto permanecia deitado esperando, percebeu que seu braço, embora envolto no cobertor, pendia para fora da cama, roçando a parte superior do tapete com a ponta dos dedos. Compreendeu que podia mover os dedos e então decidiu esfregá-los no tapete. Depois de mais ou menos um segundo, aconteceu algo estranho; seus dedos atravessaram o tapete e ele sentiu a superfície do piso de madeira debaixo dele. Intrigado, avançou ainda mais e seus dedos atravessaram o chão e entraram no quarto do andar de baixo. Ele achou curioso que sua mente semiconsciente não considerasse isso em particular estranho. Continuou avançando e logo todo o seu braço estava no quarto de baixo. Então, sentiu que os seus dedos tocavam em água. Enquanto brincava distraído com a superfície da água, adquiriu, de súbito, plena consciência da situação; mas embora percebesse estar bem acordado, de olhos abertos, ainda podia sentir a água brincando ao redor da ponta dos seus dedos. Puxou sua mão de volta para o quarto e examinou os dedos. Esperava que houvesse neles vestígios de água, mas não havia nenhum. Olhou para o chão; não havia nenhum buraco. Finalmente, acalmou-se e adormeceu.

Sem dúvida, era um sonho muito perturbador. Monroe discutiu sobre ele com seu médico, que concordou que era estranho, mas não ofereceu nenhuma explicação. Quatro semanas depois, as vibrações retornaram, e dessa vez a visão de mundo de Robert Monroe mudaria para sempre.

Ele estava novamente deitado na cama, e sua mulher dormia ao seu lado. As vibrações começaram e Robert tentou fazer com que sua mente alçasse voo para se afastar do que estava acontecendo. Monroe era um aviador de percepção aguçada, e um perfil psicológico posteriormente traçado mostraria que o voo o fascinara desde criança. Como tal, ele pensou em como seria desejável entrar em um planador e flutuar ao léu sobre uma coluna ascendente de ar quente, fazendo uma "anotação" mental para se lembrar de fazer isso no dia seguinte. É óbvio que alguma coisa havia colocado subliminarmente essa imagem em sua mente, evidenciada pelo que aconteceria em seguida.

Enquanto pensava sobre o voo, sentiu algo pressionando seu ombro. Estendendo a mão para descobrir o que era, encontrou uma parede lisa; sua mão deslizou pela superfície, que continuava lisa e ininterrupta. Ao abrir os olhos, pôde ver sob a luz fraca que estava deitado de lado sobre o que de início supôs ser a parede junto à sua cama. Seu pensamento natural foi o de que, de algum modo, havia caído da cama. No entanto, quando olhou para cima, não conseguiu ver janelas nem portas. A sensação era, ao mesmo tempo, de estranheza e familiaridade. Então ele percebeu por quê. Não era a parede, mas o teto! Sentiu que, suavemente, colidia com o teto e dele saltava. Conseguiu então rolar o corpo e olhar para baixo. Na luz esmaecida, viu sua cama, e nela duas pessoas dormindo. Perplexo, percebeu que uma delas era sua mulher e que a outra era... ele mesmo.

Em seguida, ele teve certeza de que havia morrido. Que outra explicação poderia haver para o fato de ele estar fora de seu corpo? Entrou em pânico e mergulhou em direção à sua cama e de volta ao seu corpo. Cautelosamente, abriu os olhos para se ver de volta em seu corpo físico. As vibrações desapareceram. Ficou tão impressionado com isso que tudo o que podia pensar em fazer era acender um cigarro e olhar para fora da janela, na esperança de que a nicotina e a paisagem o ajudassem a explicar o que ele havia acabado de vivenciar.

Descobrindo os Locais

Os eventos citados foram descritos com grandes detalhes em um livro que Robert mais tarde escreveria sobre suas experiências. Publicado pela primeira vez em 1971, esse livro, intitulado *Viagens Fora do Corpo*, viria a se tornar um *best-seller*. As pessoas se sentiram atraídas por ele porque Monroe era sem dúvida uma pessoa centrada, com uma carreira de sucesso como empresário e presidente de um negócio multimilionário. Ele não tinha necessidade financeira alguma para ser levado a escrever um livro, e suas descrições eram sinceras. Robert iria manter o seu emprego com o apoio de seus sócios, que também ficaram fascinados com as implicações de suas experiências, em particular com relação à maneira como os eventos se desenvolveram depois de sua primeira experiência ecsomática.

Não causa surpresa o fato de essa experiência ter realmente preocupado Monroe. Ele consultou seu amigo médico, que sugeriu ter ela possivelmente resultado de um excesso de trabalho e que ele talvez devesse reduzir seu tabagismo. E foi o que ele fez. Uma visita a outro amigo, dessa vez um psicólogo, também não conseguiu dar-lhe quaisquer respostas.

No entanto, as vibrações continuaram, mas Robert não estava entusiasmado para repetir o exercício fora do corpo. Isso é interessante porque sugere que ele havia percebido que, embora não pudesse controlar as vibrações, podia querer sair de seu corpo. No livro, ele não consegue explicar como chegou a essa conclusão, mas é muito específico ao afirmar que foi por sua própria escolha que a próxima experiência ecsomática ocorreu. Ele a descreve da seguinte maneira:

> Com as vibrações ocorrendo com força total, pensei em flutuar em direção ao alto – e consegui. Suavemente, flutuei para cima da cama, e quando quis parar, consegui, flutuando no ar. Não era uma sensação ruim, de maneira alguma, mas eu estava nervoso diante da possibilidade de cair

subitamente. Depois de alguns segundos, pensei em me dirigir para baixo, e um momento depois, me senti na cama novamente com todos os meus sentidos físicos normais operando plenamente. Não tem havido nenhuma descontinuidade na consciência desde o momento em que me deitei na cama até o momento em que me levantei depois que as vibrações desapareceram. Se isso não fosse real, mas apenas uma alucinação ou sonho, eu estaria em apuros. Eu não poderia dizer onde a vigília terminava e o sonho começava.[20]

Acho que essa última frase tem importância crucial. Robert reconhece que não tem certeza se essas experiências são sonhos ou realidade. Poderiam ser, ambos, um sonho lúcido, talvez?

A partir dessa ocasião, Robert teve muitas experiências semelhantes. Elas incluíam alguns incidentes fascinantes, que pareciam estar ocorrendo em outro local, um local diferente do mundo cotidiano encontrado em um estado normal, plenamente desperto. Havia encontros com outros seres, que eram sem dúvida entidades automotivadas, com personalidades individuais. À medida que o tempo passava, Robert descobriu que suas aventuras fora do corpo estavam ocorrendo em uma série de ambientes totalmente diferentes. Ele chamou esses lugares de *Locales* [Locais] e, finalmente, concluiu que havia três que podiam ser encontrados quando se viajava fora do corpo.

O primeiro deles, o Local 1, corresponde mais ou menos ao mundo físico normal. Sua geografia e seus habitantes são geralmente idênticos aos que existem no mundo cotidiano. É o Local que Robert conheceu pela primeira vez quando flutuou perto do teto de seu quarto. O que ele viu foi observado a partir de um ângulo incomum, mas compreensível para ele. Viagens nesse Local podem fornecer informações verídicas, capazes de ser relatadas depois que a experiência estiver concluída. Robert dá alguns exemplos disso, inclusive a tentativa de uma "visita" à casa de um amigo íntimo, o dr. Bradshaw, enquanto se encontrava em um estado ecsomático. Ele sabia que Bradshaw estava doente, e queria muito verificar como ele estava se sentindo. Percebeu que sua viagem era muito mais difícil do que tinha previsto. Curiosamente, "viajar" subindo a colina até a parte da cidade onde Bradshaw morava era *extremamente* difícil. Por que deveria ser assim não era nada claro, especialmente porque Monroe estava, assim eu supus, voando acima do solo e, por isso, uma inclinação de qualquer tipo não deveria ser um obstáculo. É claro que se ele estivesse caminhando em seu estado ecsomático, subir uma colina poderia ser um problema. Basta dizer que aquilo que aconteceu foi ainda mais peculiar. Robert sentiu que alguém, ou alguma coisa, o levantou apoiando-o por debaixo de cada braço e o ajudou a seguir pelo seu caminho. Esse foi o primeiro encontro de Robert com as entidades que parecem habitar o universo ecsomático. Quando ele finalmente chegou à casa do dr. Bradshaw, ficou perplexo ao constatar que ele e sua esposa estavam passeando fora de casa. Robert tentou inutilmente chamar sua atenção:

> Eu flutuava na frente deles, acenando, tentando chamar sua atenção, sem resultado. Então, sem virar a cabeça, pensei ter ouvido o dr. Bradshaw me dizer: "Bem, vejo que você não precisa mais de ajuda". Pensando que eu havia feito contato, mergulhei de volta no chão e voltei ao escritório, girei o corpo e abri os olhos.[21]

Robert descreve como telefonou mais tarde à sra. Bradshaw, a qual confirmou que, no momento da "visita" de Robert, ela e seu marido estavam caminhando fora de sua casa. Robert perguntou o que ela estava vestindo. O que ela descreveu foi exatamente o que Robert havia visto em seu estado ecsomático.

Este incidente em particular tem sido citado por Robert e pelos que o apoiam como a primeira prova de que ele realmente viu coisas de que não poderia ter conhecimento por meios normais. De fato, muitos afirmam que essa era uma evidência verídica do estado ecsomático de Robert. Infelizmente, não compartilho dessa opinião. Por exemplo, temos apenas a percepção dos eventos informada por Robert; nem o dr. Bradshaw nem sua esposa confirmaram de maneira alguma que algo de incomum aconteceu durante sua caminhada. Robert descreve como o dr. Bradshaw falou a ele de uma maneira que sugeria que o tinha visto; mais tarde, o dr. Bradshaw afirmou que não tinha visto Robert nem falado com ele. No entanto, Robert descreveu corretamente o que o casal estava vestindo, o que é muito impressionante. Porém, permanece a pergunta: Por que Robert efetivamente teve uma "visão a distância", mas não conseguiu exercer qualquer efeito físico sobre o ambiente? Acho que parte dessa situação é de grande importância.

Os Testes

Para nos ajudar a compreender as habilidades de Robert, temos uma série de experimentos bem documentados que ocorreram sob a orientação de um amigo de Monroe, o dr. Charles T. Tart,* em julho de 1966. O dr. Tart usou as instalações do laboratório de eletroencefalografia da Medical School da Universidade de Virgínia.

Robert estava em uma sala de isolamento com eletrodos colocados na cabeça e dispositivos nas orelhas para bloquear o som. Pediram-lhe para tentar induzir uma experiência ecsomática e, em seguida, ler um número-alvo de cinco dígitos que fora colocado em cima de uma prateleira, 1,83 metro acima do chão. Voltaremos a encontrar um experimento

---

* Autor do livro *O Fim do Materialismo – Como as Evidências Científicas dos Fenômenos Paranormais Estão Unindo Ciência e Espiritualidade*, publicado pela Editora Cultrix, São Paulo, 2012. (N.E.)

semelhante, também realizado pelo dr. Tart, em um capítulo posterior. A fim de induzir um estado semelhante ao sono, Robert estava deitado em uma cama de lona.

Em seu primeiro livro, Robert descreve com alguns detalhes como esse experimento foi vivenciado do seu ponto de vista. Ele explica como uma sensação de calor inundou seu corpo e tomou isso como uma sugestão para tentar fazer o que chamou de "o método de rotação [*roll-out*]". Ele envolve simplesmente girar o "corpo astral" para o lado, como se faria com o corpo físico quando ele saísse da cama. Robert sentiu-se rolando para fora do seu corpo e da cama de lona. Ele se preparou para cair no chão; quando isso não aconteceu, soube que estava totalmente fora de seu corpo. Ele chamou esse estado de "desassociado". Então, ele se moveu por uma área escura, e, em seguida, viu três pessoas: duas do sexo masculino e uma do sexo feminino. A mulher era alta e de cabelos escuros e Robert sugeriu que ela tinha provavelmente 40 e poucos anos. Estava sentada em um sofá. À sua esquerda e à sua direita, de pé, havia dois homens, e o grupo estava envolvido em uma conversa. Robert decidiu que precisava fazer com que sentissem sua presença, e para isso deslocou-se para a frente e beliscou a mulher suavemente em seu lado esquerdo, logo abaixo das costelas. Ele sentiu que ela reagiu a isso de alguma maneira.

Robert ficou um pouco desapontado com isso, e então decidiu voltar "para o corpo físico", expressão com que se referia a essa situação. Esperou alguns minutos e, em seguida, saiu do seu corpo por uma segunda vez. Usando a mesma técnica do *roll-out*, saiu de seu corpo e seguiu a luz que vinha da parte de baixo do corredor. Tentou encontrar a técnica responsável, mas ela não estava na sala de controle via console. Então, deslocou-se para uma sala exterior muito iluminada e viu que ela estava com outro homem posicionado de pé à sua esquerda. O que aconteceu depois foi um tanto estranho. Monroe descreve o que viu da seguinte maneira:

Tentei atrair a atenção dela, e quase imediatamente fui recompensado com uma explosão de alegria quente e de felicidade por ter finalmente alcançado a coisa que havíamos procurado atingir. Ela estava realmente excitada, e assim, feliz e excitada, me abraçou. Respondi, e apenas leves insinuações sexuais estiveram presentes, cerca de 90% das quais eu consegui ignorar. Depois de um momento, eu me afastei, e gentilmente coloquei minhas mãos em seu rosto, uma em cada face, e a agradeci por sua ajuda.[22]

Então, ele tentou atrair a atenção do homem, mas não conseguiu; a abordagem por meio do beliscão novamente não teve nenhuma reação. Ele descreveu esse homem dizendo que tinha aproximadamente a mesma altura que a técnica e o cabelo ondulado. Robert então decidiu retornar ao seu corpo. Para fazê-lo, chamou a técnica e, quando ela entrou no quarto, ele lhe disse que fora bem-sucedido em sua tentativa de sair do corpo e que a tinha visto com outro homem. Ela confirmou que de fato estivera na sala externa com outro homem – seu marido a havia chamado para vê-la. Robert pediu para encontrá-lo, e reconheceu o homem de cabelos ondulados que tinha visto em seu estado ecsomático.

A "comunicação" entre Robert e a técnica de laboratório durante o seu estado ecsomático tem alguns paralelismos com seu encontro anterior com o dr. Bradshaw. Você deve se lembrar de que Robert tinha certeza de que seu amigo o havia visto e falado com ele quando ele o "visitara" em sua casa, mas o dr. Bradshaw não teve tais percepções e não se lembrou de ter experimentado nenhuma comunicação de qualquer espécie.

Muito naturalmente, tanto Monroe como Tart ficaram um pouco decepcionados com esse resultado. Infelizmente, Tart estava prestes a deixar a Universidade de Virgínia, onde os experimentos tinham ocorrido, e se mudar para um novo posto em uma universidade na Califórnia. No entanto, depois de se mudar para sua nova casa, Tart decidiu que isso poderia ser usado como um teste da capacidade de Monroe para a "viagem astral". Tart telefonou para Monroe, na Virgínia, e sugeriu que ele poderia, com a ajuda de sua esposa Judy, criar um "farol psíquico" por meio do qual eles poderiam guiar o corpo astral de Monroe para seu novo lar na Califórnia. O teste determinaria se Monroe poderia descrever um lugar que ele nunca havia visto.

No dia do experimento, Tart telefonou para Monroe. Tudo o que ele lhe disse foi que, em algum momento durante aquela noite, ele e Judy começariam o processo. Às 11 horas da noite, no fuso horário californiano, eles começaram. Eram 2 horas da madrugada na hora local de Monroe, na Virgínia. O plano deles era continuar a se concentrar até as 11h30. Depois de cinco minutos de exercício, seu telefone tocou; isso não era apenas irritante para eles, pois quebrava sua concentração, mas também era altamente incomum. Eles deixaram o telefone tocando. Por fim, a pessoa que telefonava desistiu. Como na época não havia secretária eletrônica, eles não tinham ideia de quem era o autor da chamada. Continuaram a se concentrar até as 11h30 e depois foram dormir.

No dia seguinte, Tart telefonou a Monroe e afirmou que, em sua opinião, o experimento tinha corrido bem, pedindo a Monroe que enviasse sua descrição do que ele havia experimentado na noite anterior. Poucos dias depois, a carta chegou.

Tanto Tart como sua mulher ficaram intrigados ao descobrir que a pessoa misteriosa que havia telefonado para eles na noite do experimento era o próprio Monroe. Por volta das 2 horas da madrugada, ele estava deitado na cama e bem acordado. De repente, experimentou uma sensação de estar sendo balançado, e em seguida de ser puxado pelos pés. Então, sentiu uma mão apanhá-lo pelo pulso e puxá-lo para fora de seu corpo. Sentindo uma onda de ar por cerca de cinco segundos, então ele viu-se dentro de uma sala.

Depois de uma breve experiência ecsomática, Monroe descreveu como se viu de volta ao seu corpo na Virgínia. Ele se levantou e, imediatamente, ligou para os Tart na Califórnia. Sua experiência havia durado cerca de cinco minutos de tempo "externo".

Pelo que parece, esse é um caso fascinante. Exatamente no momento em que Judy e Charles começaram a concentrar-se para trazer Robert à sua casa na Califórnia, Robert sentiu que estava sendo puxado para fora de seu corpo, o *timing* sendo confirmado pela conversa telefônica na manhã seguinte. No entanto, não era esse o principal objetivo do experimento. O plano era verificar se Monroe poderia identificar o *layout* da nova casa na Califórnia e, ao fazê-lo, provar a ocorrência de uma percepção verdadeira. O dr. Tart não descreve esse fato em seu artigo, mas faz o seguinte comentário:

> A parcela do seu relato que eu omiti, por outro lado, sua descrição da nossa casa e do que minha mulher e eu estávamos fazendo, era muito imprecisa. Ele percebeu muitas pessoas na sala, e também que minha mulher e eu estávamos fazendo coisas que na verdade não fazemos. Olhando para a descrição, eu concluiria que nada de paranormal havia acontecido.[23]

A última tentativa do dr. Tart para obter uma prova verídica das habilidades reivindicadas por Monroe ocorreu em 1968. Mais uma vez, ela se comprovou decepcionante. Monroe foi equipado com vários dispositivos de medida e, pela primeira vez, foi observado na tela de um televisor em circuito fechado para uma das suas alegadas experiências fora do corpo. O dr. Tart esperava registrar o "corpo astral" de Monroe conforme ele flutuasse para fora de seu corpo físico.

O dr. Tart havia pedido que, embora se encontrasse em seu estado fora do corpo, Robert se deslocasse até outra sala do laboratório, onde um número de cinco dígitos tinha sido escrito em um lugar de destaque. Esse foi um formato que Tart iria usar em um experimento posterior, e, é preciso dizer, com sucesso muito maior.

Em seu primeiro estado fora do corpo, Monroe se encontrou no saguão entre as duas salas, mas devido a "dificuldades respiratórias", como as descreveu, ele só poderia se demorar no estado ecsomático durante 8 a 10 segundos. Isso me intriga, mas em sua discussão sobre o experimento, o dr. Tart não faz nenhum comentário a respeito desse curioso problema. Se Monroe estava em seu "corpo astral", por que ele precisaria de oxigênio? Ou será que o seu corpo físico estava tendo problemas respiratórios? Em caso afirmativo, como é que ele sabia? Não estaria isso sugerindo que ele se encontrava em algum tipo de bilocação ou seria evidência de que suas experiências ecsomáticas tinham uma causa muito mais complexa, e, em última análise, muito mais desafiadora?

Em sua segunda tentativa, Monroe decidiu seguir o cabo do eletroencefalógrafo através da parede até a sala de equipamentos. Só posso supor que ele estava tentando minimizar o tempo em que ele estava "fora do corpo" por causa de seus problemas respiratórios anteriores. Ao fazer isso, ele conseguiu se perder e se viu diante de uma parede de outro edifício, mais tarde identificado como um pátio situado em posição oposta à da sala de equipamentos. Curiosamente, muitos relatórios subsequentes sobre esse experimento consideram que seja um sucesso e uma demonstração das habilidades de viagem astral de Monroe.

O dr. Tart fez três tentativas para mostrar que as habilidades de Robert eram reais e, em cada uma dessas ocasiões, os resultados foram, na melhor das hipóteses, inconclusivos. Fica claro a partir dos escritos do dr. Tart, tanto na época como posteriormente, que ele queria acreditar que Monroe podia ver as coisas a partir de um local fora do seu corpo. Mas as evidências experimentais sugerem o contrário. Na verdade, é interessante notar que os vagos sucessos dos experimentos (o acordar na hora certa e a identificação do pátio) não são, de maneira alguma, conclusivos (por exemplo, é possível que Robert pudesse ter visto o pátio usando a visão normal) e esses "acertos" não faziam parte dos experimentos controlados.

No entanto, pode haver uma explicação perfeitamente razoável para o fato de que Robert falhou constantemente em fornecer provas irrefutáveis de percepções verídicas durante suas viagens ecsomáticas. Essa explicação é sugerida em todos os seus livros e é apoiada pela evidência neurológica que vou apresentar em um capítulo posterior. Ela tem a ver com seu conceito de "Locais".

Você deve se lembrar de que, no início, descrevi que o "Local 1" de Monroe é geograficamente idêntico ao nosso mundo cotidiano. Isto é, para todos os efeitos, ele é o "mundo real". Ao viajar por esse Local em um estado ecsomático, Monroe sugere que informações verídicas podem ser adquiridas e apresentadas aos pesquisadores como prova da experiência ecsomática. É o lugar onde Robert acreditava que estava em cada um dos experimentos e experiências que foram descritos neste capítulo; mas, como Robert descreve em seus livros, há dois outros "Locais". Sem que isso cause surpresa, ele os chama de "Local 2" e "Local 3".

É nesses dois Locais que Robert passa a maior parte do seu tempo durante o restante do seu primeiro livro. E no seu segundo livro, *Far Journeys*, ele realmente só discute o Local 3.

Monroe descreve o Local 2 como sendo um passo além da realidade comum. É o lugar onde o céu e o inferno podem ser encontrados, e isso significa que a estrutura e os habitantes desse lugar são influenciados pelas esperanças e temores do experimentador. Parece que é o lugar onde o subconsciente torna-se real. Naturalmente, pode-se traçar paralelos com o sonho comum, que também contém arquétipos e símbolos tirados das profundezas da psique humana.

No entanto, Monroe está certo de que os seres encontrados no Local 2 são reais. Não só isso, mas também que esses seres "criam" um ambiente que será familiar para quaisquer "viajantes" que possam encontrar-se lá durante uma experiência fora do corpo. No ocultismo tradicional, o Local 1 era conhecido pela expressão "plano astral inferior". Monroe concorda com os ocultistas ao afirmar que os planos inferiores – os mais próximos do Local 1 – são habitados por entidades potencialmente hostis e que devem ser percorridos com cuidado; o Local 2, às vezes, pode ser transposto com a ajuda de habitantes benignos dessa região. Por falta de um termo melhor, Monroe chama esses seres de "ajudantes". No entanto, eles nem sempre estão por perto e, na verdade, alguns dos seres mais malignos podem se disfarçar para enganar incautos viajantes. Mantendo-se de acordo tanto com o conhecimento oculto como com a psicologia moderna, ele sugere que Local 2 é o lugar para onde todos nós vamos em sonhos; caso em que, se o sonhador torna-se "lúcido" enquanto sonha, então ele será capaz de manipular o Local 2 para sua própria vantagem. Como esse controle é muito limitado, o viajante precisa ser cauteloso. Naturalmente, esse é o fenômeno conhecido como "sonho lúcido", tema ao qual eu voltarei mais tarde.

Para mim, no entanto, é o Local 3 o lugar mais significativo que Robert Monroe encontrou.

Local 3: Viagem Xamânica de Monroe?

A descrição de como Monroe encontrou pela primeira vez esse local é a parte mais singular de *Viagens Fora do Corpo*. Como vimos, Monroe usou algo a que deu o nome de "técnica de *roll-out*" para se deslocar da realidade cotidiana para o Local 1, mas, certa noite, em novembro de 1958, em vez de rolar 90 graus e sair do corpo, ele descobriu que sua "rotação" continuou até atingir 180 graus. Então, ele se viu com o rosto "voltado para baixo", em posição diretamente oposta ao seu corpo físico. O que ele encontrou lá foi totalmente bizarro:

Havia um buraco. Essa é a única maneira de descrevê-lo. Para os meus sentidos, parecia um buraco em uma parede que tinha cerca de 61 centímetros de espessura e se estendia infinitamente em todas as direções (no plano vertical).[24]

Ele olhou dentro do buraco e não viu nada além da escuridão mais profunda, mas tinha certeza de que, se sua visão fosse suficientemente boa, ele teria visto estrelas e planetas – acreditando que faziam parte do espaço profundo. Em seguida, girou de volta os mesmos 180 graus e voltou à realidade regular.

Na semana seguinte, ele voltou a encontrar o giro de 180 graus e, como esperava, lá estava o buraco. Dessa vez, colocou a mão dentro da escuridão e foi surpreendido quando outra mão apareceu do outro lado e apertou-a! O que era ainda mais estranho foi o fato de que, quando colocou a mão novamente, a outra mão deu-lhe um cartão comercial com um endereço de Nova York. Infelizmente, Robert nunca voltou a mencionar esse cartão. Seria fascinante saber se ele foi até o endereço e o que ele descobriu. Na verdade, se ele conservou esse cartão, seria um artefato vindo de outro nível da realidade.

Depois de um período de semanas, Robert finalmente conseguiu atravessar o buraco e encontrar um mundo muito parecido com o nosso, mas com diferenças curiosas. Por exemplo, a tecnologia parecia um pouco incomum, com automóveis de *design* diferente. Ele conseguiu explorar esse novo mundo e ficou surpreso ao descobrir que havia uma versão dele nessa Terra alternativa. Ele chamou essa pessoa de "eu de lá" (*I There*) e, sem o seu controle, ele se viu tomando conta do corpo do "eu de lá" durante curtos lapsos de tempo. Isso causou profundos problemas para Robert e, podemos supor, grande dificuldade para o "eu de lá", que deve ter experimentado essas coisas como incômodas sensações de "ausência". Mais uma vez, temos um paralelismo com uma epilepsia do lobo temporal dentro de um universo paralelo. As implicações do primeiro encontro de Robert com o Local 3, como ele posteriormente chamou esse lugar, são de grande importância para a minha própria hipótese sobre a natureza da realidade.

Os "ajudantes" foram de grande importância para Robert quando ele estava no Local 3. Parece que, nesse local, ele encontrou apenas um desses seres, que parece saber muito mais sobre Monroe do que deveria ter sido o caso. Sem dúvida, esse ser compartilha de sua vida em todos os Locais, inclusive na realidade cotidiana. Em um incidente registrado como tendo ocorrido em março de 1959, Robert estava deitado na cama quando as vibrações habituais começaram. Na ocasião, ele havia se acostumado com suas viagens ao Local 3 e queria saber por que isso estava acontecendo, qual a razão de tudo isso. Ele viu um raio de luz branca aparecer e se concentrar em sua cabeça. Decidiu que era o momento de fazer sua pergunta. Quando a fez, aconteceu algo muito peculiar:

> Uma voz rica e profunda – no entanto, não era uma voz, e com certeza não era a minha mente consciente, como eu estava esperando ansiosamente – respondeu.
>
> "Você tem certeza de que quer saber?" A resposta vinha principalmente do raio de luz.
>
> Respondi que tinha certeza.
>
> "Você é forte o suficiente para receber as verdadeiras respostas?"
>
> Houve pouca inflexão e nenhuma emoção nas palavras.
>
> Respondi que eu pensava que sim. Esperei e me pareceu que um longo tempo se passou antes que a voz voltasse a se expressar.
>
> "Peça ao seu pai para lhe dizer qual é o grande segredo."[25]

Exatamente nesse momento um membro de sua família subiu as escadas e acendeu a luz de fora de seu quarto; com isso, o raio de luz se apagou e Robert não pôde obtê-lo novamente. Essa foi a última vez em que ele se comunicou com esse ser. Ele fez a seu pai a pergunta, como a voz lhe sugerira, mas ele não foi de nenhuma ajuda. O que isso significa é um completo mistério, mas que me lembra muito de um incidente semelhante relatado pelo escritor de ficção científica Philip K. Dick. Ele também envolvia uma fonte de luz misteriosa e uma entidade que orientava e dava sugestões. (Isso é discutido em detalhes no último capítulo do meu livro *The Daemon – A Guide to Your Extraordinary Secret Self*).

Em seus dois últimos livros, Monroe parece concentrar-se quase que totalmente no Local 3, e em como ele pode ser visitado utilizando-se de algo que ele chamou de "sincronização hemisférica" ou "HemiSync®". Aqueles que têm acompanhado o seu trabalho, como Tom Campbell, continuam a concentrar-se nesse lugar particular. É como se as falhas aparentes encontradas ao se testar a percepção verídica no Local 1 tivessem forçado Monroe a se concentrar mais nas "Viagens Longínquas" no Local 3. Um cético poderia observar que o motivo disso é que as viagens no Local 3 não podem, pela sua própria natureza, ser verificadas experimentalmente. Não sou dessa opinião. Creio que aquilo que Robert Monroe vivenciou era muito real, possivelmente ainda mais real do que o mundo normal abaixo do Local 1. Além disso, acredito que todas as experiências ecsomáticas de Robert ocorreram no Local 3 e é por isso que ele não conseguiu provar que tinha o poder da "visão remota".

No entanto, outros parecem determinados a acreditar que a percepção ecsomática pode ocorrer no próprio âmbito do mundo físico. Em sua introdução ao primeiro livro de Monroe, *Viagens Fora do Corpo*, o dr. Charles T. Tart apresenta um exemplo clássico desse pensamento contraproducente que sustentamos apenas com base na ilusão de querermos que ele se refira a algo real. A partir das evidências acima, é razoável afirmar que nenhum dos seus experimentos com Monroe apresenta qualquer prova real de que ele efetivamente viajou para fora de seu corpo no

Local 1. Por exemplo, em um experimento, Monroe afirmou que ele teve de voltar para o seu corpo porque sentiu "dificuldade para respirar". Ele acha isso difícil de entender. Só posso supor que, de alguma maneira, durante o seu estado ecsomático, Monroe estava, ao mesmo tempo, consciente de seu corpo físico deitado em uma cama no quarto onde o experimento foi realizado e vendo o mundo por meio do seu corpo astral. Isso sugere alguma forma de bilocação ou, então, uma duplicação da consciência. Porém, mesmo se aceitarmos isso, por que a dificuldade de respirar era um problema? Em suas viagens posteriores aos Locais 2 e 3, Monroe nunca menciona qualquer *feedback* corporal físico. Na verdade, até onde eu estou ciente, essa foi a única ocasião em que Monroe mencionou isso como um problema. Mas o que me deixa mais confuso é pensar no que provocou essa "dificuldade para respirar". Na minha experiência, eu nunca fui acordado de um sonho porque não conseguia respirar. Só posso supor que o problema de Monroe era o de que seu corpo físico foi forçado a se deitar em uma posição não natural e isso causou algum tipo de aflição. Mas, ao aceitar isso, também temos de aceitar que há uma forma não local de comunicação que ocorre entre o corpo astral e o corpo físico. Dentro do mundo "normal", dois objetos não podem se comunicar a não ser que estejam em contato de alguma maneira ou de outra. Então, por meio de que mecanismo desconhecido o corpo astral recebe informações de seu corpo físico? Durante esse tempo, supõe-se que ambos os corpos estejam poucos metros um do outro; por implicação, a comunicação da aflição foi instantânea. Como tal, pouco importa se a distância era de 10 metros ou de 10 anos-luz. Em um capítulo posterior, encontraremos fenômenos cientificamente verificados que podem ajudar a explicar o que estava acontecendo com Robert nessa época.

Estou muito interessado em seguir isso até sua conclusão lógica. A implicação é a de que se Monroe estava ciente de sua dificuldade para respirar, então seu corpo astral precisava estar ciente do processo da respiração. Embora esse processo seja controlado pelo sistema nervoso autônomo, ele pode ser dominado pela consciência. Será que isso implica o corpo astral está plenamente consciente do que está acontecendo com o corpo físico, assim como de ser capaz de influenciar as ações do corpo físico a distância? Mais uma vez, como isso funciona?

Vou sugerir uma explicação alternativa. Poderia ter ocorrido que Monroe estivesse prontamente a par de seus problemas respiratórios porque, simplesmente, ele estava dentro de seu corpo o tempo todo? Isso certamente explicaria o fato. Prosaico, eu sei, mas, no entanto, também é muito razoável se levarmos em consideração sua incapacidade para relatar qualquer coisa vagamente verídica.

Em meus livros anteriores, escrevi extensamente sobre a epilepsia do lobo temporal e como esse "estado alterado" pode abrir a consciência a outros níveis da realidade. Sou da opinião de que Robert pode ter experimentado algo semelhante – ou isso ou uma enxaqueca clássica. Minhas razões para essa suspeita são a de que o próprio Monroe considerou essa opção e a descartou porque, como ele a entendia, a epilepsia fora herdada e se manifestara em uma idade precoce, e "os epilépticos não têm memória ou sensação em tais ataques". Monroe está errado em ambos os cômputos. Em alguns casos, a epilepsia é hereditária, mas também pode ser instigada por cicatrizes (lesões) no cérebro, que podem ser causadas por acidentes ou danos causados por doenças. Mais importante ainda é o fato de que os epilépticos cuja "doença" está focalizada nos lobos temporais geralmente entram em contato com algo chamado de "aura". Isso envolve percepções incomuns e sentimentos que atuam como um "sistema de alerta precoce" advertindo que uma convulsão é iminente.

Estou fascinado pelo fato de que Monroe tenha descrito a sensação antes de ter a sua primeira experiência ecsomática, a qual descreveu como uma vibração que percorria seu corpo, comparando-a a um choque elétrico indolor.[26] Isso é muito semelhante à aura tanto da enxaqueca como da epilepsia do lobo temporal. Estou ciente de que Robert afirma que ele foi testado para quaisquer problemas neurológicos, mas eu me pergunto o que eles realmente procuraram quando fizeram esses testes. De fato, Robert manifestou muitos outros sintomas do "estado da aura". Ele ouviu vozes, como as dos "ajudantes", e o surpreendente encontro com a "luz falante", que discutimos anteriormente. Minhas pesquisas sugerem que esses encontros não são simplesmente alucinações provocadas por uma química defeituosa do cérebro, mas, na verdade, são vislumbres de uma realidade alternativa facilitada por essa química do cérebro.

Na segunda metade deste livro, tentaremos oferecer uma explicação para o que pode ter ocorrido no cérebro de Robert durante suas aventuras ecsomáticas. No entanto, antes de começarmos a falar de ciência, eu gostaria de dedicar o próximo capítulo ao exame das habilidades de outro "viajante" muito famoso, o "vidente remoto" Ingo Swann.

CAPÍTULO 5

Visão Remota: O Caso de Ingo Swann

O Caminho de Swann

UMA CUIDADOSA REVISÃO das experiências ecsomáticas de Robert Monroe irá sugerir que ele não estava realmente viajando fora do seu corpo, vendo lugares e pessoas a distância. Era como se sua consciência deixasse o seu corpo e se bilocasse em outro lugar. A visão remota é um fenômeno relacionado, mas qualitativamente diferente; é uma "habilidade" que viria a adquirir uma grande demanda durante os dias da Guerra Fria, e um dos mais famosos praticantes dessa habilidade foi o artista Ingo Swann.

De acordo com seus próprios relatos, Ingo Douglas Swann (ou Swan, como era o seu sobrenome na época) teve sua primeira experiência ecsomática com 2 anos de idade. Ele havia acabado de ficar inconsciente depois de receber éter antes de uma cirurgia para extrair suas amígdalas. A próxima coisa de que ele tinha consciência era a de estar olhando para baixo, para a cena da cirurgia, a partir de um local perto do teto. Ele podia ver uma mesa e um homem debruçado sobre um pequeno corpo. O homem estava sem dúvida tendo dificuldade com alguma coisa. Irritado, o cirurgião xingava, lutando para cortar alguma coisa na boca do pequeno paciente, estendido inconsciente sobre a mesa. Mesmo com tão pouca idade, Ingo percebeu que isso era estranho. Ele estava muito consciente de que o corpo sobre a mesa era o seu, embora não estivesse mais nele. Swann descreveu como se sentia – como um ponto de percepção vendo as dificuldades do médico de uma curta distância e de uma posição elevada. Viu o bisturi do cirurgião fazer um corte perto da base de sua língua e ficou perturbado quando ele removeu dois pedaços de carne róseos e sangrentos, e os colocou em um recipiente, dando-os a uma enfermeira. Esta então colocou o recipiente em um aparador atrás de dois rolos de tecido.

A próxima coisa de que Swann se lembra é de acordar. Sua mãe estava lá para confortá-lo e ao lado dela ele viu o cirurgião. "Você está bem?", perguntou-lhe a mãe. Ele concordou balançando a cabeça; em seguida, virou-se para uma enfermeira e perguntou: "Posso ter as minhas amígdalas agora?"

A enfermeira explicou que havia jogado as amígdalas fora. "Não, você não jogou", respondeu Ingo. "Você as colocou atrás daquilo lá. Dê para mim." Então ele olhou de volta para sua mãe e disse: "Mamãe, o médico disse um palavrão quando cortou minha língua".

Tanto a mãe como a enfermeira ficaram perplexas, não só com o pedido, mas também com o fato de que o jovem Ingo sabia exatamente onde o frasco de vidro contendo as amígdalas estava localizado, particularmente porque o frasco e seu conteúdo sangrento estavam escondidos atrás dos dois rolos de tecido semelhante à gaze.[27]

Parece que, com exceção de uma ou duas ideias, nas quais afirmara que havia experienciado reencarnações anteriores, os primeiros anos de Ingo transcorreram sem eventos de destaque. Teve uma carreira militar e, em seguida, mudou-se para Nova York para trabalhar nas Nações Unidas durante onze anos.

Em 1969, ele se demitiu da ONU e decidiu seguir seus impulsos criativos e tornar-se pintor. Nessa época, também decidiu acrescentar um segundo "n" ao seu sobrenome. Não foi particularmente bem-sucedido como pintor e, depois de uma série de incidentes com seu animal de estimação, uma chinchila, em que o animal parecia captar seus pensamentos, Swann envolveu-se em pesquisas paranormais, passando finalmente a trabalhar nos laboratórios de um pesquisador chamado Cleve Backster em Nova York. Tinha muito entusiasmo em ajudar nos experimentos e, em 1971, envolveu-se em uma série de testes para isolar habilidades paranormais na American Society for Psychical Research. Ele estava preparado e disposto a submeter essa habilidade a testes, oferecendo-se como voluntário para realizar uma série desses testes. Como ele adquiriu a reputação de ser capaz de projetar seu corpo astral em outros locais não é totalmente claro, mas, por volta do fim desse ano, ele fora o sujeito de uma série de experimentos planejados pelo dr. Karlis Otis e sua assistente, Janet Mitchell.

Nesses experimentos, Swann, sentado em uma cadeira, projetava-se para fora de seu corpo para observar objetos que haviam sido colocados fora do seu campo de visão, sobre uma plataforma suspensa do teto. Os experimentadores saíam da sala, deixando Swann sem supervisão. O argumento com que se justificava essa aparente flexibilidade da segurança afirmava que Swann não poderia ter espreitado furtivamente seus alvos porque uma série de eletrodos estava presa na sua cabeça e qualquer movimento seria registrado. Ele recebeu uma prancheta e uma caneta, que ele usou para fazer esboços do que estava percebendo em seu campo de visão mental. Os críticos apontaram que, apesar de sua mão estendida não conseguir alcançar a plataforma, ele poderia ter levantado a mão e usado um espelho para olhar para o conteúdo da prateleira. Eu simplesmente não consigo entender por que houve a necessidade de deixar Swann sem supervisão durante as partes cruciais do experimento. Com certeza, os planejadores do experimento saberiam que tal atitude despertaria suspeitas sobre o que foi uma série excepcional de resultados.

O mágico Milbourne Christopher fez uma pergunta ainda mais simples: "Por que foi necessário que os objetos estivessem no mesmo quarto que o sujeito?" A isso ele acrescentou: "Por que os objetos foram colocados tão perto de Swann?"

Que Swann possa ter usado um espelho para olhar os objetos é uma suspeita reforçada pelo fato de que ele estava ciente de todos os objetos, mas os quatro números que foram escritos sobre algo localizado ao lado lhe passaram despercebidos, e exatamente na posição que não teria sido visível se uma superfície refletora tivesse sido posicionada em um ângulo perto da extremidade.

O que quer que tenha acontecido naquele quarto fechado, os resultados foram espantosos. Quanto aos objetos, ele identificou corretamente todos os oito. Otis calculou que a probabilidade de que ele tivesse adivinhado as identidades dos oito por um feliz acaso era menor do que 1 em 40 mil. É claro que Swann parecia ter capacidade para perceber coisas que não estavam disponíveis por meio das percepções normais. O que se fazia necessário eram mais trabalhos empíricos a respeito dessa habilidade incrível.

Os Anos de Pesquisas sobre o Alcance Mental

Poucos meses depois, surgiu a oportunidade. No início de 1972, Ingo aparecera de súbito diante de seu velho amigo Cleve Backster. Os laboratórios de Backster continuaram a medir com sucesso as atividades elétricas de plantas usando um detector de mentiras padrão. Esse trabalho havia chamado a atenção do dr. Harold Puthoff, da Universidade de Stanford, na Califórnia. Puthoff estava muito interessado em fazer algumas pesquisas básicas a respeito do que ele chamava de "biologia quântica", e tinha certeza de que os resultados dos experimentos de Backster tinham implicações para suas próprias pesquisas. Puthoff escreveu para Backster e essa carta foi descoberta por Swann. A proposta de Puthoff era de grande interesse para Swann, e por isso ele decidiu enviar uma carta de volta para a Califórnia, explicando quais habilidades ele havia manifestado durante experimentos mais antigos e como essas habilidades podiam ter utilidade para Puthoff.

Por fim, Puthoff obteve um financiamento do Science Unlimited Research, de San Antonio, no Texas, e com base na força da carta de Swann, decidiu convidar Ingo ao seu laboratório na Universidade de Stanford, na Califórnia. Puthoff planejava passar uma semana testando as habilidades de Swann e avaliando se elas poderiam ser utilizadas como um veículo para testar efeitos biológicos à luz da mecânica quântica.

Em 6 de junho de 1972, Puthoff conheceu Swann no aeroporto de San Francisco. Não querendo perder tempo, Puthoff informou Swann de que eles iriam imediatamente para o Varian Physics Building de Stanford para se encontrar com o dr. Arthur Hebbard. Na caixa-forte desse edifício havia um aparelho chamado magnetômetro, que consistia em uma sonda magnética usada para medir pequenas oscilações no campo magnético em torno do aparelho. Acreditava-se que quaisquer flutuações nesse campo poderiam sugerir a presença de quarks – partículas elementares misteriosas que se pensava serem os componentes dos prótons, naquela época o menor "pedacinho" de matéria que tinha sido descoberto.

Como o magnetômetro precisava ser bem protegido do ambiente, ele tinha sido colocado pouco mais de 1,5 metro abaixo do piso do edifício, em uma caixa-forte construída para esse fim. Envolvendo a sonda magnética, havia um recipiente de alumínio, uma blindagem de cobre e até mesmo um escudo supercondutor que era o melhor disponível na época.

O magnetômetro estivera funcionando durante cerca de uma hora antes que Puthoff e Swann tivessem chegado, e um padrão estável de oscilações fora traçado no gráfico de papel. Puthoff então perguntou a Swann se ele poderia afetar o dispositivo de qualquer maneira.

Swann forçou sua atenção a se concentrar no interior da caixa-forte. Inicialmente, ele não "viu" nada, mas então algo muito estranho aconteceu. O nível das oscilações, como elas eram registradas pelo magnetômetro, de repente duplicou e continuou nesse ritmo por cerca de 30 segundos. Swann então declarou que ele não conseguia mais manter sua atenção concentrada por mais tempo, e as oscilações voltaram ao normal.

Os pesquisadores ficaram intrigados. Quando indagado sobre como havia afetado a sonda, Swann explicou que, em seu olho mental, ele teve uma visão direta do aparelho. Ele, então, esboçou o que "viu". Ele surpreendeu Puthoff ao comentar sobre uma placa feita de uma liga de ouro e que estaria no interior do aparelho. Isso de fato era correto e Puthoff tinha certeza de que não havia nenhuma maneira de Swann saber disso.

Como físico quântico, Puthoff estava ciente de que uma versão da teoria quântica sugere que o ato de observação pode ter um efeito direto sobre o comportamento das partículas subatômicas. Discutirei isso detalhadamente mais adiante neste livro, mas, por enquanto, é importante estar ciente de que a observação é um elemento crucial na física das partículas. Puthoff ficou intrigado com a possibilidade de que Swann, de alguma maneira, efetivamente "observou" o campo eletromagnético e, também de algum modo, o afetou. É claro que isso implicava o fato de que ele tinha capacidade para "ver" coisas que ele possivelmente não poderia ver se usasse apenas a visão.

No entanto, no dia seguinte, Hebbard informou que o magnetômetro estava com defeito. Sugeriu-se que os problemas com a máquina eram tais que os pesquisadores decidiram não repetir o experimento. A questão é: "O mau funcionamento do magnetômetro foi causado pela 'observação' de Swann ou foi o mau funcionamento que causou a falha nas oscilações do campo magnético ao redor da sonda?"

É evidente, a partir de investigações posteriores realizadas pelo escritor Scott Rogo, que o dr. Hebbard ficou tão intrigado com esses resultados quanto Puthoff. Assim que Swann sentiu que não conseguia se concentrar por mais tempo, a duplicação das oscilações cessou e a taxa imediatamente voltou ao normal. Esse fato é de grande importância, e sugere que, de alguma maneira, a observação de Ingo realmente afetou o magnetômetro.

O fascinado Puthoff rapidamente montou uma série de experimentos muito simples, mas eficientes para testar as habilidades de Swann. Um objeto seria colocado em uma caixa de madeira com paredes espessas. Essa caixa seria então trancada a chave. Swann, em seguida, seria trazido para o quarto e solicitado para que descrevesse o que estava na caixa. Em seu livro *Extensões da Mente*, Puthoff afirma que ele ficou muito satisfeito com os resultados. Infelizmente, ele não oferece nenhum dado, e por isso não temos nenhuma ideia se Swann descreveu corretamente o conteúdo da caixa durante o tempo todo, 75% do tempo, ou 10% do tempo. No entanto, ele afirma que ficou tão satisfeito que convidou os patrocinadores financeiros para testemunhar as habilidades de Swann por si mesmos. Cita um exemplo específico no qual uma mariposa viva havia sido capturada e colocada na caixa. Na frente de testemunhas, Ingo descreveu o conteúdo da caixa da seguinte maneira:

> algo pequeno, marrom e irregular, como uma espécie de folha, ou algo que se assemelha a uma folha, mas está muito vivo, como se realmente estivesse em movimento![28]

Este foi um "acerto" muito impressionante, e diz bastante sobre a natureza da visão remota. As informações não são claras e o perceptor precisa dar sentido a imagens confusas. Se Swann pudesse ver claramente o conteúdo da caixa, ele perceberia imediatamente que seria uma mariposa e a identificaria como tal.

Esses exemplos de bilocação mental impressionaram Puthoff o suficiente para ele convidar Swann para tomar parte em um intensivo estudo de suas habilidades durante um período de oito meses. Para isso, o dr. Puthoff se aliou em sua pesquisa a Russell Targ, especialista em lasers e em pesquisas sobre plasma e um renomado pesquisador de fenômenos parapsicológicos. Na verdade, ele havia acabado de completar uma investigação de seis semanas de Uri Geller antes de se juntar a Puthoff no Stanford Research Institute (SRI).

Trabalhando com Coordenadas

Poucos meses depois, Swann voltou para Stanford para iniciar o conjunto intensivo de experimentos que Targ e Puthoff conceberam para ele. Ao longo de um período de semanas, os resultados foram considerados de "significância estatística", mas nada realmente notável foi observado.

Isso sem dúvida preocupou Swann e ele estava ansioso para impressionar a equipe de pesquisa com suas habilidades. Obviamente, ele queria que os testes planejados com ele tivessem o maior grau possível de controle sobre os métodos e processos. Certo dia, ele sugeriu que um teste mais desafiador de suas habilidades de visão remota seria este: os pesquisadores dariam a ele um conjunto de coordenadas geográficas de qualquer lugar do planeta e ele descreveria o que "viu" quando se projetou até esse local. Inicialmente, Puthoff e Targ não tinham certeza sobre essa sugestão. No livro *Extensões da Mente*, Puthoff sugere que isso se devia ao fato de ele e seu colega pensarem que seria muito difícil tanto para ambos montarem o experimento como para Swann ser bem-sucedido.

Acho isso um tanto estranho. Coordenadas geográficas são construtos feitos pelo homem. Se Swann pretendia ir em viagem astral até um lugar sugerido, então como ele poderia saber que estava no lugar correto? Não há pistas externas pelas quais ele pudesse navegar até atingir o local preciso. No entanto, uma boa memória visual e um conhecimento de geografia poderiam realmente ajudar a esse respeito. Estou na posição afortunada de ter essas duas habilidades. Eu mesmo testei olhar para um atlas com linhas de longitude e latitude e, em seguida, memorizar o que vi. Como as linhas em ambas as direções seguem uma sequência numérica básica, é preciso apenas memorizar um punhado de coordenadas essenciais (0 grau de latitude é o Equador, em 20 graus ao norte a linha passa perto da Cidade do México e de Mumbai, em 20 graus ao sul ela passa perto de Belo Horizonte, no Brasil, e de Bulawayo, em Zimbábue, e assim por diante). É justo concluir que Swann, como um norte-americano, também saberia que a fronteira entre os Estados Unidos e o Canadá segue o paralelo 50. Quanto à longitude, um conjunto semelhante de coordenadas visuais pode ser memorizado (0 grau é Greenwich, em 100 graus a oeste a linha passa perto da Cidade do México, em 100 graus a leste ela passa perto de Bangkok). Conhecer a quilometragem correspondente à separação entre dois graus consecutivos também ajuda a visualizar rapidamente um local.* Mais significativo é o fato de que aquilo que Swann estava sugerindo aqui é praticamente idêntico aos experimentos de visão remota da "situação meteorológica" em que ele esteve envolvido quando foi testado por Janet Mitchell no ano anterior. É evidente que se tratava de algo em que ele sabia que era talentoso. Em seus próprios escritos, ele aponta com contentamento que foi uma criança extremamente precoce e talentosa, que com a tenra idade de 3 anos havia lido um dicionário

---

* Na verdade, a quilometragem correspondente a um grau é diferente para cada dois valores consecutivos da latitude (e da longitude). O sistema de coordenadas geográficas mapeia um número indefinidamente grande de posições. (N.T.)

de ponta a ponta, e que entre as idades de 4 e 7 anos havia lido toda a *Encyclopaedia Britannica*. Memorizar uma série de coordenadas para identificar locais em um mapa seria para ele, literalmente falando, "brincadeira de criança".

Targ e Puthoff concordaram. Swann recebia uma série de coordenadas e lhe era solicitado relatar o que via. Eis como isso é descrito em *Extensões da Mente*:

> "Setenta e cinco graus norte, quarenta e cinco graus oeste." "Gelo." "Quinze graus norte, cento e vinte graus leste." "Terra, selvas, montanhas, montanhas peninsulares." "Trinta e oito graus norte, vinte e nove graus oeste." "Em minha vizinhança imediata, oceano. Vejo a Espanha ao longe. E assim foi. Não é ruim, não é ruim."[29]

Setenta e cinco graus norte é uma linha muito avançada ao norte – Ilha Baffin, região central da Groenlândia e Spitsbergen. Não é de surpreender que Swann relate "Gelo". A segunda coordenada, 15 graus norte, 120 leste, é sem dúvida um pouco ao norte do Equador e, como tal, é muito provável que lá se encontre uma selva onde quer que seja ao longo da linha de longitude. Mas ele restringe suas apostas a uma lista de montanhas e montanhas peninsulares; de fato, no que diz respeito à localização, isso faz sentido, pois, para qualquer pessoa com conhecimento geográfico básico, é provável que tal localização esteja na Indonésia, que tem montanhas e penínsulas circundadas pelo mar. De muitas maneiras, isso põe em destaque por que esse processo deixa um genuíno "vidente remoto" aberto a um razoável ataque de céticos.

No entanto, a afirmação final contém um mistério genuíno. Pelos meus cálculos, 29 graus oeste está no Oceano Atlântico nessa latitude. Swann identifica corretamente a área em torno dele como mar – ele pode ver "a Espanha ao longe". Para mim, isso é visão remota verdadeira, pois a terra mais próxima está a 62 quilômetros de distância, e essa terra não é a Espanha, mas a Ilha do Faial, nos Açores, pertencente a Portugal. Também tenho a certeza de que a essa distância a Ilha do Faial teria sido sem dúvida reconhecida como uma ilha.

Mas o que me intriga ainda mais é a maneira como ele sabia (incorretamente) que essa "terra" era a Espanha? Como pode alguém identificar uma massa de terra ao longo de cerca de 56 quilômetros de distância como fazendo parte de um país em particular? Isso de fato sugere que ele estava visualizando um mapa do mundo em sua mente e incorretamente supôs que seria capaz de ver a "Espanha" a partir dessa posição.

É evidente que o erro na identificação de uma ilha portuguesa como sendo a Espanha era simplesmente o de que, em geral, o cenário encontrado em Portugal é muito semelhante ao de seu vizinho espanhol. A partir de uma distância de mais de 56 quilômetros, esse é mais um erro de identificação do que uma prova de que Swann estava fingindo ver o alvo e usando um conhecimento básico de geografia.

Ao todo, Swann recebeu 100 locais para identificar, distribuídos por dez grupos de dez. Em *Extensões da Mente*, Puthoff e Targ apresentaram um mapa mostrando os resultados do último grupo. Os experimentadores consideraram esses como bons exemplos da "precisão surpreendente que, às vezes, ocorria". Dos dez, Puthoff e Targ consideraram sete como "acertos", dois como neutros e um como "erro". Na minha opinião pessoal, a atribuição de "acerto" a alguns deles foi um tanto generosa. Para 42 graus norte, 105 graus leste, Swann usa uma descrição com uma única palavra, "montanhas", e para 45 graus norte, 150 oeste, temos "oceano" com uma bela descrição da cor das ondas. Na verdade, para 30 graus sul e zero grau temos outra colorida descrição das ondas (azul profundo). Nenhuma das descrições são específicas, de modo algum, e, como já disse anteriormente, para alguém com as habilidades intelectuais autodeclaradas de Swann, tais adivinhações instruídas não são difíceis de serem obtidas.

Intrigados com esses resultados, Puthoff e Targ elaboraram um estudo piloto na primavera de 1973. Membros de sua equipe de pesquisa forneceram uma série de alvos e também receberam locais sugeridos por cientistas interessados de outros laboratórios. Eles estavam ansiosos para saber se Ingo recorria à memória eidética para descrever os locais. A memória eidética é mais popularmente conhecida como "memória fotográfica". É uma capacidade que certas pessoas têm de manter em seu "olho mental" uma imagem de algo que já viram anteriormente. Havia a possibilidade de que Swann tivesse essa capacidade e houvesse "memorizado" um mapa-múndi com as coordenadas indicadas. Tudo o que ele precisava fazer quando recebesse uma latitude e uma longitude era visualizar o mapa e fazer a leitura das coordenadas para encontrar o local. Para isso, só seria necessário um conhecimento razoável de geografia. A fim de garantir que não era esse o caso, eles criaram um protocolo que chamaram de *Projeto Scanate*. O neologismo *"scanate"* é uma palavra que combina duas outras –*scan* (de *scan*ning, escaneamento) e *ate* (de coordin*ate*, coordenada). O *Scanate* exigia que o sujeito fornecesse detalhes além dos que estivessem simplesmente disponíveis no ato de olhar para um mapa. Por exemplo, pedia-se para Ingo descrever os edifícios e outras estruturas feitas pelo homem localizadas na coordenada fornecida.

O primeiro teste envolveu a tarefa de Ingo identificar um local na ilha francesa de Kerguelen, no sul do Oceano Índico. Foi um teste muito bem-sucedido, pois Swann não só identificou as características geográficas, mas também um conjunto de edifícios com uma antena de rádio e dois tanques brancos e cilíndricos. Ele acrescentou que a noroeste do local havia uma pequena pista de pouso, e dois ou três caminhões estavam estacionados na frente do prédio.

Que ele identificasse uma ilha subantártica varrida pelo vento não é tão impressionante. Por memória simples, eidética ou não, ele seria capaz de saber a localização aproximada e, portanto, a descrição geral do terreno "rochoso", que poderia retratar a maioria dos lugares situados nessa latitude. Naturalmente, seria possível que as coordenadas estivessem apontando para uma região de oceano aberto, mas como esse teste era para descrever edifícios feitos pelo homem, era bastante razoável concluir que se tratava de uma massa de terra. Isso no extremo sul dos oceanos Índico e Pacífico, onde há somente um punhado de grupos de ilhas: Ilha Príncipe Eduardo, Ilha Crozet, Ilha McDonald, Ilha Heard e Kerguelen. Todas essas ilhas têm geografia muito parecida. Não é nem um pouco surpreendente o fato de que cada uma delas tenha uma estação de pesquisa dirigida por meteorologistas e geólogos. Essas pessoas precisam de edifícios para viver e de sistemas de comunicação com uma "antena" comum e/ou uma antena parabólica. Elas também exigem tanques de armazenamento, caminhões e pistas de pouso para receber suprimentos. Dessa maneira, será que a descrição de Ingo é convincente?

Ingo prossegue fazendo algumas descrições mais específicas da linha litorânea e, em seguida, de barcos e de um píer junto a montanhas cobertas de neve, e afirma ver uma seção que "pode ser um farol". Ele também desenhou um mapa da ilha semelhante ao de Kerguelen. Targ e Puthoff ficaram impressionados com isso e assinalam que Kerguelen tinha, naquela época, uma instalação de pesquisas soviético-francesa.

Fiz minhas próprias pesquisas sobre Kerguelen. Ora, não tenho nenhuma informação sobre o que havia na ilha em 1972, mas quanto a 2010, soube que as ilhas não têm nenhum tipo de aeroporto. No entanto, há dois faróis na entrada do porto em Port-aux-Français. Eles estão muito próximos um do outro e, por conseguinte, poderiam ser "vistos" como parte do mesmo panorama.

O teste seguinte comprovou ser um sucesso impressionante. Dessa vez, as coordenadas foram dadas por uma equipe externa, disposta a desafiar os resultados dos experimentos obtidos no SRI. As coordenadas foram dadas e Ingo teve que responder de imediato. Era um alvo situado em algum lugar na costa leste dos Estados Unidos. Eis como Ingo começou sua descrição:

> Parece que se trata de algum tipo de montes ou colinas. Há uma cidade ao norte; posso ver edifícios mais altos e alguma névoa e fumaça. Parece um lugar estranho, um tanto parecido com os gramados que costumam cercar uma base militar, mas tenho a impressão de que há alguns *bunkers* antigos no local ou, talvez, um reservatório coberto. Deve haver um mastro, algumas estradas para o oeste, e possivelmente um rio no extremo leste, e para o sul, mais cidades.[30]

Swann então esboçou um mapa detalhado da área que percebera. Desenhou um edifício circular, sugerindo que talvez fosse uma torre de algum tipo. Acrescentou que havia algo estranho nesse lugar, insistindo dessa vez que havia algo no subsolo.

Aparentemente, esse foi um acerto fantástico. De acordo com Puthoff e Targ, eles receberam, algumas semanas mais tarde, um telefonema da pessoa que havia apresentado o desafio, confirmando que tudo estava absolutamente correto, até mesmo o fato de que as distâncias relativas no seu desenho eram precisas.

Para os envolvidos, esses resultados foram de tal "alta qualidade" que eles obtiveram financiamento para um estudo de grande escala da visão remota, que se estenderia por três anos. Ele seria realizado no SRI sob o controle de Targ e Puthoff. Posteriormente, uma série de testes duplos-cegos foram realizados com alvos locais na área da Baía de San Francisco. Com a prática, Swann se tornou muito hábil em identificar locais. Por exemplo, um local foi a prefeitura de Palo Alto. Ingo descreveu um prédio alto com janelas "embutidas". Em seguida, descreveu uma fonte, mas acrescentou que "eu não consigo ouvi-la". Seu desenho do local não apenas era preciso, como também ele havia corretamente constatado que as fontes do lado externo do prédio tinham sido desligadas. Ele também desenhou quatro árvores à direita do edifício. Isso, mais uma vez, foi absolutamente preciso. Mais tarde, calculou-se que a probabilidade de Ingo obter esses dados corretamente era da ordem de 1 acerto em 2.500 tentativas.

O projeto durou quatro anos, com 55 experimentos distintos ocorrendo nesse período. Muitos deles foram bem-sucedidos. Na verdade, foi tamanha a confiança gerada por esses resultados que a equipe decidiu que estava se restringindo, e que deveria tornar-se mais ambiciosa. Tendo concluído que Ingo podia de fato "ver" a qualquer distância, decidiram testar quão longe Ingo poderia exercer sua "visão a distância".

Swann já havia sugerido que poderia projetar-se muito além de quaisquer locais do planeta Terra. Estava ansioso para testar isso. No entanto, como Puthoff e Targ explicaram a ele, quaisquer informações que ele obtivesse não poderiam ser verificadas. No entanto, em abril de 1973, uma oportunidade única se apresentou.

A Missão a Júpiter

Naquela época, a sonda espacial *Pioneer 10* da NASA estava se aproximando do planeta Júpiter. Se eles se apressassem, poderiam obter informações por meio de Ingo sobre o planeta antes que a sonda as verificasse. Ingo já havia entrado em contato com outro vidente remoto, chamado Harold Sherman, e ambos concordaram em tentar sondar o planeta gigante por meio da visão remota. Sherman estava sediado em Mountain View, no Arkansas, e já havia desenvolvido uma reputação de vidente remoto eficaz e coerente.

Inicialmente, Puthoff e Targ tinham reservas sobre esse exercício, mas finalmente concordaram em registrar o experimento no SRI como um projeto pessoal em vez de oficial.

Em 27 de abril de 1973, o grupo se reuniu no laboratório e começou o exercício às 6 horas da tarde, no PST (Horário Padrão do Pacífico). Simultaneamente, Sherman começou seu exercício em Mountain View, às 8 horas da noite, no CST (Tempo Padrão Central).

De acordo com a transcrição, às 6h03 Ingo relatou que estava se aproximando de um planeta grande e listrado. Às 6h06, ele estava perto o suficiente para ver a atmosfera. Foi isto o que ele então descreveu:

> Muito alto na atmosfera há cristais, e eles brilham. Talvez as listras sejam como faixas de cristais, provavelmente semelhantes aos anéis de Saturno, embora não tão distantes do planeta como os dele. Muito próximos no interior da atmosfera. Aposto que eles podem refletir ondas de rádio que tentam sondá-los. Isso seria possível se você tivesse uma nuvem de cristais que fosse tomada de assalto por diferentes ondas de rádio?[31]

O que Ingo está descrevendo aqui são anéis em torno de Júpiter. Isso era desconhecido para a astronomia na época. Na verdade, nem mesmo o *Pioneer 10* confirmaria a existência dessas estruturas. No ano seguinte, outra sonda, a *Pioneer 11*, sugeriu que essas estruturas poderiam existir, quando mediu os cinturões de radiação do planeta, mas seria preciso esperar mais seis anos, em 1979, para que a *Voyager 1* confirmasse sua existência. Esse fato é, com razão, citado por muitos adeptos da visão remota como uma prova irrefutável das habilidades de Swann.

No entanto, vejamos o que diz Swann com mais detalhes. Ele afirma que existem brilhantes faixas de cristais, "provavelmente semelhantes aos anéis de Saturno". Então ele prossegue dizendo que eles estão "muito próximos no interior da atmosfera". Isso simplesmente não acontece. De acordo com as pesquisas mais recentes sobre o anel principal (o mais próximo da superfície das nuvens de Júpiter), ele está situado a 207.464 quilômetros do centro do planeta. Tem um "halo" tênue que se estende ao longo de metade dessa distância até a superfície, mas até mesmo esse anel em halo não está, de maneira alguma, "dentro da atmosfera", palavra com a qual eu suponho que Swann esteja se referindo às nuvens.

O que também tem sido citado como significativo é o fato de que ambos, Sherman e Swann, pareceram descrever as mesmas coisas ao mesmo tempo. Por exemplo, Sherman descreve o que ele pode ver:

> Parece que há enormes picos vulcânicos, grandes cones que se erguem até alguns quilômetros de altura.

E, ao mesmo tempo, Ingo afirma:

> Há uma enorme cadeia de montanhas com quase 9.500 metros de altura. Essas montanhas são imensas.[32]

Temos aqui dois indivíduos, separados por uma distância de 3.200 quilômetros, aparentemente compartilhando a mesma experiência. Isso é, para mim, de grande importância, pois seria uma evidência de alucinação consensual. Usei a palavra "alucinação" porque, seja o que for que Swann e Sherman estivessem "vendo" naquele momento, não fazia parte de nenhuma realidade astronômica da qual estou ciente. Por quê? Bem, por um simples fato. Júpiter não tem nenhuma montanha. As pesquisas mais recentes sugerem que Júpiter talvez não tenha sequer qualquer forma de núcleo sólido. Acredita-se que as pressões e temperaturas são tão elevadas que o hidrogênio e o hélio que constituem a maior parte da atmosfera de Júpiter simplesmente mudam da forma gasosa para a líquida. Como tal, a "superfície" se pareceria com um oceano de hélio e de hidrogênio líquidos. Tal como na Terra, montanhas não podem ser feitas de um líquido. Mesmo que Júpiter tivesse um núcleo sólido, é improvável que esse núcleo abrigasse qualquer coisa remotamente parecida com o que um ser humano identificaria como uma montanha. Além disso, nessa profundidade dentro das nuvens gasosas de Júpiter, haveria pouca luz natural que possibilitasse ver alguma coisa, muito menos montanhas. Isso se houvesse qualquer luz. Portanto, a fim de alcançar o núcleo sólido do planeta, Swann e Sherman teriam de voar ao longo de centenas e centenas de quilômetros de gás denso até chegar ao pouco de superfície que pudesse haver. Eles não descrevem qualquer viagem desse tipo. A sonda que penetrou mais fundo nas nuvens de Júpiter atingiu 200 quilômetros. Essa pequenina máquina foi derretida, destruída e vaporizada em sua jornada em 1995. Na verdade, a implicação das descrições que eles fizeram é a de que viram essas montanhas a partir de uma posição no espaço. Não só isso, mas suas percepções dessas estruturas geológicas foram surpreendentemente precisas. Sherman as viu como imensos picos vulcânicos e Ingo tinha certeza de que sabia até mesmo sua altura ("quase 9.500 metros de altura").

Se essas cadeias de montanhas fossem visíveis do espaço e cutucassem as nuvens de Júpiter, então essas "montanhas" seriam consideravelmente mais altas do que 9.500 metros – o que elas teriam seria algo semelhante a 50 mil quilômetros.

Quando foi posteriormente contestado a esse respeito, Swann sugeriu que poderia ter visto outro planeta e o confundido com Júpiter. Essa não é uma sugestão totalmente desproposital. Lembre-se de que seu colega chamou as montanhas de "vulcões". Alguns criticaram Swann por não perceber as luas, mas eu sou da opinião de que ele confundiu uma das luas com a superfície de Júpiter. Io é o segundo satélite mais próximo do planeta e de fato exibe uma considerável variedade de cores. É claro que Swann tinha apenas um conhecimento rudimentar de astronomia e, portanto, teria levado consigo algumas suposições a respeito da aparência que atribuiria a Júpiter.

Principalmente os vermelhos, amarelos e marrons da superfície dessa lua poderiam facilmente se parecer com Júpiter ao olho não treinado.

No entanto, para mim é significativo que Io não só se parece com seu vizinho imediato, mas também possui outra característica geológica essencial que Júpiter não tem – vulcões. É ainda mais significativo o fato de que a existência dessas características só foi confirmada pela *Voyager 1* em 1977. Até mesmo a existência potencial de tais montanhas foi sugerida publicamente duas semanas antes que as imagens fossem recebidas.

Se fosse Io que Ingo viu durante a sua visão remota, então essa é uma peça de evidência incrível de que ele poderia, de fato, ver remotamente, como alegava.

Um ano depois, em março de 1974, Sherman e Swann repetiram o experimento, focalizando agora o planeta Mercúrio antes que a *Mariner 10* o sobrevoasse. De acordo com Swann, ele e seu colega registraram vários dados que eram contrários às previsões dos astrônomos e, posteriormente, foram comprovados pelo sobrevoo da *Mariner*. Esses dados incluíam a observação de uma atmosfera rarefeita, a presença de um pequeno campo magnético, e a existência de um rastro de hélio afastando-se do Sol.

Estou absolutamente convencido de que Ingo Swann acredita que ele realmente percebe informações por visão remota. Em seus livros e artigos, ele se comunica como um indivíduo genuíno e honesto, mas as evidências parecem contradizer isso. Um exame atento sugere que o que quer que ele esteja vendo, pode não ser o que ele pensa que é.

Na minha opinião, ele é um vidente remoto, mas não realiza sua vidência nesta dimensão. Acredito que aquilo que Ingo e todos os outros "viajantes astrais" e videntes remotos estão fazendo é abrir a mente para uma viagem de natureza diferente; uma viagem a lugares distantes nas profundezas da psique humana. Todos eles estão viajando em dimensões superiores da realidade, que podem ser parecidas com esta, mas são lugares do "espaço interior". No Capítulo 5, Robert Monroe chamou esse lugar de Local 3. Em minha opinião, é exatamente esse Local que Swann, Sherman, Monroe e todos os outros videntes remotos visitam quando viajam. Eles não estão saindo do corpo, em absoluto. Estão viajando para dentro de si mesmos, estão viajando no "espaço interior".

Apresentarei os meus argumentos para isso, conforme este livro progrida.

CAPÍTULO 6

Os Grupos Modernos

A WORLD WIDE WEB ESTÁ repleta de organizações que oferecem treinamento em viagens astrais e experiências fora do corpo. Por uma certa taxa, o iniciado pode ser treinado para ver locais distantes, visitar amigos e até mesmo viajar para o espaço exterior. Há uma indústria imensa construída em torno dessa ideia; ela é sem dúvida popular e eu suspeito que isso ocorre porque muitas pessoas tiveram experiências ecsomáticas espontâneas e desejam controlá-las.

Não tenho nenhuma dúvida de que esses grupos acreditam genuinamente que podem ajudar as pessoas a desfrutar de viagens fora do corpo. Também acredito que os alunos realmente passem por estados ecsomáticos durante seu treinamento. A questão para mim não é se as experiências são reais, mas se a experiência ocorre em uma realidade consensual ou se ela é um estado alterado de consciência muito mais emocionante e misterioso. Neste capítulo, vou rever um pequeno número desses grupos.

A International Academy of Consciousness

Um dos grupos mais interessantes que pesquisam a experiência fora do corpo é a organização International Academy of Consciousness (IAC), com origem no Brasil. A IAC foi fundada em 2000, mas as suas raízes remontam a 1981, quando um médico brasileiro, o dr. Waldo Vieira, fundou, no Rio de Janeiro, o Centro da Consciência Contínua (CCC). Durante muitos anos, Vieira passava por experiências fora do corpo regulares e estava ansioso para compreender mais sobre o que estava acontecendo com ele. Em 1986, publicou um livro intitulado *Projeciologia: Panorama das Experiências da Consciência Fora do Corpo Humano*. Suas 1.232 páginas continham a revisão mais exaustiva das experiências fora do corpo já compiladas; a profundidade e a amplitude desse livro são, absolutamente, de tirar o fôlego. Seu principal objetivo era consolidar as ideias e teorias do dr. Vieira e, ao fazê-lo, criar uma nova ciência da consciência, que ele chama de projeciologia.

O interesse internacional pelas ideias propostas nesse trabalho levou à criação, em 1988, do Instituto Internacional de Projeciologia e Conscienciologia, que, por sua vez, evoluiu para a IAC. Em 1994, Vieira explicou o que ele entende exatamente por conscienciologia em outro livro, intitulado *700 Experimentos da Conscienciologia*.

De acordo com a literatura da IAC, a conscienciologia difere da ciência convencional porque seus fundamentos baseiam-se em um "paradigma filosófico novo e mais avançado". Enquanto o nosso atual modelo newtoniano-cartesiano precisa de apenas um nível de realidade (o universo físico), a conscienciologia sugere que há muitos níveis e que a própria realidade não é unidimensional, mas multidimensional.

De acordo com a conscienciologia, todos nós temos um corpo psíquico, bem como um corpo físico. Esse corpo psíquico é denominado "psicossoma" e pode deixar o corpo físico, o *soma*, para viajar tanto dentro deste nível de realidade como também dentro das muitas camadas das outras dimensões que existem fora de nossa percepção cotidiana.

A conscienciologia concorda com muitos grupos religiosos ao afirmar que a morte não é o fim e que a própria consciência evolui ao longo de várias reencarnações. No entanto, também sugere que a consciência pode continuar a existir em um estado desencarnado e não precisa de um corpo para funcionar de modo eficiente. Naturalmente, isso está em total contradição com a crença científica contemporânea, segundo a qual é o cérebro que cria a consciência e na morte a consciência simplesmente deixa de existir.

Para provar essa filosofia, a IAC construiu um *campus* de treinamento com essa finalidade perto da cidade de Evoramonte, na região do Alentejo, em Portugal. Essa instalação também pesquisa a natureza da experiência fora do corpo por meio da aplicação de outro conceito científico, que eles chamam de projeciologia. A projeciologia é o estudo sistemático do estado ecsomático usando um método científico semelhante ao aplicado em laboratórios de universidades de todo o mundo. Ao fazê-lo, espera-se que a IAC venha a ser capaz de apresentar provas concretas de que o psicossoma realmente deixa o corpo e pode perceber coisas que não são acessíveis ao *soma*.

A maior parte do trabalho desenvolvido no Brasil ocorre em dois locais: um edifício conhecido como Projectarium e outro denominado Laboratório da Imobilidade Física Vígil, também conhecido como Immobilitarium.

O Projectarium é um edifício esférico de 9 metros de diâmetro que foi otimizado para facilitar a obtenção de estados fora do corpo. O voluntário se deita em uma plataforma suspensa com sua cabeça posicionada bem no centro do edifício esférico. Isso lhe dá a sensação de estar em um vazio. É evidente, com base nessa descrição, que o Projectarium foi planejado para evocar algum tipo de privação sensorial. Como se descobriu em outros experimentos semelhantes, a mente humana, quando privada de estímulos sensoriais externos, passa a criar seus próprios estímulos. Em palavras simples, a pessoa começará a substituir uma realidade externa aparentemente inexistente por uma outra, criada internamente.

O Immobilitarium evoca níveis semelhantes de privação sensorial. Nesse caso, o sujeito é obrigado a permanecer imóvel durante três horas. Essa imobilidade inclui até mesmo a interrupção dos atos de engolir e de piscar. Mais uma vez, a IAC afirma com orgulho que essas condições produzem regularmente experiências fora do corpo relatadas por esse sujeito.

Seriam reais esses estados alterados de consciência artificialmente criados ou seriam apenas uma alucinação? Como descobriremos mais tarde neste livro, há um punhado de estados psicológicos conhecidos nos quais imagens que costumam surgir durante o sono podem se manifestar em uma mente desperta, mas privada de estímulos sensoriais. Essas imagens podem ser muito reais, mas, na verdade, são apenas intrusões de imagens do sono em uma mente vígil. Por mais interessantes que possam ser, não são provas de uma genuína experiência ecsomática.

A IAC afirma que recolheu vigorosas evidências de que alguns indivíduos, enquanto se encontram nesses estados, são capazes de perceber informações que não seriam disponíveis aos seus sentidos se não as tivessem dentro do Immobilitarium e do Projectarium.

Segundo o dr. Vieira e seus colegas conscienciologistas, as viagens fora do *soma* não são sonhos, mas percepções reais. Ele apresenta uma série de razões pelas quais acredita que esse, de fato, é o caso. Por exemplo, ele destaca que em um sonho não há nenhuma sensação de "decolagem"; os sonhadores simplesmente se encontram em um local do sonho. Em uma projeção, no entanto, o projetor percebe a saída do corpo e viaja através de um espaço tridimensional até sua posição final. Quando está nesse local, um projetor adota um papel ativo com relação ao que está acontecendo ao seu redor. Esse não é um caso que ocorra em um sonho, no qual o sonhador é simplesmente um espectador passivo. Ele também observa que em uma projeção a percepção do projetor é intensificada e os seus sentidos parecem bem desenvolvidos, enquanto em um sonho tudo parece um pouco embotado e confuso.

Eu nunca passei por uma projeção, mas, como a maioria das pessoas, sonho com regularidade, e meus sonhos são, às vezes, extremamente vívidos e me apresentam uma experiência sensorial confusa, e que causa confusão. No entanto, em todos os meus sonhos, desorientação não sou apenas um espectador. Estou plenamente envolvido na narrativa. As pessoas que encontro falam comigo e eu lhes respondo. No entanto, tenho de admitir que meus sonhos nunca são tão poderosamente sensoriais quanto os descritos por Vieira.

Depois de ler *Projeções da Consciência: Diário de Experiências Fora do Corpo Físico*, de Waldo Vieira, fiquei impressionado com a semelhança entre seus locais extrassoma e os descritos por Monroe quando ele discute os Locais 2 e 3. Nesse livro, Vieira descreve um grande número de projeções, e todas elas envolvem visitas feitas por ele a um lugar (ou lugares) totalmente dissociado do mundo da experiência consensual – o Local 1 de Monroe. Ele encontra regularmente outros projetores e entidades que, com certeza, não pertencem a este plano de existência. Ele encontra velhos amigos e adversários em situações extremamente reminiscentes de meus próprios sonhos. Eu nunca os considerei diferentes de qualquer coisa criada pelo meu próprio subconsciente. De vez em quando, ele parece permanecer no Local 1 e, quando o faz, aproveita a oportunidade para "visitar" pessoas que ele conhece. Uma dessas visitas ocorreu em 14 de agosto de 1979, quando ele se projetou para o Estado de Minas Gerais para encontrar sua irmã. O que é curioso em sua descrição desse evento é que ele parece contradizer seu argumento de que há uma sensação de "decolagem" e um sentimento de viajar até o local planejado. Aqui ele descreve como, às 3h35, durante o seu "terceiro sono da noite", ele "deitou-se em posição dorsal, a posição ideal para as projeções". O parágrafo a seguir começa desta maneira: "Eu estava completamente desperto quando entrei respeitosamente no quarto de R., minha irmã e amiga muito próxima".[33] Isso implica que, em um segundo, ele estava em seu quarto, em Ipanema, no Rio de Janeiro, e no segundo seguinte no quarto de sua irmã, em Minas Gerais, algumas centenas de quilômetros ao norte. É claro que ele pode, simplesmente, ter omitido a própria viagem, mas uma simples leitura de sua descrição implica que a viagem de quarto para quarto foi praticamente instantânea.

O que ocorreu então lembra muito a tentativa de Monroe para se comunicar com o técnico de laboratório na instalação de Charles T. Tart e também a comunicação telepática malograda anterior de Monroe com seu amigo, o dr. Bradshaw. Vieira, ao aplicar aquilo que ele chama de "força mental", consegue despertar sua irmã. Em seguida, ele anuncia quem ele é. Não é de surpreender que sua irmã tenha se perturbado com tal visita noturna por uma entidade desencarnada, pedindo para deixá-la em paz, e o acusando de ser um vampiro. Preocupado com essa reação, ele sai do quarto e caminha ao redor da casa. Percebe que há uma luz na rua que ilumina o quarto; depois de ouvir um barulho em outro quarto, decide deixar a cena. Em seguida, Vieira descreve como seus pensamentos "fizeram com que o psicossoma levitasse em direção ao teto".

Novamente, não há descrição de uma viagem de volta ao Rio de Janeiro. No parágrafo seguinte, ele simplesmente diz: "Quando eu pacificamente acordei, a projeção parecia algo tão natural quanto qualquer ocorrência na vida humana". Mais tarde naquele dia, ele telefonou para sua irmã, que, é claro, não se lembrou de nada do incidente. Na verdade, as únicas evidências apenas vagamente colaborativas para percepções verídicas por parte de Vieira foram a de que havia outro parente na casa e a de que sua irmã confirmou a existência da lâmpada na rua.

Agora, não posso deixar de expressar minhas dúvidas em relação a esse incidente. Parece que o psicossoma de Vieira não teve nenhuma dificuldade para encontrar não apenas a casa da irmã, mas também o quarto correto.

Naturalmente, pode ser que o seu *soma* tenha visitado a casa em algum momento do passado. Mas se foi esse o caso, por que ele deu uma tal ênfase ao fato de conseguir identificar um poste que projetava luz no quarto quando certamente teria sabido disso de uma visita prévia?

Mais importante, exatamente da mesma maneira que o técnico de laboratório e o dr. Bradshaw não se lembravam de nenhuma comunicação, telepática ou não, com o corpo astral de Robert Monroe, isso também ocorreu com a irmã de Waldo Vieira. Ela não se lembrava de nada do incidente, apesar de ele ter sido aparentemente muito perturbador para ela, da maneira como Vieira o percebera.

Seria essa, mais uma vez, outra evidência de que, sempre que indivíduos como Waldo Vieira, Robert Monroe, Ingo Swann e George Ritchie se encontraram fora do corpo, certamente não estavam no Local 1?

Hemi-Sync®

Como já dissemos, Robert Monroe experimentou uma série de fascinantes estados alterados de consciência. Esses estados pareciam proporcionar à sua consciência uma percepção de realidades alternativas. Ele chamou essas realidades de "Locais" e sugeriu que há pelo menos três deles.

Nunca se pôde explicar perfeitamente por que Robert era capaz de viajar para fora de seu corpo, mas estava claro que isso tinha algo a ver com o seu cérebro ou, mais especificamente, com a maneira pela qual o seu cérebro processava informações externas recebidas através dos sentidos. Ele descreveu como muitas de suas aventuras ecsomáticas começavam com uma vibração que se intensificava dentro de sua cabeça até envolver todo o seu corpo. Observando isso muitas vezes, ele se convenceu de que seu corpo oscilava com uma frequência de 4 Hz (hertz é a medida-padrão de frequência e quantifica o número de ciclos por segundo de qualquer fenômeno periódico). Neste caso, estamos descrevendo ondas cerebrais. Essa suspeita foi posteriormente confirmada por um grupo de cientistas pesquisadores que se juntaram a Robert em sua casa, em Whistlefield, no início da década de 1970. Eles incluíam o engenheiro elétrico Dennis Mennerich, o engenheiro de áudio Bill Yost e o físico Tom Campbell.

Mennerich e Campbell suspeitavam que houvesse uma parte específica do cérebro que seria responsável – uma pequena estrutura que fica bem no interior do cérebro, profundamente aninhada entre os dois hemisférios –, a glândula pineal. Como já indicamos, esse misterioso órgão tinha, e ainda tem, importância central em muitas tradições místicas, inclusive a Bön do Tibete e a dos teosofistas. A razão disso pode ser simplesmente o fato de que essa glândula é o único órgão dentro do cérebro que não faz parte de um par. Cada outra estrutura encontrada dentro de um hemisfério do cérebro é imagem-espelho de outro órgão idêntico situado no outro hemisfério. Esse fato fora observado desde os tempos antigos e nossos antepassados estavam fascinados com o motivo pelo qual esse pequeno objeto do tamanho de uma ervilha e semelhante a uma pinha (daí o seu nome) não fazia parte de um par de órgãos. Isto tinha de ser importante, mas como?

O filósofo francês René Descartes estava convencido de que era nesse misterioso órgão que estava localizada a alma. Sua lógica era poderosa. Descartes sugeriu que nós temos dois olhos e duas orelhas suprindo de informações os respectivos hemisférios. Essas informações eram então reduzidas e transmitidas a um ponto central dentro do cérebro, e esse lugar, de onde tudo surgia, era a glândula pineal. Essa glândula refletia as crenças mais esotéricas segundo as quais esse minúsculo objeto seria o "terceiro olho", a janela através da qual a consciência pode "ver" os outros mundos negados aos órgãos externos da visão, os quais, olhando para fora e não para dentro, só podem perceber o mundo exterior, material.

Como vimos, tradições esotéricas posteriores, como as dos teosofistas, argumentaram que a glândula pineal seria uma espécie de "portal estelar", que pode abrir a percepção humana à iluminação. Para outros, ela é o sexto chakra, cujo despertar está ligado à ciência da profecia e a uma percepção paranormal intensificada. De fato, foi em seu livro *The Secret Doctrine*,* publicado em 1888, que a fundadora da teosofia, Helena Blavatsky, reintroduziu no ocultismo ocidental a importância desse curioso órgão.

No entanto, foi um livro de 1929 intitulado *The Projection of the Astral Body*** que iria estimular o interesse de Mennerich e de Campbell sobre o papel da glândula pineal na experiência fora do corpo. Nesse livro, os autores, o pesquisador de fenômenos paranormais Hereward Carrington e o viajante astral Sylvan Muldoon, sugeriram que esse órgão era, de alguma maneira, diretamente responsável pelo fenômeno.

Em seu livro fascinante, *My Big Toe – Awakening*, Tom Campbell descreve em detalhe como ele e seus colegas partiram das sugestões de Carrington e Muldoon, aplicando-as a modernos princípios científicos e de engenharia. Eles construíram um enorme capacitor, que podia gerar um campo elétrico muito intenso e uniforme. Esse capacitor alimentava duas placas de 930 centímetros quadrados com uma diferença de potencial de 250 mil volts, que, por sua vez, geravam um sinal de corrente alternada de frequência 4 Hz. Com o capacitor trabalhando a plena potência, Tom colocou sua cabeça entre as placas e tentou atingir um estado alterado. Depois de uma hora, ele começou a se sentir caracteristicamente estranho e sua cabeça começou, como ele descreve, a "bambolear perigosamente entre as duas placas".[34] Em seguida, eles experimentaram vários outros processos, mas foi um artigo publicado na edição de outubro de 1973 da *Scientific American* que iria dar aos pesquisadores o impulso desbravador de que precisavam.

---

* *A Doutrina Secreta*, publicado em seis volumes pela Editora Pensamento, São Paulo, 1980.
** *Projeção do Corpo Astral*, Sylvan J. Muldoon e Hereward Carrington, publicado pela Editora Pensamento, São Paulo, 1965, fora de catálogo. (N.T.)

Era um pequeno artigo de Gerald Oster, intitulado "Auditory Beats in the Brain". Oster descreveu um fenômeno conhecido como *batidas, ou pulsos, biauriculares* (*binaural beats*). O que Oster havia observado foi que, se um tom puro de frequência, por exemplo, igual a 100 Hz entrava em um ouvido de um sujeito e um tom semelhante de 104 Hz entrava no outro ouvido, o sujeito perceberia não apenas as frequências de 100 Hz e 104 Hz, mas também uma terceira frequência, de 4 Hz. Mennerich leu esse artigo com grande comoção, pois esse processo apresentava uma solução potencial para o problema de como isolar uma oscilação de 4 Hz e administrá-la diretamente no cérebro.

Mennerich criou então uma fita de áudio que reproduzia os sons sugeridos por Oster e, depois de testá-los, verificou que eles exerciam poderosos efeitos sobre os estados de consciência. Na verdade, ele e seus colegas descobriram que podiam reproduzir as experiências com as quais Robert Monroe tinha se deparado naturalmente em muitos anos, e, ao fazê-lo, podiam oferecer a todos um bilhete de ida e volta ao lugar que Monroe chamava de "Realidade Material Não Física", ou RMNF.

Em uma série de experimentos surpreendentes, Campbell e sua equipe foram capazes de produzir estados de visão remota, manifestação de luzes no céu, visitas a locais distantes e viagens aos Locais 2 e 3 de Monroe.

O poder desse processo era tal que Dennis Mennerich e Tom Campbell se submeteram como voluntários a uma série de testes para medir a eficácia da visão remota. Em seu livro, Tom afirma que eles identificaram corretamente todos os alvos que receberam. E não só isso. Durante esses testes, eles foram conectados a um eletroencefalógrafo para medir sua atividade cerebral enquanto estivessem nesses estados ecsomáticos. Parece que quando os rolos com os papéis de gráfico do EEG foram devolvidos à Universidade de Duke, os cientistas de lá constataram que Dennis havia produzido o mais alto nível de ondas alfa já registrado na universidade.

Por que esse processo é tão eficaz? Isso pode ser explicado por meio de um fenômeno conhecido como *sincronia*. Quando os dois sinais auriculares se encontram no centro do cérebro, eles produzem energia eletromagnética sincronizada e coerente no interior do cérebro. Essa energia é semelhante a um feixe de laser e, como veremos mais adiante neste livro, esse fato tem uma importância espantosa quando relacionado com alguns novos e excitantes desenvolvimentos em neurologia e neuroquímica.

Esse processo foi patenteado pelo Instituto Monroe e é conhecido como o Hemi-Sync®. Muitas reivindicações surpreendentes são feitas agora no que diz respeito ao procedimento e não tenho certeza se elas são aprovadas pelo Instituto ou não. Por exemplo, diz-se que esse dispositivo pode facilitar as seguintes habilidades: você pode acender lâmpadas com a sua própria energia, entortar colheres com um mínimo de esforço, acelerar o crescimento de plantas saudáveis e influenciar computadores, dados e máquinas caça-níqueis! Ele também pode acelerar a "lei da atração". No entanto, o que não é mais mencionado é a razão pela qual ele foi desenvolvido pela primeira vez.

Tom Campbell continuou com seu trabalho nessa área e agora desenvolveu um conceito fascinante chamado "Minha Grande Teoria de Tudo – TDT" (*My Big TOE*). Esta é uma verdadeira "teoria de tudo" e é para ela que voltaremos agora a nossa atenção.

A Grande TDT de Tom Campbell

Para Tom Campbell, cada um de nós tem sua própria grande TDT pessoal. TDT é um acrônimo para "Teoria de Tudo" e o que ele está sugerindo é que nós filtramos informações externas, dependendo de nossas próprias experiências de vida e de nossa educação. Por isso, o que percebemos como "realidade" é, de fato, uma realidade limitada por nossos medos, crenças e todas as outras coisas que constroem a imagem que temos da maneira como o mundo funciona.

Esse filtro é tão eficiente que restringe nossas percepções dos muitos níveis de realidade que efetivamente existem. Ele usa analogia de uma bactéria no intestino delgado, que tem uma compreensão muito restrita daquilo em que a realidade realmente consiste. Se fôssemos bactérias, não teríamos conhecimento de coisas como árvores, montanhas ou o pôr do sol. Tudo o que pode ser conhecido por essa forma de vida só é definido por aquilo que ela sentiu nas profundezas do intestino.

Há uma história muito citada, sem dúvida apócrifa, segundo a qual os habitantes originais da América Central, em seu primeiro contato com os navios dos conquistadores espanhóis, simplesmente não os viram. Essas coisas estavam fora de sua grande TDT e, como tais, não existiam. Não importa se essa história é verdadeira ou não. O que ela faz é apresentar um excelente exemplo do que Campbell está tentando explicar.

Campbell chama a realidade física que é apresentada a cada consciência através do mecanismo de filtragem da grande TDT de realidade material física ou RMF. No entanto, há uma realidade muito mais ampla que está excluída de cada RMF. Campbell dá a ela, o que não nos causa surpresa, o nome de realidade material não física, ou RMNF.

Isto sugere que a realidade que você e eu percebemos através dos nossos sentidos é uma ilusão criada internamente a partir de memórias, da educação, das mídias e de muitos outros fatores. Se for esse o caso, então por que outras consciências parecem compartilhar essa ilusão? Por que a realidade objetiva é a mesma para todas as pessoas?

Tom Campbell encontrou uma resposta. Ele ressalta que todos nós temos a mesma fisiologia, de modo que todos os nossos órgãos dos sentidos captam os mesmos *inputs*. A isso se acrescenta um outro fator – todos nós partilhamos de normas culturais semelhantes. Portanto, não é de causar surpresa o fato de que todos nós vemos o mundo mais ou menos da mesma maneira. Em apoio a essa posição, sociólogos e linguistas sabiam desde há muito tempo que a própria linguagem pode manipular a maneira como as pessoas constroem modelos do mundo exterior. Uma teoria particularmente interessante, apresentada por Edward Sapir e Benjamin Lee Whorf, propõe que a gramática pode modelar profundamente a percepção. Notou-se que a linguagem dos hopi, nativos do sudoeste norte-americano, não trata o fluxo do tempo como uma sequência de elementos contáveis distintos, como fazem todos os idiomas europeus. Na linguagem hopi, o tempo é um processo único e contínuo. Por exemplo, o conceito expresso na frase "o próximo ônibus chegará em duas horas" não pode ser traduzido em hopi e, portanto, não tem sentido. Isto sugeriu a Whorf que, para o falante de hopi, a duração é um conceito muito estranho, enquanto para um europeu tal conceito governa a maneira como as coisas funcionam. Pude verificar isso, pois visitei uma reserva hopi no norte do Arizona, no verão de 2009, e um homem que encontrei lá e que falava inglês disse-me que havia ficado surpreso com a paciência do povo hopi local – eles nunca se perturbavam quando ocorriam atrasos nos serviços de *fast-food*, ao passo que todas as outras pessoas que não falavam hopi rapidamente se sentiam frustradas e contrariadas, reclamando por ter de esperar mais tempo do que o previsto.

Então, todos nós compartilhamos, até certo ponto, nossa RMF, mas acrescentamos a ela nossas próprias idiossincrasias. Não seria por isso que as pessoas discutem e perdem a linha por causa de coisas aparentemente triviais? Será que elas não estão conseguindo se comunicar porque estão, efetivamente, vendo as coisas de maneira diferente? Isso, com certeza, explicaria choques de culturas ou de grupos religiosos. Intensificando ainda mais as extrapolações, essa abordagem sugere que as pessoas que acreditam muito em coisas como a eficácia da oração e a existência de óvnis conseguem modelar sua RMF de modo a acomodar essas crenças e, ao fazê-lo, reforçar essas crenças tanto individual como coletivamente.

Uma vez que a RMF é uma realidade tão sedutora e aparentemente consistente, a maioria das pessoas que se deparam com a RMNF simplesmente não consegue processá-la de qualquer maneira racional ou estruturada. As únicas ferramentas disponíveis são metáforas e símbolos fornecidos pela RMF. Estes têm significados específicos para cada consciência perceptiva; significados que, na verdade, podem ser muito diferentes de pessoa para pessoa.

Encontramos a RMNF quando sonhamos ou quando entramos em estados alterados de consciência, como a de uma experiência ecsomática. No entanto, mesmo quando nos encontramos nesses estados, levamos conosco o nosso modelo interno do que a realidade deveria ser. Supomos que ainda estamos "localizados" em algum lugar no espaço-tempo e que "vemos" e "ouvimos" as coisas por meio dos nossos sentidos.

Para Campbell, isso explica por que, durante certas experiências fora do corpo, como uma experiência de quase morte, a pessoa parece encontrar um mundo muito semelhante ao nosso. A EQM clássica envolve encontros com parentes mortos e com ícones religiosos, como Jesus, a Virgem Maria ou o deus hindu da morte. É evidente que o viés cultural de cada experiência sugere que há uma substância subjacente a essas experiências que não é percebida. O modelo da RMF se completa na RMNF e é usado para dar sentido a algo completamente estranho.

O modelo da RMNF de Campbell lembra muito o mundo xamânico que Gary Plunkett e Sebastian Cheatham descreveram para mim. Os mundos superiores e inferiores são habitados por todos os tipos de arquétipos que parecem se manifestar a partir do subconsciente profundo do experimentador. Esses seres simbólicos parecem estar igualmente relacionados tanto com o inconsciente coletivo de Jung como com as memórias profundas de quem sonha. É como se o mundo ecsomático fosse criado pela mente para a mente.

No entanto, Campbell é da opinião de que estamos errados ao supor que a neuroquímica de qualquer descrição está envolvida na experiência ecsomática. Em uma comunicação pessoal, ele me ofereceu uma interessante analogia. Campbell escreveu:

> Dizer que mecanismos neurológicos são a causa (ou o capacitador) do acesso ao Local 2, é como dizer que as sementes não podem germinar sem agricultores – é claro que há uma relação, a maioria das sementes germina por causa de agricultores –, mas não tem lógica concluir que as sementes não seriam capazes de ser geradas se não houvesse agricultores.

Mas, e quanto à realidade consensual – o lugar que nós compartilhamos com os outros? Segundo Campbell, ela também não é exatamente o que parece. Ele acredita que aquilo que nós percebemos como realidade é uma imensa simulação, que, como dissemos, ele chama de realidade material física, ou RMF. Percebemos a RMF como percebemos um jogo de computador de primeira pessoa, como o imensamente popular *Second Life*. Aquilo com que nós interagimos por meio dos nossos sentidos é, na verdade, uma forma de holograma projetada no interior de nossa consciência por alguma coisa que Campbell chama de "O Grande Computador" (OGC). O que "vemos", "ouvimos" e "sentimos" é traduzido pelo programa à medida que vamos prestando atenção às coisas que nos cercam. Até que a existência dos objetos seja concretizada pelo ato de observação, esses objetos só existem em potencial. Isso é muito semelhante a algo que encontraremos mais tarde, chamado de Interpretação de Copenhague da física quântica.

O modelo *Minha Grande TDT* de Tom Campbell é tremendamente poderoso como explicação para a experiência subjetiva. Tenho discutido detalhadamente com ele o seu modelo, e acredito muito que esse conceito apresenta uma nova maneira viável pela qual as experiências ecsomáticas podem ser explicadas enquanto ainda usamos elementos do nosso paradigma científico moderno.

Eu estava ansioso para saber se o modelo fortemente científico de Tom se refletiria em qualquer caminho espiritual ou ensinamento religioso. Para minha grande surpresa e alegria, encontrei uma organização que, embora aparentemente desconhecesse a Minha Grande TDT, com certeza parecia estar explorando caminhos mentais semelhantes. É uma organização estranhamente chamada de Eckankar. É para essa nova e fascinante religião que voltaremos agora a nossa atenção.

Eckankar e a Viagem da Alma

De acordo com as informações disponíveis em seu site, os ensinamentos de Eckankar têm raízes muito antigas. Estas foram redescobertas por um habitante de Kentucky chamado Paul Twitchell. Aos 3 anos de idade, Twitchell aprendeu, com sua irmã mais velha, a arte do que ele chama de "viagem da alma". Twitchell explica em seus livros que esse conhecimento fora ensinado a ela pelo pai de ambos, que por sua vez recebeu o ensinamento dessa técnica de um guru indiano chamado Sudar Singh.

A viagem da alma, agora um princípio central do caminho espiritual de Eckankar, é, sem dúvida, uma modalidade de sonho lúcido ou viagem astral em que o sujeito viaja para outros planos da existência e, ao fazer isso, pode desenvolver sua própria divindade interior.

Em 1944, aos 35 anos de idade, a alma de Twitchell estava fazendo uma viagem quando encontrou um mestre tibetano chamado Rebazar Tarzs. O mestre explicou que ele tinha viajado com seu "corpo anímico" de seu local terrestre próximo ao mosteiro Katsupari, no norte do Tibete, a fim de comunicar a Twitchell algo chamado ECK – o poder ou Espírito de Deus.

Esse poder enviou Twitchell em uma busca espiritual que o levou a se envolver com muitas das "novas religiões", inclusive um grupo conhecido como Ruhani Satsang e outra religião, muito mais famosa, chamada cientologia. Tudo isso fazia parte do treinamento de que ele precisava para herdar o manto de um mestre ECK vivo e, em 1965, ele anunciou ao mundo que era o número 971 em uma linhagem ininterrupta que remontava até muitos milhares de anos no passado. Em 1970, ele estabeleceu Eckankar como uma organização religiosa sem fins lucrativos. Quando morreu, em 1971, deixou uma organização em crescimento e financeiramente estável para o Mestre Vivo número 972, Darwin Gross. Em seguida, a sede da igreja mudou-se para a Califórnia. Atualmente, o membro sênior da igreja é o Mestre Vivo número 973, Harold Klemp, e sua sede foi agora transferida para Chanhassen, perto de Minneapolis.

Críticos têm apontado que grande parte dos ensinamentos de Eckankar foi retirada de um outro grupo conhecido como Sant Mat (Caminho dos Santos). Ora, isso é fascinante, pois Sant Mat ensina que tudo está dentro de nós, inclusive Deus. Suas práticas envolvem a escuta do "som interior" e a visão da "luz interior" e, por fim, o ato de deixar o corpo à vontade. Isso é chamado de "morrer enquanto ainda se está vivo" e envolve a unificação com Deus dentro de nós por meio do despertar da alma. Para fazer isso, os adeptos têm de se conectar com algo interior chamado *surat* – que é a alma, ou "atenção". Eles se sentam com os olhos fechados e focalizam a atenção na glândula pineal enquanto repetem um ou mais mantras. Isso é chamado de *simran* ou repetição. É fascinante que o moderno ensinamento de Sant Mat consista em perceber algo chamado *shabd* ou *som atual*. Ele só pode ser ouvido após a iniciação e uma concentração deliberada na glândula pineal. O *shabd* então se torna a fonte da luz interior. Sabe-se que, no início da década de 1960, Paul Twitchell era um iniciado de Sant Kirpal Singh, um praticante de *Surat Shabd Yoga*.

Há semelhanças intrigantes entre a Surat Shabd Yoga e os ensinamentos de Eckankar. Como sabemos, *shabd* significa "som" ou "palavra" e *surat* significa "atenção" em árabe. *Yoga* significa "união". Nesse contexto, "palavra" (*shabd*) significa "som atual" ou "fluxo de vida audível", que foi enviado como uma vibração sonora pelo Ser Supremo para o abismo do espaço na aurora do universo. Então, Surat Shabd Yoga é a união da alma com a essência do Ser Supremo Absoluto.

Como acontece com a cabala e a teosofia, a Surat Shabd Yoga ensina que há oito níveis espirituais acima do plano físico. A autorrealização é atingida no terceiro nível, denominado *Daswan Dwar*, a realização espiritual no quarto nível, *Bhanwar Gupha*, e a realização de Deus no quinto nível, *Sat Lok*.

Mas voltemos aos ensinamentos de Eckankar. Como já indicamos, Eckankar ensina que a alma (o eu verdadeiro) pode deixar o corpo e viajar dentro de outros planos da realidade. Isso é chamado de "viagem da alma", e para "viajar com a alma" o praticante precisa deslocar sua percepção do corpo para os planos interiores da existência. Isso parece uma contradição, a não ser que a viagem da alma seja, como é descrito, uma jornada interior dentro do espaço interior. A fim de bloquear as sensações dadas à mente pelos sentidos, os eckistas cantam ou entoam a palavra *hu* (pronuncia-se "hue").

De acordo com Eckankar, há onze mundos de existência. Eles consistem em cinco "mundos inferiores" (psíquicos ou materiais) e seis planos superiores (espirituais). Cada um deles tem um nome regular, um nome clássico e um som e uma luz associados. Os planos inferiores são:

- plano físico (o mundo material)
- plano astral
- plano causal (onde são armazenadas as memórias de vidas passadas – o Registro Akáshico, talvez?)

- plano mental, que contém as fontes da ética e dos ensinamentos morais
- plano etérico, que é a fronteira com os "mundos superiores"

Curiosamente, Eckankar ensina que o plano astral é a "fonte da emoção humana, dos fenômenos paranormais, dos fantasmas e dos óvnis". Isso soa muito parecido com o Local 2 de Monroe.

Os eckistas descrevem como, por meio da viagem da alma, o indivíduo se aproxima daquilo que chamam de "Coração de Deus". Um fato intrigante é que eles parecem concordar com Tom Campbell quando dizem que o espaço e o tempo não existem nos planos superiores, mas, mesmo assim, a ilusão de viagem rápida é transmitida de modo que a alma possa compreender, à sua maneira, que ela está viajando. Quando começa a viagem da alma, o experimentador ouvirá um "som de precipitação, como um vento gemendo em um túnel, juntamente com uma sensação de velocidade incrível". Isso é muito semelhante aos relatos de EQM.

O processo de viagem da alma, conforme é descrito em seu site, torna-se uma leitura fascinante quando aplicamos a ele algumas das ideias sugeridas neste livro. É de importância central nesse processo a ativação daquilo que os eckistas chamam de *Tisra Til*. Não nos causa surpresa o fato de que se trata do "Terceiro Olho" ou glândula pineal. O site explica que esse é "um lugar onde a alma – isto é, você, como uma centelha consciente e individual de Deus – reside".

O viajante da alma, então, começa a cantar a palavra *hu*. O experimentador no site afirma que ele então se viu animado em sua casa em Minneapolis e no sofá em sua sala de estar. Em seguida, ele percebe seus filhos brincando e observa que sua esposa, April, estava atarefada na cozinha. Significativamente, ele afirma que "embora tudo isso pareça apenas minha imaginação, mesmo assim me dava a sensação de ser real". Em outras palavras, ele estava em outro lugar, mas não nesta versão da realidade. Repare que ele não descreve nenhuma forma de viagem até sua casa. Ele simplesmente se encontra lá. Não existe nenhuma transição. Isso é exatamente o que seria de se esperar se, de fato, esse fosse um estado de sonho lúcido. De maneira semelhante, quando é "chamado de volta" pelos facilitadores, ele não descreve nenhuma viagem; ele apenas está de volta ao seu corpo na sala de treinamento em Los Angeles. É interessante observar que, ao voltar para casa, sua esposa confirmou que uma das crianças afirmou ter visto o pai de pé na cozinha, com a mão no ombro da esposa. Isso aconteceu na mesma hora em que o viajante astral teve sua experiência ecsomática, mas, curiosamente, o experimentador não descreveu que esteve de pé ao lado da esposa ou que tivesse colocado a mão em seu ombro. Sem dúvida, houve um certo nível de confusão a respeito do que aconteceu exatamente.

A organização é muito precisa em sua afirmação de que a viagem da alma é muito mais do que simplesmente uma versão da viagem astral. Como afirma o site:

> Sonhos e visões são um assunto fascinante. No entanto, um eckista descobre que a Viagem da Alma sonda muito mais profundamente o enigma da vida do que quaisquer projeções astrais ou mentais. Daí que o seu objetivo é a percepção total, e ele deixa de lado os brinquedos dos fenômenos paranormais...[35]

Os eckistas consideram os sonhos extremamente importantes; eles são aconselhados a manter extensos diários oníricos. Em total conformidade com o meu modelo, eles acreditam que a efetiva viagem onírica servirá como uma porta de entrada para a viagem da alma. Não se poderia interpretar isso como um sonho não lúcido que se transforma em sonho lúcido por meio de treinamento? Ao fazer isso, um praticante pode mover sua consciência até estados progressivamente mais elevados do ser. Um dos principais livros de ensino do movimento chama-se *The*

Art of Spiritual Dreaming. Ele nos oferece muitas técnicas semelhantes àquelas encontradas em livros sobre o sonho lúcido. Mais uma vez, fica claro que aquilo que Eckankar está realmente ensinando é como viajar dentro dos planos internos do nosso espaço interior.

Com fortes ecos da Surat Shabd Yoga, Eckankar ensina que, ao viajar através dos níveis espirituais, a alma pode se tornar inicialmente autorrealizada e finalmente alcançar a "realização de Deus". Na verdade, o cartão de sócio dado a todos os membros Eckankar afirma:

> O objetivo e propósito de Eckankar sempre foi o de levar a alma por seu caminho de volta à sua fonte divina.

Isso faz eco ao ensinamento gnóstico do místico persa Mani, e apresenta muitos paralelismos com a ideia gnóstica de que todos nós temos um elemento de nós mesmos que faz parte da "luz" do Pleroma – a realidade por trás da ilusão criada pelo Demiurgo.

Portanto, temos aqui uma mistura fascinante de ensinamentos, a maioria dos quais é retirada de tradições muito mais antigas. Mais uma vez, é claro que essas crenças estão arraigadas em uma aceitação de que a viagem da alma é uma viagem interior, não exterior, viagem essa na qual o sujeito existe em um universo criado pela mente, mas maior do que a mente.

Esse ensinamento também levanta questões a respeito da natureza última dessas experiências. Seriam elas efetivamente *reais* ou apenas algum tipo de sonho que, de alguma maneira, parece mais real do que um sonho; um sonho que pode ser habitado e manipulado?

Surpreendentemente, muitas pessoas de todo o mundo têm relatado com muita precisão esse estado intermediário. Ele é chamado de sonho lúcido e é a esse intrigante estado alterado de consciência que voltaremos agora a nossa atenção.

CAPÍTULO 7

O Mistério do Sonho Lúcido

Falsos Despertares

EM 1976, O PESQUISADOR Stewart Twemlow publicou, em uma revista dos Estados Unidos de circulação nacional, um artigo em que pedia para que quaisquer leitores que tivessem vivenciado um estado fora do corpo escrevessem para a revista. Os resultados desse levantamento foram publicados no *American Journal of Psychiatry*, em abril de 1982.[36] Das 1.500 respostas, 700 relataram experiências que envolviam a percepção da total separação entre mente e corpo.

Em 1977, dois questionários subsequentes foram enviados a todos os 700 do subconjunto: o POBE (*Profile of Out-of-Body Experiences*, Perfil de Experiências Fora do Corpo) e o PAL (*Profile for the Adaptation to Life*, Perfil para a Adaptação à Vida). Os pesquisadores receberam 339 respostas em que ambos os questionários foram completados. Os resultados são de grande interesse, pois mostram que os indivíduos que relatam EFCs são normais e, em sua realidade psicológica, não manifestam condições extremas. No entanto, houve dois resultados desse levantamento que considero de grande importância. Em primeiro lugar, no levantamento Twemlow, apenas 58% das pessoas relataram que o ambiente fora do corpo era o mesmo em que o seu corpo estava localizado. Por extrapolação, isso nos diz que 142 pessoas relataram que, durante sua EFC, elas perceberam um lugar totalmente diferente. Na minha opinião, essas pessoas não relataram uma EFC, mas um sonho lúcido.

A principal diferença entre uma EFC e um sonho lúcido é que, na maioria dos casos, os sonhadores lúcidos se encontram em um ambiente que não é a sua localização física real. Em outras palavras, um experimentador tem a sensação de deixar o seu corpo (*soma*) e se mover para o espaço exterior que circunda o *soma*. Eles ainda se sentem localizados em um espaço físico e, em alguns casos, dentro de uma forma de corpo etérico, algo que eu gostaria de chamar de "ecsoma".

A implicação disso é que algo se moveu para fora do *soma* e passou a se localizar no espaço real perto do *soma*. O experimentador vê o mundo "real" por meio dos sentidos do ecsoma e pode mover-se nesse ambiente como o faria na vida normal. Na verdade, relata-se com regularidade que as EFCs são tão sutis que o experimentador simplesmente acha que ele se levantou para ir até outro local, como o banheiro. É somente quando eles olham para trás e veem o seu *soma* que percebem que se encontram em um estado ecsomático. Essa situação é conhecida como um "falso despertar". Alguns indivíduos relatam que ele pode acontecer duas ou três vezes. Eles acordam, vão ao banheiro, algo estranho acontece, percebem que estão sonhando e acordam, vão ao banheiro novamente e repetem o processo, acordando repetidas vezes até que realmente percebem que se encontram na realidade consensual.

Estados fora do corpo do tipo falso despertar parecem reais porque são mundanos. Não há nenhum sentimento de estranheza até que o experimentador vê o *soma*. No entanto, a EFC mais comum envolve o ecsoma flutuando acima do *soma*, geralmente olhando para baixo a partir de uma localização perto do teto. Isso é tão estranho que o experimentador torna-se imediatamente ciente de que algo peculiar está acontecendo. Na realidade consensual, nós não vemos o mundo a partir de uma posição de flutuação perto de um teto. No entanto, por mais estranheza que possa sentir, o experimentador está, como no cenário do falso despertar, localizado em um espaço reconhecível, idêntico a um local conhecido na realidade consensual.

Porém, os resultados reunidos por Twemlow sugerem que uma minoria significativa de EFCs relata a presença do ecsoma em um local completamente diferente de onde está o seu *soma*. O interessante aqui é como o ecsoma viaja instantaneamente de um local para outro sem ter consciência de fazer a viagem. É como se tivéssemos uma série de experiências diferentes sendo relatadas. Uma delas envolve uma separação gradual entre o *soma* e o ecsoma, com o ecsoma movimentando-se normalmente dentro da realidade consensual que o circunda. Um segundo tipo envolve a manifestação da consciência em um local onde ela se percebe flutuando acima do *soma*; neste caso, não há separação gradual, mas um estado de vigília imediato no qual o ecsoma fica subitamente consciente de estar fora do corpo. Lembremo-nos do que Robert Monroe descreveu como, ao se aproximar do sono em um cochilo, viu-se de repente de novo completamente acordado:

> Com meus sentidos totalmente alertas, tentei ver na penumbra. Havia uma parede, e eu estava deitado apoiando contra ela o meu ombro. Imediatamente, raciocinei que tinha ido dormir e acabei caindo da cama. (Isso nunca havia acontecido antes, mas todos os tipos de coisas estranhas estavam acontecendo, e cair da cama era bem possível.) Então, olhei novamente. Alguma coisa estava errada. Essa parede não tinha janelas,

nem havia móveis encostados nela, nem portas. Não era uma parede no meu quarto. No entanto, de alguma maneira, era familiar. A identificação veio instantaneamente. Não era uma parede, era o teto. Eu estava flutuando contra o teto, dele saltando suavemente com qualquer movimento que eu fazia. Rolei no ar, perplexo, e olhei para baixo. Lá, sob a luz fraca abaixo de mim, havia uma cama. Havia também duas pessoas deitadas na cama. A da direita era minha mulher. Ao lado dela eu via outra pessoa. Ambas pareciam estar dormindo. Este é um sonho estranho, pensei. Eu estava curioso. Com quem eu sonho estar na cama com a minha mulher? Olhei mais de perto, e o choque foi intenso. Era eu a pessoa na cama![37]

Ele não relata nenhuma sensação de abandono gradual de seu corpo. Apenas acorda de súbito em um lugar diferente, um lugar que, de início, o confundiu, pois nunca, antes disso, havia experimentado saltar contra um teto. No entanto, Monroe ainda estava em um local que ele reconhecia. Ainda estava em seu quarto, embora em um lugar estranho nesse quarto.

A meu ver, a experiência de Monroe é quase idêntica àquelas que são relatadas por pessoas que passaram por experiências de quase morte. A pessoa, de repente, se vê localizada acima do seu corpo e pode observar o que está acontecendo ao seu redor. Ambas as situações envolvem estados em que o cérebro está inconsciente, por causa de um trauma (em caso de acidente), de uma sedação (durante uma cirurgia), ou simplesmente, como no caso de Monroe, de estar dormindo.

O grupo minoritário de Twemlow entrou em contato com um ambiente e uma localização totalmente diferentes relativamente à posição ocupada pelo seu *soma*. Essas experiências são sugestivas de visão remota, e não de experiências de quase morte ou de falsos despertares. Esse fenômeno parece muito diferente, e muito mais próximo do sonho lúcido.

Desse modo, o que é exatamente o sonho lúcido e o que facilita a sua ocorrência?

O Sonho Lúcido

Um sonhador lúcido é uma pessoa que, por acidente ou por treinamento, conseguiu tornar-se consciente do fato de que está sonhando durante o estado de sonho. Até esse ponto, é como se a consciência estivesse simplesmente observando uma sequência onírica, como um membro da plateia observa um filme. Na verdade, é mais complexo do que isso. Para a maioria de nós, uma experiência de sonho parece totalmente real. Estamos observando o sonho do ponto de vista da primeira pessoa, e estamos encerrados no ambiente onírico exatamente da mesma maneira que o mundo nos envolve na vida de vigília. No entanto, não é como a vida de vigília. Podemos entrar em contato com os acontecimentos mais estranhos, mas nós simplesmente os aceitamos. Podemos voar, conhecer criaturas estranhas e perceber essas coisas em uma "paisagem onírica" peculiar que pode estar totalmente em desacordo com o mundo "real" da realidade consensual. Mas em nenhum momento a estranheza nos torna cientes de que estamos sonhando. Para um sonhador lúcido as coisas são diferentes. Ao usar certas técnicas, um sonhador lúcido pode, de repente, tornar-se consciente de que se encontra em um estado de sonho. Eu me pergunto se nós vivenciamos isso na vida de vigília, quando, por vezes, obtemos lampejos de outra realidade, uma realidade mais profunda. É isso um "despertar" que irrompe dentro do "sonho desperto" em andamento que constitui a nossa vida cotidiana, como toda uma série de filmes modernos, como *Waking Life*, *Clube da Luta* e *Vanilla Sky*, nos sugere? O sonhador lúcido parece mover-se da posição em que é um observador de um sonho para aquela em que é um observador que observa o observador de um sonho, se é que isso faz algum sentido. É uma mudança súbita de posição perceptiva. Não no espaço real, mas no espaço paranormal.

Ao fazer essa mudança de percepção, o sonhador lúcido se move de um papel de observador passivo de eventos oníricos para o de um controlador de eventos de sonho. Ele adquire habilidades quase divinas por meio das quais pode manipular o mundo ao seu redor.

O que os sonhadores lúcidos relatam regularmente é que as percepções são intensificadas durante um sonho lúcido. O ambiente encontrado nesse tipo de sonho está impregnado de uma realidade muito mais rica do que a de um sonho normal. Agora, o que tem importância especial para mim é o fato de que 93% dos entrevistados no levantamento de Twemlow afirmaram que sua EFC era "mais real do que um sonho".

Esta é uma observação muito importante. A percepção de que a experiência foi "mais real do que um sonho" não pressupõe que a experiência não foi um sonho, mas simplesmente uma versão mais vívida de um sonho. Há outro fator relativo ao estado fora do corpo que não foi captado por escritores que se estenderam sobre o assunto, a saber, o de que o experimentador está consciente de que está vivenciando uma experiência incomum. Em outras palavras, eles estão autoconscientes durante a experiência. Esse estado de autopercepção, juntamente com percepções hiperintensas, são as razões pelas quais tanto os experimentadores como os pesquisadores consideram o estado fora do corpo diferente de um estado de sonho. Mas, para mim, essas pistas sugerem o contrário – que a EFC é um estado de sonho lúcido.

Como foi mencionado antes, um sonhador lúcido autoconsciente pode manipular o seu mundo onírico com poderes que são impensáveis na realidade consensual. De fato, muitos sonhadores lúcidos experientes usam essas habilidades para confirmar que eles de fato encontram-se em tal estado. Robert Waggoner, um consumado sonhador lúcido e autor de um livro fascinante sobre o assunto,[38] explicou-me recentemente que ele conseguia, em um grau considerável, controlar o ambiente do seu sonho e torná-lo "plástico". Além disso, embora muitos dos seres que ele encontra nesse estado de sonho sejam, sem dúvida, projeções de sua mente, alguns, em sua opinião, não são. Ele explicou-me que em um sonho lúcido viu diante de si um grupo de pessoas usando grandes chapéus. Voou por cima deles e sentiu grande prazer em derrubar seus chapéus com tapas. Essa ação não ocasionou nenhuma reação até que um dos "seres" levantou a mão para impedir que Waggoner arrancasse o seu chapéu e, em seguida, desviou a cabeça propositadamente para evitar o impacto. Isso mostrou ação premeditada e vontade própria da parte do ser.

Mencionei as semelhanças entre a RMNF e a RMF de Tom Campbell e a popular simulação virtual de vida *Second Life* presente na web. Não causará, portanto, nenhuma surpresa o fato de que eu também notei enormes paralelismos entre o *Second Life*, os sonhos lúcidos e as experiências ecsomáticas. Muitos milhões de pessoas estão agora vivenciando uma vida alternativa nesse enorme mundo virtual que foi criado no ciberespaço. O novo membro entra no *Second Life* de maneira semelhante à experiência de um sonho lúcido. Ao fazer o *log-in*, os "videntes" se veem olhando através das telas dos seus computadores para um mundo virtual maravilhosamente reproduzido. Nesse mundo, eles podem mover-se de um lado para o outro e descobrir coisas da mesma maneira como fazem na "primeira" vida. Esse mundo é percebido a partir da perspectiva da primeira pessoa, que olha para esse mundo através dos olhos de um ser chamado "avatar".

É significativo que o "ponto de vista" pode ser mudado de modo que o observador passe a ver através dos olhos do avatar ou possa posicionar-se poucos metros atrás e acima do "corpo" do avatar. Isso é reminiscente em alto grau de muitas experiências ecsomáticas clássicas, como a de Suzanne Segal discutida anteriormente. O que é ainda mais significativo é o fato de que o observador logo percebe que ele pode voar dentro desse novo mundo. Ao pensar nisso – ou, mais precisamente, ao pressionar uma tecla específica no teclado do computador –, ele pode erguer o avatar no ar e, em seguida, voar em qualquer direção. Isso é, mais uma vez, muito parecido praticamente com todos os relatos de sonhos lúcidos e com muitos relatos de experiências de quase morte.

Sem dúvida, *Second Life* é um mundo criado pelas mentes de programadores que usam código de computador. Esse mundo digital é construído linha após linha de sequências binárias, que, em última análise, "criam" um fac-símile tridimensional do mundo "real" da "Primeira Vida". Muitos argumentarão que o mundo "real" é também uma ilusão digital criada pela mente. Portanto, essa proposta sugere que *Second Life* é simplesmente uma ilusão dentro de uma ilusão. Na verdade, lembro-me daquelas matrioskas russas, cada uma delas contendo outra boneca. Como examinaremos mais tarde, o físico quântico norte-americano David Bohm antecipou exatamente um cenário como esse quando sugeriu que, em seu nível mais profundo, o universo está envolvido, ou "dobrado", dentro de si mesmo em algo que ele chamou de *holomovimento*.

Discuti essa analogia do *Second Life* com amigos que são visitantes regulares desse mundo digital. Quando lhes descrevi as sensações experimentadas pelos sonhadores lúcidos, eles acenaram com a cabeça em sinal de reconhecimento. Um deles descreveu que se sentia como se estivesse entrando em um estado de consciência alternativo ao jogar *Second Life*.

Gostaria agora de voltar ao modelo de Tom Campbell e examinar como ele pode ser aplicado ao sonho lúcido. Você deve se lembrar de que Campbell trabalhou com Robert Monroe e desde essa época criou seu próprio modelo de realidade, que envolve uma interação entre o que ele chama de realidade material física (RMF) e a realidade material não física, ou RMNF. Em sua trilogia de livros, coletivamente intitulada *My Big Toe*,[39] Campbell sugere que tanto a RMF como a RMNF são, na verdade, elementos de um enorme programa de computador, que "cria" o mundo percebido da mesma maneira que um *game* de computador de um humilde PC torna possível o acesso a uma realidade virtual de primeira pessoa. Quando discuti isso com Tom recentemente, lembrei-me de imediato do *Second Life*. Em suas palestras, Tom discute como o programa (executado em algo que ele, com um ar meio de brincadeira, chama de TBC – The Big Computer) funciona com base em princípios semelhantes, no sentido de que, para economizar tempo de processamento, a "realidade", como é percebida por qualquer "observador", só é representada na direção da atenção desse observador.

Assim, por exemplo, dentro de sua versão atual da RMF, a única informação representada é aquela que você pode ver com seus olhos. Sua visão periférica, que ficará borrada quando você olhar para a frente, contém menos informações representadas do que aquilo que está na sua frente. O que está atrás de você é literalmente nada. À medida que você gira a cabeça, o que você passa a ver "pipoca" na existência apenas para desaparecer de novo, quando você afasta o seu olhar. Se Tom Campbell está correto, então estamos existindo dentro de realidades ilusórias aninhadas, nas quais o estado de sonho é apenas um entre muitos. Dessa maneira, os sonhos, lúcidos ou não, são tão "reais" quanto a realidade consensual, que, por sua vez, é uma ilusão gerada externamente.

SLISs e SLIVs

Um dos livros mais fascinantes sobre o sonho lúcido que eu já li é *Advanced Lucid Dreaming – The Power of Supplements*, escrito por Thomas Yuschak. Yuschak é um sonhador lúcido bastante experiente e, como muitos outros, ficou intrigado com as semelhanças entre a experiência do SL [Sonho Lúcido] e estados ecsomáticos como a EQM e a EFC.

De acordo com Yuschak, há dois tipos de sonhos lúcidos. Ele explica que, na terminologia dos entusiastas pelo SL, esses dois tipos são denominados SLISs (sonhos lúcidos induzidos em sonhos, ou DILDs [*dream-induced lucid dreams*]) e SLIVs (sonhos lúcidos induzidos na vigília, ou WILDs [*wake-induced lucid dreams*]).

O SLIS é o sonho lúcido clássico em que a pessoa se torna consciente, enquanto está sonhando, de que ela se encontra em um estado de sonho. O SLIV envolve uma mudança imediata do estado de vigília para o estado de sonho lúcido, sem transição e sem perda de consciência. Essa transição, como Yuschak a descreve, é geralmente acompanhada por "algumas sensações intensas, como uma sensação de flutuação, fortes vibrações e/ou rápidas acelerações".[40]

Yuschak acredita que, quando vivencia um SLIV e deixa seu corpo em um estado idêntico ao de uma EFC, ele se sente razoavelmente certo de que o quarto no qual se encontra é um fac-símile do quarto real, e que ele é criado e modelado por sua mente. Essa ilusão facilita a transição contínua do estado plenamente desperto para o estado de sonho lúcido, como é encontrado em um SLIV. Ele ressalta que isso acontece em 40% de seus SLIVs.

Em outro estado de transição durante um SLIV, ele descreve como seu corpo parece se acelerar em direção ao local onde o SLIV ocorrerá.

Outro ponto importante é que ele descreve regularmente como vê seu corpo no SL e como tudo não é, em absoluto, "semelhante a sonho". Se você ler os artigos onde se sugere que SLs e EFCs são diferentes, esses são dois dos elementos citados como diferenciais clássicos; outro diferencial está no fato de que em um sonho lúcido não há um estado de transição – o sonhador apenas se encontra em algum lugar – mas está muito claro que é isso exatamente o que esse escritor não vivencia. Ele vivencia um estado de transição muito claro, idêntico em todos os sentidos a uma EFC, inclusive no ato de se erguer para fora do corpo e vê-lo na cama.

Ele também deixa claro que em um SLIV há uma continuidade de percepção e que o sonhador lúcido tem plena consciência de sua personalidade e de suas memórias. Eles sabem exatamente quem são e conhecem a história da sua memória. Ele afirma: "Os sonhadores lúcidos consideram que essa é um transição para dentro de um sonho enquanto os viajantes astrais acreditam que ela é real".[41]

Este é um ponto muito importante. Em uma descrição fascinante sobre esse estado de transição, Yuschak descreve como, às vezes, ele se sente como se estivesse "rolando para o lado (*rolling over*)" e, em seguida, como se flutuasse em um ponto próximo ao teto. Isso não lembra a você a "técnica rotatória" de Monroe? Você deve se lembrar de que quando Robert encontrou o seu primeiro estado totalmente ecsomático, ele se viu em uma posição semelhante à descrita por Yuschak – batendo no teto de seu quarto e dele saltando suavemente.

Na verdade, muitas das descrições de Yuschak me lembram os encontros de Robert. Em *Journeys Out of the Body*, Monroe descreve um vívido "semissonho" no qual ele se viu sentindo o tapete no chão do seu quarto, descrevendo o seu assombro quando seus dedos atravessaram o chão e penetraram no andar de baixo. Ao fazê-lo, ele sentiu a áspera superfície superior do teto do quarto abaixo do seu. Então, ele sentiu um pequeno pedaço triangular de madeira, um prego torto e um pouco de serragem. Em um primeiro contato com essa descrição, é fácil avaliá-la como prova de uma genuína percepção fora do corpo de objetos que realmente existem na realidade consensual. O prego torto e as lascas de madeira são exatamente o que se esperaria encontrar em uma área entre placas de piso e placas de teto. No entanto, e esse é o ponto importante, o próprio fato de que seria de se esperar que tais coisas estivessem lá também poderia sugerir que essa é alguma forma de sonho criada pelas expectativas. Que isso possa ter sido o caso é evidenciado pelo que aconteceu a seguir:

> Empurrei minha mão ainda mais fundo. Ela atravessou o teto do primeiro piso e eu me senti como se todo o meu braço atravessasse o piso. Minha mão tocou em água. Sem emoção, agitei a água com meus dedos.[42]

Isto é descrito por Robert como uma experiência fora do corpo, mas, sem dúvida, não é. Não posso acreditar que pudesse haver uma espécie de recipiente com água pairando no topo do quarto abaixo, e tão fundo que ele podia agitá-la com os dedos. Na minha opinião, esse foi obviamente um estado de sonho lúcido. Na verdade, estou um pouco surpreso pelo fato de Monroe não ter aproveitado a oportunidade para comprovar suas percepções ecsomáticas erguendo a placa do piso do seu quarto para verificar se o prego torto e o pedaço triangular de madeira estavam realmente lá, como sua experiência sugeriu.

Então, que evidência existe para a minha crença segundo a qual o estado de sonho lúcido e a experiência fora do corpo são aspectos do mesmo fenômeno?

O Sonho Lúcido e o Estado Fora do Corpo

Em 1984, Stuart Twemlow e seu colega Glen Gabbard[43] deram continuidade ao seu estudo de 1982 com uma revisão das diferenças percebidas entre os dois fenômenos. Em primeiro lugar, eles assinalam que o sonho lúcido é muito mais comum do que a EFC. Eles afirmam que entre 50% e 70% da população terão um sonho lúcido, enquanto apenas 14% a 20% experimentarão uma EFC. Eu pessoalmente acho suspeitos esses dois conjuntos de cifras altas. Conheço apenas um punhado de pessoas que sonham lucidamente, como é descrito na literatura. E conheço muitas pessoas que relatam sonhos "vívidos", mas esse é um conceito completamente diferente.

Em segundo lugar, eles se concentram em dois estados de sonho lúcido que descrevemos anteriormente, a saber, os SLISs (sonhos lúcidos induzidos em sonhos) e os SLIVs (sonhos lúcidos induzidos na vigília). Os primeiros ocorrem durante o sono REM, e os últimos logo no início do sono, dentro do estado hipnagógico. Gabbard e Twemlow salientam que alguns estados fora do corpo ocorrem quando a pessoa está acordada. Um bom exemplo disso é o caso de Suzanne Segal. No entanto, como vimos, a intrusão REM poderia explicar esses casos de maneira muito adequada. Esse conhecido fenômeno faz com que o indivíduo entre em estado de sonho enquanto pensa que ainda está acordado. Com efeito, essa é uma outra maneira de descrever um sonho lúcido.

Em terceiro lugar, Twemlow e Gabbard focalizam as diferenças perceptivas subjetivas relatadas pelos experimentadores durante estados alterados de consciência. Algumas dessas diferenças precisam ser comentadas. Por exemplo, uma delas está no fato de que os sonhadores lúcidos têm uma imagem corporal integrada enquanto os experimentadores de EFCs sentem que estão separados de seu corpo cotidiano (*soma*). No meu entendimento, a razão para isso é simples – os sonhadores lúcidos encontram-se imediatamente em outro local, um local totalmente diferente daquele em que está o seu *soma*. Portanto, não é surpreendente que eles não "vejam" o *soma* em um sonho lúcido. Enquanto se encontram nesse estado, eles parecem perceber um sentido de "imagem corporal" como normalmente o fariam na vida de vigília. Os experimentadores de EFCs, por outro lado, em geral relatam perceber que estão fora de seu *soma* ao verem seu corpo deitado em uma cama, na beira de uma estrada, em uma mesa de operação etc. Mas será que isso não poderia ser simplesmente uma questão de definições impostas? Os estados hipnagógicos e hipnopômpicos são na verdade o mesmo fenômeno, um fenômeno que coloca a consciência naquela região limítrofe entre o sono e a vigília. A única diferença está nas circunstâncias. O estado hipnagógico é vivenciado quando se vai dormir e o estado hipnopômpico é vivenciado quando se acorda. Definimos uma EFC quando o sujeito está ciente de seu *soma*, e um sonho lúcido quando o sujeito não está ciente do seu *soma*.

Sugere-se que os sonhadores lúcidos estão plenamente conscientes de que a experiência é uma produção da mente, enquanto os experimentadores de EFCs consideram a experiência como uma realidade objetiva. Tenho de concordar que esse é um ponto justo, mas isso não teria a ver com o fato de que os sonhadores lúcidos dedicam um certo tempo tentando desenvolver essa habilidade? Como tal, quando um estado de sonho lúcido é vivenciado, ele não é uma surpresa. O sonhador lúcido sabe o que esperar e está ciente de se encontrar em um estado de sonho. Não é isso o que nós entendemos pela palavra "lúcido"? Os experimentadores de EFCs, por outro lado, são geralmente indivíduos que, de repente, encontram-se nesse estado. Eles não planejaram isso e não têm nenhuma maneira de interpretar o que está acontecendo com eles; o fato é que, de súbito, eles se encontram em um local totalmente estranho. Seria por isso que esse local é sentido como real? Uma vez que eu nunca passei por tal estado, tudo que sei é que meus sonhos sempre parecem reais para mim quando os tenho. Esta é uma afirmação totalmente lógica porque, no momento em que eu percebo que estou sonhando, meu sonho, por definição, se tornará lúcido.

Também não posso evitar o fato de que por mais que os experimentadores de EFCs pensem que sua experiência é real, as evidências oferecidas por experimentos verídicos sugerem o contrário. Como já afirmei ao longo de todo este livro, se um estado ecsomático é realmente uma experiência na qual a consciência de uma pessoa situa-se em outro lugar, por que é que as pessoas testadas de maneira sistemática não conseguem identificar coisas que seriam simples no âmbito da realidade consensual normal?

Para mim, o sonho lúcido é uma das áreas mais instigantes e inspiradoras da experiência humana, e eu realmente acredito que o conhecimento dessa área facilitará uma nova compreensão da natureza da consciência e de sua relação com a "realidade".

Na verdade, considero que o fenômeno do sonho lúcido tem grande importância para o meu trabalho em minha tentativa de mostrar que a minha própria hipótese "Enganando o Barqueiro", apresentada em meus dois livros anteriores, tem validade.

No meu Fórum, em www.anthonypeake.com/forum, meus leitores postam suas experiências. Não imponho regras rígidas quanto ao que deve ser postado, mas em geral elas se relacionam com um ou mais aspectos de minha hipótese CTF. Logo que eu havia embarcado na redação deste livro, um "postador" regular chamado Ian Wilson apresentou uma série de comentários que mostram precisamente quão poderoso pode ser o sonho lúcido.

Ao longo dos anos, Ian teve muitos sonhos precognitivos. Esse fenômeno é conhecido há séculos e, na década de 1930, um engenheiro chamado J. W. Dunne apresentou uma filosofia convincente sobre a maneira como esse processo pode funcionar. Ele sugeriu que, a fim de conseguirmos apreciar o "fluir" do tempo, é preciso haver uma maneira de medir esse tempo. Todos os processos de medição envolvem o ato de calibrar uma coisa por meio de outra. Usamos uma régua para medir comprimentos ou um conjunto de pesos graduados para medir o peso. O fluxo é medido de maneira semelhante, comparando-o com um objeto estático. Por exemplo, o fluxo de um rio é medido como a sua velocidade relativa à margem estática desse rio. Se não houvesse nenhuma margem do rio, então nós não teríamos sequer uma maneira de saber se o rio estaria realmente fluindo. Mas o fluir do tempo é diferente. Só podemos medir o fluxo do tempo usando o próprio tempo. Não podemos quantificar a duração de um minuto, exceto se a medirmos contra o "fluxo" de um segundo ponteiro, que se destaca contra o mostrador do relógio, ou pelas mudanças em um mostrador digital. Mas uma breve reflexão nos levará a perceber que a duração e o tempo são a mesma coisa. Foi isso o que Dunne observou, e ele sugeriu que precisa haver um segundo tempo por meio do qual nós medimos o tempo; e, por implicação, uma terceira forma de tempo por meio da qual o segundo tempo é medido. É evidente que isso implica uma regressão infinita, mas esse fato não preocupa Dunne. Ele também sugeriu que no interior de cada tempo há um "observador" que observa essa duração. A partir disso, ele extrapolou que durante o sono o nosso observador cotidiano (que ele chamou de "Observador Um") pode ter acesso à consciência do "Observador Dois", cuja percepção do tempo é muito mais ampla. Em outras palavras, o "presente" para o Observador Dois pode se estender por alguns dias, ou até mesmo semanas. Esse elemento de nós mesmos está ciente do conteúdo do nosso futuro imediato. É assim que ele explicava os sonhos precognitivos. Nossos sonhos contêm elementos de nosso próprio futuro e, em certas circunstâncias, podemos nos lembrar desses elementos precognitivos; ao fazê-lo, nós "precognizamos" o futuro. No entanto, o que é mais usual é o fato de que nós apenas reconhecemos um sonhado evento futuro quando começamos a encontrá-lo na vida desperta. Temos um súbito reconhecimento e uma vaga lembrança de que esse momento foi experimentado antes. Essa ideia foi atualizada pelo físico e psicanalista junguiano norte-americano sediado na Suíça, o dr. Arthur Funkhouser. Funkhouser chama isso de "Teoria Onírica do *Déjà-Vu*".

É isso o que vem acontecendo com Ian Wilson. Ao longo dos anos, muitos dos seus sonhos se tornaram realidade. No entanto, nos últimos anos, ele tem feito algo muito singular, e de profundo significado. Ele aprendeu sozinho a ter sonhos lúcidos. À primeira vista, isso não parece ter qualquer grande significado, mas, por se tornar lúcido em um sonho, Ian pode manipulá-lo. E há mais. Se esse sonho é um sonho precognitivo, então Ian pode manipular ativamente o mundo exterior dentro de seu próprio futuro.

Ele chama esse processo de "mapeamento", e tem registrado sucesso em usá-lo para manipular sua própria realidade de tal maneira que ele não apenas foi observado por outros, mas também fotografado.

Ian estava tendo um sonho normal. Por sonho normal estou me referindo àquele em que nós simplesmente observamos os eventos. Alguma coisa disparou Ian em um estado de percepção no qual ele sabia que estava sonhando. Ele notou então que se encontrava em um estado totalmente lúcido. Olhou em volta e percebeu que estava em seu local de trabalho atual. Por trás de um balcão, viu um de seus colegas. O ambiente era tão parecido com o do local da sua realidade consensual que, de repente, ocorreu a Ian que esse sonho poderia ter um potencial precognitivo. Decidiu que iria fazer alguma coisa acontecer no sonho, alguma coisa que poderia se realizar efetivamente no futuro. No entanto, tinha de ser algo que pudesse ser visível e possivelmente mensurável. Aparentemente sem pensar, levantou o braço, apontou o dedo e fez um triângulo aparecer na testa de seu colega de trabalho. Como era um sonho, não era surpreendente. No entanto, em seu estado lúcido, Ian estava plenamente ciente de que tal coisa era impossível dentro da ciência da realidade consensual. Logo depois, ele acordou e o sonho desvaneceu-se como fazem muitos sonhos. No entanto, Ian estava ciente de que havia feito algo significativo enquanto se achava em seu estado de sonho.

Algumas semanas depois, lembrou-se do que se tratava. Em uma entrevista para a *Lucid Dream Exchange Magazine*, Ian explicou a Robert Waggoner o que aconteceu:

> Cerca de três semanas mais tarde, o sonho lúcido se realizou. Como o meu primeiro sonho lúcido precognitivo, senti uma surpreendente sincronicidade e uma aura do tipo *déjà-vu*, com o espaço e o tempo de vigília sincronizados com o sonho lúcido precognitivo. Nessa realidade, fiquei 1,8 metro distante dessa pessoa e simplesmente segui o fluir do sonho lúcido. Minha mão apenas se levantou e o triângulo se formou como aconteceu no sonho, perfeitamente em sua testa. Era visível o suficiente para que outros pudessem vê-lo com clareza. Eu me lembro de que ele olhou para mim enquanto eu apontava para ele. Então ele me perguntou, depois do fato, o que eu fiz. Disse-lhe que coloquei um triângulo em sua testa. A moça do caixa ao lado viu isso, então ela gritou e se escondeu

atrás do guichê. Ele correu para o banheiro e olhou no espelho. Quando saiu, ficou definitivamente chocado com a marca visível. Tirei uma foto Polaroid e mais outra foto para ter evidência física do experimento. Mais tarde, ele escreveu uma declaração sobre o ocorrido. Além disso, ele teve de explicar a marca para a sua mãe, que lhe perguntou como ele havia conseguido esse hematoma de forma estranha em sua testa. Ela viu de modo claro a forma triangular. Não havia dúvida de que foi um evento muito profundo para todos nós envolvidos.[44]

O que é fascinante nesse evento é o fato de que, ao contrário de muitos dos experimentos e das experiências descritos neste livro, esse caso tem o apoio efetivo de declarações e fotos de testemunhas tiradas na época, e mostrando claramente a marca vermelha na testa do colega de Ian.

As implicações desse evento são de profundo significado. O que ele sugere é que a realidade (consensual ou subjetiva) está aberta à influência direta exercida por uma mente consciente. Mas nesse caso tal influência é ainda mais estranha porque sugere que Ian influenciou o conteúdo de seu próprio futuro ao fazer o gesto em seu sonho. Na verdade, pode-se ainda sugerir que todo o sonho de Ian era precognitivo pelo fato de que o gesto e o aparecimento da marca já existiam no futuro de Ian e tudo o que o sonho fez foi reproduzir esse futuro. Em outras palavras, Ian não teve outra escolha exceto fazer esse gesto no sonho porque ele também fazia parte da precognição. As implicações disso são inacreditáveis. Elas sugerem que Tom Campbell está totalmente certo quando afirma que o mundo interior da realidade material não física (RMNF) e o mundo exterior, compartilhado, da realidade material física (RMF) são apenas dois lados da mesma moeda. É a consciência ou, mais especificamente, o ato da atenção que cria ambas.

Eu estava chegando com rapidez à conclusão de que, exatamente da mesma maneira que a RMNF e a RMF são dois aspectos de um mesmo fenômeno, também o estado fora do corpo é, de fato, idêntico ao do sonho lúcido clássico. Eu estava interessado em saber o que alguns dos principais atores do mundo das experiências ecsomáticas pensariam dessa conclusão. Também estava ansioso para ver se os principais pesquisadores e experimentadores de ambos os fenômenos concordariam com minha opinião. Eu havia estendido as discussões com Tom Campbell, Robert Waggoner e o viajante astral australiano Robert Bruce e estava, ao mesmo tempo, surpreso e encantado ao descobrir que todos nós compartilhamos da mesma opinião, a de que não apenas os fenômenos estão relacionados, mas também que eles são, simplesmente, a mesma experiência percebida de maneiras ligeiramente diferentes. Em palavras simples, uma experiência muito real em que a consciência ganha acesso a uma realidade maior que existe nas profundezas das estruturas do cérebro.

Para que você aprecie plenamente como o meu modelo funciona, preciso agora introduzir você na ciência por trás da consciência, nas maravilhas da física quântica e nos profundos mistérios das drogas que alteram a mente. Vamos agora dedicar a segunda metade deste livro à explicação dos eventos e das experiências descritas na primeira metade.

A verdadeira aventura está prestes a começar.

Parte II

A Ciência

CAPÍTULO 8

Neurologia

Imagens Hipnagógicas e Intrusão do Sono REM

NOS ÚLTIMOS VINTE ANOS ou quase isso, desenvolvi estados hipnagógicos muito intensos. Eles acontecem na maioria das noites e envolvem as imagens mais bizarras, que se manifestam totalmente fora do meu controle. Não consigo manipulá-las, e elas vêm e vão de maneira semelhante a assistir a um filme. As "imagens" estão "lá fora" no espaço, e não dentro dos olhos da minha mente, e produzem em mim uma tal sensação de intencionalidade que às vezes me leva a acreditar que elas não fazem parte da minha mente, mas que estão sendo criadas em outros lugares. Na verdade, minha primeira imagem hipnagógica realmente vívida foi tão poderosa que ainda consigo visualizá-la com os olhos da minha mente.

Quando eu estava começando a cair no sono, encontrei-me em outro lugar, em algum lugar que, sem dúvida, não era o meu quarto. Eu me via como um ponto de consciência flutuando cerca de pouco mais de 3,5 metros do chão. Quando olhei para baixo, pude ver o topo da cabeça de alguém. A cabeça era careca com tufos de cabelo dos lados. Era um senhor idoso sentado no que parecia ser um banco de parque. Estava lendo um jornal de folhas largas. O tempo estava muito quente e algo dentro de mim sabia que era em algum lugar ao sul, Espanha ou talvez América Latina. Durante todo o tempo em que fiquei observando essa cena eu estava autoconsciente. Não era um sonho e não dava a sensação de ser um sonho. Era muito real. Senti que eu realmente estava lá. Então, percebi que meu ponto de vista estava mudando. Afastei-me do ponto de vista vertical, olhando para baixo, para o senhor idoso, e me nivelei lentamente em uma posição horizontal. Esse movimento em nenhum momento estava sob o meu controle; foi, mais uma vez, como se eu estivesse imerso em um filme tridimensional ou em um holograma. Conforme eu me movia, a visão mudava e consegui observar um panorama muito mais amplo. Pude ver que eu estava no centro de uma enorme praça no meio de uma cidade muito movimentada; a praça era circundada por uma estrada com bastante tráfego. Eu podia ouvir o som das buzinas e o zumbido contínuo dos carros. Os prédios do outro lado da estrada eram grandes e imponentes, mas tinham um leve ar de abandono. Não era uma cidade onde eu havia estado antes, mas parecia um lugar muito real. Então, ouvi um som de sirene à minha direita e vi uma ambulância branca, com luzes piscando, costurar o seu caminho através do tráfego. Foi a essa altura que toda a imagem desapareceu; ela não se desvaneceu, apenas se desligou. O mais estranho, porém, era o meu estado de espírito imediato. Enquanto durou a "visão", não tive a experiência de um estado de individualidade. Eu era simplesmente um puro ser. Foi somente quando voltei que novamente recuperei a pessoa conhecida como Anthony Peake. Foi uma sensação muito estranha, mas que decidi guardar para mim.

Poucas semanas depois, aconteceu de novo. Desta vez, eu estava olhando para cima, observando, através de uma mesa de vidro, uma mulher de meia-idade majestosamente vestida com um enorme chapéu cor-de-rosa, colocando um copo e um pires sobre a mesa transparente. Meu pensamento inicial foi "que ângulo estranho", porém, mais uma vez, eu não tinha noção de que era "Anthony Peake" que fazia a observação. Essa experiência não durou tanto quanto a primeira e a imagem desapareceu em poucos segundos. Na verdade, conforme o tempo progredia e eu tinha mais dessas "alucinações", percebi que precisava "vê-las" a partir de um estado de dissociação. No momento em que eu me tornava autoconsciente de mim mesmo como observador, elas paravam.

Por acaso, deparei-me com uma referência a um fenômeno conhecido como imagens hipnagógicas. Descobri que não estava sozinho e que uma pequena minoria de pessoas compartilhava minhas "visões" noturnas. Descobri que alguns, como eu, as vivenciam assim que vão dormir, e outros ao acordar; imagens hipnopômpicas é o termo para a mesma sensação que o sujeito tem quando desperta do sono.

Agora eu tenho essas alucinações regularmente, mas nunca com a intensidade das duas primeiras, imagens que ainda são tão intensas agora como foram nas noites em que aconteceram, há tantos anos. Na verdade, há muito tempo eu me pergunto sobre a localização da cidade "espanhola". Ao visitar Madri, há alguns anos, tive uma vaga impressão de reconhecimento quando fiquei hospedado em um apartamento perto de uma grande praça no centro da cidade. Essa praça me lembrou o lugar hipnagógico, mas não era realmente uma imagem precisa. No entanto, ainda estou certo de que se tratava de um lugar real.

As imagens que percebemos durante um estado hipnopômpico ou hipnagógico são sem dúvida geradas pela mente subconsciente, enquanto a própria consciência paira naquela região limítrofe entre estar acordado e adormecido. É como se as imagens oníricas abrissem caminho para o mundo da vigília e, ao fazê-lo, nos permitissem obter um vislumbre do lugar onde os sonhadores lúcidos vão durante toda a noite. Poderia acontecer que nesse estado o próprio cérebro já estaria dormindo, enquanto a mente ainda permanece acordada? Se for esse o caso, então o estado conhecido como sono REM poderia ser capaz de lançar alguma luz sobre esse estado misterioso.

A sigla REM significa "*rapid eye movement*" (movimento rápido dos olhos), um período durante o ciclo de sono dos seres humanos (e de alguns animais) quando se vê os olhos movendo-se rapidamente de um lado para o outro sob a pálpebra. Esse fenômeno foi observado pela primeira vez por Eugene Aserinsky, um estudante de graduação da Universidade de Chicago no início da década de 1950. Aserinsky estava monitorando os padrões de sono de bebês quando percebeu que, em determinados intervalos de tempo durante o ciclo do sono, os olhos dos bebês, de repente, começavam a fazer movimentos rápidos, enquanto, em outros intervalos, eles não mostravam nenhum movimento. Trabalhando com um colega, Nathaniel Kleitman, ele expandiu seus estudos para os adultos. No entanto, diferentemente dos bebês, os adultos têm mais dificuldade para dormir em circunstâncias incomuns, como sob as luzes brilhantes em um laboratório. Para ajudar a decidir se o sono estava se instalando, eles resolveram ligar seus sujeitos a um eletroencefalógrafo (EEG). Então, muito por acaso, eles criaram uma situação que lhes permitiu observar e registrar a atividade do cérebro desde quando os movimentos dos olhos começavam. Para sua grande surpresa, eles descobriram que esses movimentos correspondiam perfeitamente a uma mudança na atividade elétrica do cérebro. A partir do típico estado de sono, a atividade mudava para a de uma pessoa totalmente desperta logo que a fase REM começava. Como Kleitman posteriormente descreveu: "Essas mudanças sugeriam algum tipo de perturbação emocional, tal como a que poderia ser causada pelo sonho". Esse comentário se comprovaria muito perceptivo. Com seu colega Bill Demmont, os dois pesquisadores concordaram em que a melhor maneira de comprovar a suspeita de Kleitman era acordar os sujeitos tão logo o episódio REM começasse. Os resultados foram animadores: 70% das pessoas acordadas dessa maneira relataram que estavam sonhando imediatamente antes de serem despertadas.

Desde aquela época, a associação entre a atividade REM e o sonho foi solidamente confirmada, mas foi apenas em 2007 que um novo ângulo sobre esse assunto foi apresentado à comunidade científica. Um artigo intitulado "Out of Body Experiences and Arousal" e escrito por Kevin Nelson, Michelle Mattingly, Sherman Lee e Frederick Schmitt foi publicado na edição de abril do periódico *Neurology*. Nesse artigo, os pesquisadores apresentaram evidências indicando que o fenômeno REM poderia estar diretamente ligado a estados ecsomáticos.

Os pesquisadores denominaram essa experiência de "Intrusão do Sono REM". Eles sugeriram que pode haver circunstâncias nas quais uma pessoa pode *pensar* que está acordada, mas, na verdade, ela não apenas está dormindo, como também se encontra em um estado de sonho REM. Eles sugerem duas formas. A primeira é a paralisia no sono. É o lugar onde a pessoa sente que está paralisada e, em alguns casos, não consegue respirar. A segunda forma envolve alucinações relacionadas com o sono, como as experiências hipnagógicas e hipnopômpicas que aconteceram comigo e que eu descrevi no início deste capítulo.

Poderia a Intrusão REM ser usada para explicar os curiosos estados ecsomáticos gravados pela International Academy of Consciousness em seu *campus* de pesquisa em Portugal? Você deve se lembrar de que os voluntários são colocados em estado de privação sensorial nas instalações conhecidas como Projectarium e Immobilitarium. Depois de permanecer algumas horas nesse estado, muitos voluntários relatam deixar o corpo e visitar outros locais. Poderiam essas experiências ser atribuídas a uma condição criada pelo cérebro e na qual a pessoa está dormindo, mas ainda consciente?

Se isso estiver correto, então o que essas experiências sugerem é que o próprio cérebro pode armazenar memórias em um formato apropriado para poderem ser gravadas e reproduzidas de maneira semelhante a um filme ou um DVD. Como resultado disso, deve haver evidências de que o cérebro é capaz de executar esse processo quando estimulado a fazê-lo.

Olaf Blanke e as Percepções Ecsomáticas

Em 2002, um procedimento revolucionário foi realizado em um hospital na Suíça. A paciente era uma mulher de 43 anos que havia sofrido ataques epilépticos graves durante onze anos. Os cirurgiões implantaram mais de cem eletrodos em todo o crânio da paciente, permitindo que os médicos estimulassem eletronicamente várias áreas do seu cérebro e, ao fazê-lo, desenhassem um mapa muito detalhado de sua atividade e seu funcionamento cerebrais. Em particular, um eletrodo fora colocado acima do lobo temporal direito da paciente. Adjacente a essa área, há um local conhecido como giro angular, que se considera responsável pela linguagem, matemática e cognição.

Quando esse eletrodo particular foi ativado, a mulher imediatamente informou que estava flutuando acima do seu próprio corpo e olhando para baixo, para si mesma. Como os eletrodos são ligados apenas durante dois segundos de cada vez, os médicos foram capazes de mudar rapidamente para outro eletrodo localizado em outro lugar de seu cérebro. Quando o fizeram, a experiência ecsomática cessou. Em seguida, testaram o efeito, voltando ao eletrodo do giro angular para verificar se o efeito se repetia. Sim, ele se repetiu. Ficou claro que a mulher não estava fingindo essa sensação. Qualquer um dos mais de cem eletrodos podia ser ativado, mas ela só informou corretamente a sensação fora do corpo quando esse eletrodo específico foi ativado.

Esse resultado intrigou um dos neurologistas do grupo, o dr. Olaf Blanke. Ele estivera envolvido na aplicação desse procedimento durante um período de sete anos e nunca havia encontrado uma resposta tão peculiar. Ele tinha certeza de que essa resposta estava relacionada com a maneira pela qual o cérebro processa a posição e a localização do corpo. Ele chegou a essa conclusão porque, na mesma sessão, mais uma vez, quando o mesmo eletrodo foi ativado, a mulher gritou com medo e afirmou que ela "viu" suas pernas encurtando e também "viu" seus joelhos prestes a bater em seu rosto.

Há muito tempo já se sabia que o giro angular também é responsável pela percepção espacial, de modo que, no que se refere àquilo que intrigava Blanke, o eletrodo havia provocado confusão na maneira como o giro angular processava a percepção que a paciente tinha da posição do seu corpo no espaço. Estimulado por esse evento, Blanke decidiu tentar uma reprodução das circunstâncias sob condições controladas em laboratório.

Ele concluiu que a localização real do efeito foi a junção temporoparietal (JTP) direita e decidiu focalizar seu trabalho nessa parte do córtex cerebral. A intenção de Blanke era gerar uma sensação ecsomática embaralhando as sensações táteis do sujeito e, ao fazê-lo, enganar o cérebro fazendo-o pensar que o corpo estava em outro lugar. Ele e seus colaboradores publicaram seus resultados na revista *Nature* em 2002.[45]

Blanke continuou seus experimentos na École Polytechnique Fédérale de Lausanne, na Suíça. Fazendo um uso engenhoso da tecnologia moderna, ele manteve o sujeito sentado em uma cadeira; atrás do sujeito, havia uma câmera de vídeo filmando a vista por trás. Um dispositivo para "realidade virtual" foi então ajustado na cabeça do sujeito. Nesse dispositivo, colocado aparentemente no campo visual frontal do sujeito, estava a imagem vinda da câmera de TV por trás dele. Então, na verdade ele estava olhando para suas próprias costas localizadas na frente deles. Em seguida, um dos experimentadores acariciava as costas do sujeito. O sujeito tinha a sensação de que não estava mais em seu próprio corpo e que sua consciência havia se transferido para o corpo ilusório em seu próprio campo de visão.

É claro que essa é uma posição muito peculiar para se estar. Estamos acostumados a olhar para nós mesmos em um espelho, mas essa imagem é invertida e, na verdade, ela nos encara. No experimento de Blanke, a imagem do corpo projetada estava exatamente na mesma posição do corpo real do sujeito. Quando o sujeito se movia, a imagem também o fazia, não como uma imagem de espelho, invertida, mas como uma reprodução precisa no espaço à frente do corpo real.

Em seguida, ele introduziu um outro experimento em que vendava os olhos dos voluntários imediatamente depois que realizavam o procedimento acima. Ele os guiava alguns passos para trás e, em seguida, pedia-lhes para que caminhassem de volta para a sua localização espacial original. Cada sujeito ficava confuso e caminhava para a frente até o local onde o corpo ilusório havia sido percebido em vez de ir até o local real que tinha sido ocupado pelo corpo real.

No entanto, Blanke tinha reproduzido apenas parcialmente a sensação ecsomática. Os sujeitos percebiam a si mesmos fora de seus corpos, mas não tinham a sensação de ver o seu próprio corpo a partir dessa posição. Uma experiência semelhante, que foi realizada na Universidade College, em Londres, sob a orientação de Henrik Ehrsson, do Instituto Karolinska de Estocolmo, também conseguiu reproduzir essa sensação.

Ehrsson reproduziu um *layout* semelhante ao de Blanke, mas acrescentou a complexidade da percepção binocular estéreo. Em vez de usar uma câmera por trás do voluntário, havia duas, colocadas perto uma da outra, 1,8 metro atrás do voluntário. Este usava óculos conectados às duas câmeras; a câmera à esquerda projetava para o olho esquerdo e a câmera direita para o olho direito. Como resultado, o voluntário via suas próprias costas em uma imagem tridimensional segundo a perspectiva de uma pessoa sentada 1,8 metro atrás dela. Então, um experimentador acariciava o tórax do voluntário com uma vareta durante um período de dois minutos. Enquanto isso acontecia, uma segunda vareta era movimentada na frente e ligeiramente abaixo da lente da câmera. A posição da segunda vareta era tal que ela parecia estar acariciando um tórax "virtual" localizado na mesma posição somática que a primeira vareta em relação ao tórax real do voluntário. Os voluntários tinham a sensação de não apenas estarem desencarnados, mas também de ver o seu próprio corpo a distância. Ehrsson parecia ter conseguido reproduzir plenamente uma sensação ecsomática por meios artificiais.

A princípio, achei esses casos particularmente eficazes como explicações sobre a base neurológica da experiência ecsomática. No entanto, um breve período de reflexão me tornou menos convencido. Em relação ao experimento de Blanke, o sujeito não conseguiu perceber o único elemento de importância crucial que perturba as pessoas quando elas sentem estar fora do seu *soma* – elas veem seu próprio corpo na frente delas. Concordo que Ehrsson consiga reproduzir uma sensação semelhante, porém, mais uma vez, se essa for considerada objetivamente, ele na verdade não reproduziu qualquer coisa do tipo. A "imagem" do corpo no espaço foi reproduzida por uma imagem de TV. Essa imagem era um fac-símile, que foi apresentado ao campo visual do voluntário. Como tal, ele "via" uma imagem de TV de seu próprio corpo, nada mais. Tanto quanto eu percebi, essa montagem não leva em consideração o mecanismo por meio do qual, em uma genuína experiência ecsomática, o sujeito, sem a ajuda de uma câmera de TV atrás dele, ainda vê um corpo no espaço tridimensional à sua frente.

Outro problema surge do fato de que em todos os casos de experiências ecsomáticas sobre as quais já li, ou que me foram narradas por pessoas que as vivenciaram, o corpo deixado para trás na cama, ou em qualquer outro lugar, não é visto por trás exatamente na mesma posição em que se percebe que o "corpo astral" está. Meu colega escritor Herbie Brennan descreve uma experiência que não pode ser explicada por nenhum dos experimentos acima. Ele acordou e se levantou da cama para ir ao banheiro. Quando olhou para trás, viu alguém dormindo na cama com sua mulher. Voltou para a cama e percebeu que a pessoa que estava dormindo era ele mesmo. Olhou para seu próprio rosto por cima dos cobertores. Note que ele não estava olhando para a parte de trás de sua cabeça e do seu corpo; na cama, ele estava obviamente em uma posição muito diferente da do corpo astral de Herbie, que estava de pé olhando para baixo. No início deste livro, citei o caso do soldado em Malaia (hoje Malásia). Quando descreveu o evento na BBC Merseyside, ele foi muito preciso. Viu-se sentado na cama olhando para o local onde estava o seu "corpo astral". Novamente, essa não era, de modo algum, a mesma posição em que ele sentiu que estava.

Portanto, concordo com o fato de que o giro angular pode ser o local em que essa sensação é criada, mas não da maneira proposta por Blanke e Ehrsson.

Curiosamente, Blanke descobriu que diferentes sensações eram percebidas dependendo do giro angular que fosse estimulado, o esquerdo ou o direito. Quando era o direito, o sujeito se sentia como se estivesse flutuando perto do teto e olhando para baixo em direção ao chão. No entanto, o estímulo do giro angular esquerdo produzia a sensação de que havia uma figura sombria espreitando logo atrás do sujeito.

Essa "figura sombria" não é exclusiva do trabalho de Olaf Blanke; uma percepção semelhante foi relatada pelos sujeitos de uma série de experimentos realizados na Universidade Laurentian, em Sudbury, no Canadá, a partir do fim da década de 1980 em diante.

Esses experimentos controversos realizados pelo neurologista cognitivo norte-americano Michael Persinger sugeriram que experiências religiosas e místicas poderiam ser geradas pela estimulação dos lobos temporais do cérebro. Persinger e seus colaboradores canadenses projetaram um dispositivo que hoje se tornou popularmente conhecido como "capacete de Deus". Essa peça para a cabeça de nome tão pomposo era, de fato, um capacete de *snowmobile* modificado contendo uma série de *loops* de fios elétricos que geravam campos eletromagnéticos fracos.

O capacete era colocado na cabeça do sujeito e os solenoides geradores de campo magnético eram ligados. De acordo com Persinger, pelo menos 80% dos sujeitos relataram uma sensação muito semelhante à dos pacientes de Blanke e Ehrsson; uma sensação esmagadora de que havia uma presença na sala com eles. Outros relataram que podiam perceber uma figura sombria e amedrontadora espreitando na parte interna de uma extremidade do seu campo de visão.

O que acontece quando o cérebro é estimulado dessa maneira? Sem dúvida, tal estímulo é artificial, pois são necessários mecanismos externos para produzir esses estados alterados. No entanto, também fica claro que esses estados são muito "reais" no que diz respeito à experiência do sujeito ou paciente. Em nenhum momento, qualquer dos pacientes de Blanke ou Persinger afirmou que estava ciente de que se tratava apenas de sua mente "pregando peças". Eram percepções genuinamente assustadoras, possíveis vislumbres de uma realidade alternativa na qual esses seres têm existência própria.

Tais sensações e percepções têm sido relatadas durante séculos. As pessoas se encontram com entidades alienígenas, algumas amigáveis, outras mal-intencionadas. O processo de encontrar essas realidades alternativas funcionava de maneira muito semelhante aos procedimentos de laboratório do fim do século XX, mas os caminhos que levavam a esses estados alterados não eram mecânicos, mas químicos. É para o mundo das drogas que alteram a mente que nós agora voltaremos a nossa atenção na busca por compreender a experiência ecsomática.

CAPÍTULO 9

O Caminho Psicodélico

COMO JÁ DISCUTIMOS, o famoso experimentador ecsomático Robert Monroe afirmou que há três tipos de lugar a que a mente humana pode ter acesso durante estados ecsomáticos. Ele os chamou de Locais (*Locales*). O Local 1 é o mundo que percebemos com nossos sentidos comuns; é o mundo que nós compartilhamos com outras pessoas e que nos parece constante e sólido. No Local 1, o tempo é linear e flui do futuro para o presente, e daí para o passado. O Local 2 é o lugar para onde todos nós vamos nos sonhos e é fortemente autocriado, mas, mesmo assim, ainda tem uma existência independente do "observador". O Local 3 é o próximo nível e é um lugar que parece fisicamente real. Na verdade, Monroe especulou que os seres que habitam esse lugar vivem vidas quase paralelas às nossas. Ele até mesmo sugeriu que no Local 3 podemos encontrar nossos próprios duplos (*doppelgangers*), talvez muitos deles vivendo vidas ligeiramente diferentes em planos de existência alternativos.

Sou da opinião de que Monroe estava, sem dúvida, viajando para lugares muito reais e que seus "Locais" fazem sentido lógico quando revisados à luz de pesquisas modernas sobre a natureza e os poderes de drogas que alteram a mente. Será que quando uma pessoa se desloca para um "estado alterado de consciência" (EAC), seja por meio de uma mudança espontânea no processamento cerebral, seja por efeito de substâncias psicodélicas, ela realmente ingressa em um dos Locais de Monroe?

A fim de apreciar a força desse argumento, precisamos ter uma compreensão básica sobre como o cérebro funciona, particularmente com relação aos seus processos eletroquímicos.

A Porta de Entrada

Não mais do que alguns centímetros atrás dos seus olhos encontra-se o objeto singularmente mais complexo do universo – o seu cérebro. Mas como ele opera a sua magia? Até mesmo atualmente, nos primeiros anos do século XXI, grande parte do conhecimento a respeito dessa maravilhosa peça de engenharia orgânica ainda é um mistério. Não temos ideia de como ele faz muitas coisas, inclusive o maior mistério de todos: como ele cria a percepção autoconsciente.

Se examinarmos uma delgada fatia de tecido cerebral através de um poderoso microscópio, veremos uma densa rede de células. A maioria delas será constituída daquilo que chamamos de "células gliais". Parece que o papel delas é simplesmente o de manter "colada" a estrutura do cérebro, garantindo assim que ele conserve a sua forma. No entanto, como pontos espalhados em meio a essas células gliais, em uma proporção de aproximadamente 1 para cada 10 delas, estão os neurônios – células adaptadas para enviar, receber e transportar impulsos elétricos. Cada neurônio tem uma seção central, geralmente em forma de estrela, onde se encontra o núcleo da célula. Espalhadas para fora desse corpo central há fios longos e finos, semelhantes a gavinhas, que podem variar de 1 milímetro a 1 metro de comprimento. Essas "gavinhas" se estendem para fazer contatos neurais e podem receber sinais eletroquímicos de até 10 mil outros neurônios, ou a eles enviar seus sinais.

Quando uma célula nervosa é ativada, ou disparada, uma corrente elétrica percorre a fibra nervosa e libera uma substância química chamada neurotransmissor.

Há muito tempo se suspeitava da existência de neurotransmissores, e embora essa existência fosse confirmada já na década de 1930, foi apenas na década de 1960 que o seu papel foi plenamente compreendido. Até hoje, mais ou menos 50 deles foram isolados, sendo os mais importantes a serotonina, a noradrenalina, o glutamato e um grupo de opiáceos analgésicos chamados endorfinas. Essas substâncias químicas podem ter um efeito acentuado sobre o estado de ânimo e o temperamento. Ao se estimular a criação interna desses neurotransmissores, toda a personalidade de um indivíduo pode ser alterada.

Então, como eles funcionam? Em palavras simples, os neurotransmissores são os agentes químicos liberados pelos neurônios para estimular outros neurônios e, no processo, transmitir impulsos de uma célula para outra. Por sua vez, isso facilita a transferência de mensagens ao longo de todo o sistema nervoso. O local onde os neurônios se encontram é denominado sinapse, e consiste no terminal axônico (extremidade transmissora) de uma célula e nos dendritos (extremidade receptora) da célula seguinte. Entre os dois neurônios, há uma lacuna microscópica chamada fenda sináptica. Quando um impulso nervoso chega ao terminal axônico de uma célula, uma substância química é liberada através da membrana perto da sinapse. Então, essa substância viaja ao longo da lacuna, em uma questão de milissegundos, para chegar à membrana pós-sináptica do neurônio adjacente. Essa liberação química é estimulada pela atividade elétrica da célula. Do outro lado da fenda, na extremidade do dendrito receptor, existem áreas especializadas que atuam como zonas de ancoragem para neurotransmissores particulares. Elas são conhecidas como "receptores". É útil visualizar os receptores como docas em um porto; às vezes, eles estarão abertos para deixar entrar os navios contendo cargas e às vezes estarão fechados e os navios não poderão descarregar suas mercadorias.

Se a substância química neurotransmissora recém-chegada recebe a permissão de entrar na doca, ela é livre para "instruir" o dendrito a enviar um sinal particular até o seu núcleo, e daí para os seus próprios axônios. Quando faz isso, ela é chamada de excitatória. Às vezes, o efeito do(s) neurotransmissor(es) liberado(s) pelo axônio pré-sináptico consiste em inibir, e não em excitar, o dendrito pós-sináptico. Nesse caso, diz-se que o neurotransmissor é inibitório.

Ao longo dos anos, novas substâncias químicas foram adicionadas à lista de substâncias que podiam atuar como neurotransmissores. Recentemente, no entanto, uma série de descobertas sugere que alguns neurotransmissores podem ter funções que indicam que a consciência talvez tenha acesso a níveis de percepção acima e além do mundo material apresentado pelos cinco sentidos.

O Caso do Glutamato/Quetamina

Há muitas diferentes substâncias químicas que atuam como neurotransmissores ao longo de todo o sistema nervoso humano. O glutamato é uma dessas substâncias químicas especializadas; tecnicamente falando, seu nome é monoamida do ácido glutâmico. A maioria dos grandes neurônios do córtex cerebral usa o glutamato como seu neurotransmissor. Ele é o principal mensageiro químico nos lobos temporal e frontal, e tem importância central para o funcionamento do hipocampo. O glutamato desempenha um papel essencial nos processos cognitivos que envolvem o córtex cerebral, inclusive no pensamento e na formação de memórias e em sua recordação, e a importância de seu papel na percepção também é vital.

Quando as células cerebrais começam a morrer em consequência de carência de oxigênio (hipoxia), de uma redução no fornecimento de sangue (isquemia) e, significativamente, durante um ataque epiléptico, elas são estimuladas a liberar grandes quantidades de glutamato.[46]

Uma pesquisa realizada por Karl Jansen, no Maudsley Hospital, em Londres,[47] e o subsequente resumo dos resultados dessa pesquisa[48] apoia sua afirmação de que o anestésico alucinógeno quetamina pode reproduzir todas as características tanto da EFC (experiência fora do corpo) como da EQM (experiência de quase morte), que são estreitamente relacionadas. Essas características incluem viagens rápidas por túneis escuros que levam para dentro da luz, visões de um ser ou seres, experiências fora do corpo, estados místicos e recordações. Em uma monografia a respeito dos efeitos gerais das drogas psicodélicas, Jansen descreve os efeitos da quetamina:

> [...] tornar-se uma mente ou alma desencarnada, morrer e ir para outro mundo. Eventos de infância também podem ser revividos. A perda de contato com a realidade comum e a sensação de participar de outra realidade são mais pronunciadas e a resistência a essas experiências é geralmente menor do que no caso do LSD. As experiências dissociativas muitas vezes parecem tão genuínas que os usuários não têm certeza se de fato deixaram ou não seus corpos.[49]

É interessante notar que lembranças da infância são parte dos efeitos experimentados sob a influência da quetamina.

A quetamina, uma vez no cérebro, prende-se a um receptor de glutamato denominado receptor de N-metil-D-aspartato ou, abreviadamente, receptor de NMDA. Prosseguindo com nossa analogia com portos e docas, é útil imaginar esses receptores como minúsculos portos onde há várias docas. Na verdade, o que a quetamina faz é bloquear o porto, impedindo assim que qualquer glutamato atinja seus receptores. Em geral, o glutamato não é prejudicial, mas, sob certas circunstâncias, grandes quantidades são geradas, causando uma situação denominada inundação de glutamato. As circunstâncias que levam a uma inundação de glutamato são épocas de ameaça ou de crise extrema, em particular uma situação em que haja ameaça à vida. No entanto, é contraproducente a ocorrência de uma inundação de substâncias químicas potencialmente prejudiciais no cérebro, especialmente se a situação que parecia ameaçar a vida se revelar como um alarme falso.

Evidências têm demonstrado que a quetamina evita danos neurotóxicos ao bloquear o receptor de NMDA e, desse modo, impedir que o glutamato se espalhe de célula para célula. Como droga psicodélica, a quetamina também provoca efeitos psicológicos semelhantes aos de uma EQM típica. Jansen acredita que, durante um evento natural de quase morte, a inundação de glutamato é impedida de ocorrer pela geração interna de uma substância que protege os receptores de NMDA ao se ligar a uma das "docas" do "porto" desses receptores. Essa "doca" é chamada de receptor de PCP.* Essa substância, por sua própria natureza, tem um efeito muito semelhante ao da quetamina sobre o estado psicológico da pessoa envolvida. É uma droga endógena (criada internamente) que atua como gatilho para experiências de quase morte naturais.

Em 1984, foram encontradas no cérebro substâncias endógenas que se ligam ao receptor de PCP, e uma delas era um peptídeo chamado alfa-endopsicosina.[50] Os peptídeos constituem um grupo peculiar de neurotransmissores descobertos na década de 1970. Encontrados inicialmente

---

* O PCP, abreviação de "fenilciclidina", popularmente conhecido como "pó de anjo" ou "poeira da lua", substância alucinógena que foi patenteada em 1952 pela Parke-Davis e passou a ser utilizada comercialmente como anestésico a partir dessa década. (N.T.)

apenas no intestino, causou grande surpresa no ambiente científico a descoberta de sua presença também no cérebro. Porém, ainda mais curioso foi o fato de que pequenas quantidades de um tipo (TRH – Treonina) podem induzir estados de euforia, e por isso essa substância tem sido usada como antidepressivo. Outro tipo, denominado betaendorfina, causa rigidez muscular e imobilidade (catatonia), enquanto ainda outro, maravilhosamente batizado como "hormônio liberador do hormônio luteinizante" (LHRH) tem a reputação de estimular a libido. O peptídeo alfaendopsicosina é membro de um grupo cada vez maior de drogas geradas internamente, denominadas morfinas endógenas (nomenclatura abreviada para "endorfinas"). Essas substâncias são opiáceos produzidos pelo próprio corpo, e, além de atuarem no controle da dor, também podem trazer euforia e alucinações. Até a descoberta da alfaendopsicosina, embora se acreditasse que as endorfinas fossem responsáveis, de alguma maneira, pelas EQMs,[51,52] descobriu-se que lhes faltava a potência necessária para causar tais efeitos de poderosa alteração da percepção. Demonstrou-se que as endorfinas que são secretadas em resposta ao estresse aumentam de modo repentino e diminuem muito lentamente, ao longo de várias horas – tempo provavelmente mais longo do que uma EQM típica.

Sabemos agora que as endopsicosinas têm exatamente o mesmo efeito que a quetamina de interromper a inundação de glutamato. Como tais, é razoável acreditar que as condições que desencadeiam uma experiência ecsomática também podem desencadear uma inundação de endopsicosina para proteger as células. Por isso, a experiência fora do corpo poderia ser considerada como um efeito colateral causado por uma reação puramente física.

Nos últimos dez anos, foram realizados desenvolvimentos com uma série de descobertas pouco conhecidas, as quais sugerem que o glutamato não está sozinho na produção desse efeito. É provável que tenha sido descoberta uma via ainda mais poderosa por meio da qual o cérebro pode abrir outra porta para universos paralelos. Na minha opinião, essa talvez seja uma das descobertas mais significativas dos tempos modernos, uma descoberta que, finalmente, talvez consiga nos oferecer uma explicação neuroquímica para a experiência ecsomática. Essas descobertas envolvem uma intrigante molécula conhecida como dimetiltriptamina.

Em 1972, Julius Axelrod, Prêmio Nobel de Química, estava analisando uma amostra de tecido do cérebro humano quando descobriu uma substância que não tinha razão para estar lá. Era a dimetiltriptamina, que, como o próprio nome sugere, é membro da família das aminas. Descobriu-se que as aminas eram importantes nas células de invertebrados, como os insetos, mas pensava-se que elas não tivessem qualquer função dentro das células de animais superiores, como os mamíferos. Em 1965, já havia sido descoberta a presença da dimetiltriptamina no sangue humano, mas constatar sua presença também no cérebro humano levantou algumas questões muito intrigantes. Isso significava que ela possuía algum tipo de função neurológica, que nessa época era totalmente misteriosa. Como era uma amina, ela não tinha receptores conhecidos dentro dos neurônios e, portanto, não poderia ser considerada um neurotransmissor.

No entanto, em 2001, uma nova família de receptores foi descoberta no cérebro de todos os mamíferos. Testes mostraram que eles se ligam com as aminas, como a dimetiltriptamina, e são ativados por elas. A existência desses receptores associados com traços de aminas (TAARs, *trace amine-associated receptors*) confirmou a suspeita de que os traços de aminas atuavam como neurotransmissores no cérebro dos mamíferos.

Em fevereiro de 2009, um artigo foi publicado no periódico acadêmico *Science*. Nele, Arnold Ruoho, professor catedrático de farmacologia da Universidade de Wisconsin-Madison, descreveu como sua equipe estava procurando quaisquer moléculas que se ligassem a um receptor conhecido como sigma-1. Para sua surpresa, descobriram que esse receptor é ativado pela dimetiltriptamina.[53]

O mistério de 37 anos tinha sido resolvido. A dimetiltriptamina foi encontrada no cérebro porque desempenhava um papel importante no funcionamento neuroquímico dele. Se o receptor sigma-1 tinha evoluído para permitir o acesso a essa substância química, então uma conclusão era inevitável – a dimetiltriptamina é um neurotransmissor gerado internamente e que evoluiu dentro do cérebro para uma finalidade específica. A pergunta que os neurologistas estão formulando atualmente é esta: "Qual é essa finalidade?"

A razão pela qual a resposta a essa pergunta é tão fascinante é um fato muito bem conhecido a respeito da dimetiltriptamina, ou DMT, como é mais popularmente conhecida: o DMT é a droga alucinógena mais poderosa conhecida pelo homem, e o nosso cérebro cria essa droga naturalmente. A pergunta é: "Por quê?"

Strassman e o DMT

Drogas que alteram a mente são conhecidas pelos seres humanos há centenas, se não milhares, de anos. Até mesmo as culturas mais isoladas parecem descobrir rapidamente quais plantas podem produzir efeitos psicodélicos. No entanto, sem exceção, essas drogas são extraídas de suas fontes materiais se essas forem fumadas ou ingeridas, ou por meio de outros processos de extração química. Sem dúvida, essas substâncias são estranhas ao corpo humano e, em particular, ao cérebro humano. Fumar ou ingerir essas drogas pode ser perigoso, e isso simplesmente porque o corpo humano não foi projetado para lidar com quaisquer efeitos colaterais.

O corpo humano, por outro lado, tem evoluído ao longo de centenas de milhões de anos. Ele funciona como uma máquina bem lubrificada. Todos os seus componentes trabalham juntos para garantir que tudo corra bem. É claro que, às vezes, o próprio corpo usa drogas que ele ministra a si mesmo, mas isso geralmente pode ser atribuído a substâncias externas ou a formas de vida tais como micróbios ou vírus, que provocam um mau funcionamento do sistema. Cada substância gerada pelo corpo tem um propósito dentro do esquema geral das coisas.

A dimetiltriptamina foi isolada pela primeira vez em 1931 por um químico britânico. Na época, ela foi notada apenas como mais uma substância química, entre tantas outras, mas 25 anos depois um químico húngaro chamado Stephen Szara descobriu que ela tinha propriedades psicotrópicas de grande e profunda intensidade. "Psicotrópicas" é o termo científico para uma expressão muito mais popular: "alteradoras da mente". Essa droga poderia de fato brincar com a mente como nenhuma outra substância era capaz de fazer.

É curioso observar que o DMT pode ser encontrado ocorrendo naturalmente na pele de sapos, especificamente na do sapo-cururu das Américas do Sul e Central. Então, se você realmente quer ter uma experiência psicodélica, tudo o que você precisa fazer é lamber um sapo! Eu me pergunto se não seria essa a fonte de histórias sobre mulheres jovens beijando sapos e descobrindo que eles se transformam em belos príncipes.

Mas o fato mais fascinante é que também se descobriu que o DMT é o principal ingrediente ativo da ayahuasca, bebida que tem sido usada por tribos indígenas da Amazônia há séculos para produzir profundos estados fora do corpo e facilitar a comunicação com os deuses.

Foram informações como essas que fascinaram o dr. Richard Strassman, professor-associado de psiquiatria da Faculdade de Medicina da Universidade do Novo México. O dr. Strassman estava ansioso para compreender exatamente o que acontecia quando o DMT assumia o controle da consciência.* Havia muito tempo ele suspeitava de que quando uma

---

* Strassman publicou seus resultados em uma obra fundamental, não apenas pelo que a levou a ser considerada um dos estudos mais abrangentes e bem documentados já publicados sobre o assunto, talvez o melhor depois dos clássicos de Huxley e McKenna, mas também pelas perspectivas que abriu ao relacionar a experiência do DMT com as EQMs, EFCs, sonhos

pessoa se aproxima da morte, a glândula pineal libera DMT, e, ao fazer isso, gera a clássica experiência de quase morte (EQM), mais especificamente, os elementos ecsomáticos desse estado enigmático.

Como já vimos, a glândula pineal esteve associada a experiências ecsomáticas durante séculos. No fim do século XIX, a fundadora da teosofia, Helena Blavatsky, sugeriu que esse órgão poderia ter profunda importância para o desenvolvimento espiritual da humanidade, e na década de 1920, Hereward Carrington e Sylvan Muldoon a associaram diretamente ao estado ecsomático. Como já discutimos, foram os escritos de Muldoon e Carrington que estimularam Tom Campbell e seu colega Dennis Mennerich do Instituto Monroe a submeter esse órgão fascinante a um campo elétrico e, ao fazê-lo, desenvolver algo conhecido como o Hemi-Sync®.

Mas, para Strassman, essa era simplesmente uma pesquisa neuroquímica. Estaria a glândula pineal, indagava ele, envolvida na produção de DMT e como isso poderia ser medido?

Em primeiro lugar, ele queria analisar os efeitos psicológicos do DMT advindo de uma fonte externa sobre um grupo de voluntários humanos. Em 1991, ele passou a pôr em prática o primeiro programa de pesquisas psicodélicas realizado nos Estados Unidos desde 1970. Ele recebeu instalações de laboratório na Faculdade de Medicina do Novo México, em Albuquerque. Ele tinha 60 voluntários e, durante um período de cinco anos, administrou 400 doses de DMT. Durante esse longo período, ele observou e recebeu *feedback* dos voluntários sobre o que estava ocorrendo a eles quando o DMT assumia o controle.

---

lúcidos, experiências místicas naturais e até mesmo abduções alienígenas: *DMT: The Spirit Molecule*, disponível para download no site: http://www.organiclab.narod.ru/books/DMT-The-spirit-molecule.pdf e que, em 2010, foi transformado em um excelente documentário que o próprio Strassman ajudou a produzir, e que pode ser encontrado no YouTube em versão legendada em português: *DMT: A Molécula do Espírito*. (N.T.)

O que ele descobriu foi de grande importância em nossa tentativa de compreender o que está realmente ocorrendo quando alguém tem uma experiência ecsomática. Muitos dos voluntários de Strassman relataram a sensação de sair do corpo e se encontrar em outro local. Esse local era tão real para eles quanto o mundo consensual que eles tinham deixado para trás.

Strassman esperava essa reação. Ele também não se surpreendeu ao constatar que muitos dos seus voluntários relataram experiências muito semelhantes às EQMs. No entanto, o que ele não esperava era a presença de relatos frequentes nos quais os sujeitos se encontravam com outros seres, aparentemente sencientes e automotivados. Era fascinante constatar que esses seres se assemelhavam aos descritos por Robert Monroe, que ele viu em suas "visitas" ao Local 2. Eles assemelhavam-se a elfos ou palhaços e mostravam grande interesse em saber como os voluntários acabaram chegando àquele lugar. Uma constante particularmente perturbadora era o fato de que essas entidades tornavam sua presença sensível apenas alguns segundos depois que o efeito da droga se manifestava.*

Um dos aspectos mais consistentes e relatados com mais frequência, e que os praticantes de viagens fora do corpo e de visão remota fazem questão de destacar, é o fato de que os lugares para onde eles "viajam" são absolutamente reais, pois eles não têm nenhuma sensação de sonhar. O estado ecsomático é, até onde se estendem as percepções em geral, idêntico ao mundo

---

* Essa rapidez, bem como a brevidade do efeito do DMT (cerca de apenas 5 minutos, sem efeitos colaterais nem sequelas), aliada ao seu tremendo impacto espiritual (quase instantaneamente, quem o fuma é projetado em um espaço imaginal vivenciado como mais concreto e rico em detalhes que o da experiência cotidiana), e que se manifesta em uma experiência de impacto suficiente para mudar uma visão de mundo em um piscar de olhos, levou Terence McKenna, etnobotânico estudioso das substâncias psicodélicas enteógenas (isto é, geradoras de experiências espirituais profundas), a prognosticar e analisar a importância pedagógica que o DMT poderia vir a ter, a partir de um futuro próximo, na promoção do "reencantamento do mundo". Ele também destaca o papel do DMT no combate ao materialismo científico, que está levando o planeta a um beco sem saída, e contra o materialismo espiritual, que, negando a importância da experiência espiritual profunda e transformadora, estratifica-se no pensamento fundamentalista, tão perigosamente propenso à cegueira e ao fanatismo, e no apego à interpretação literal do texto sagrado. (N.T.)

normal. Além disso, eles afirmam que têm pleno autoconhecimento nesses estados. Eles também fazem questão de destacar que em estados oníricos ou em alucinações induzidas por drogas o sentido do eu é diluído ou mesmo perdido, e o ambiente, literalmente falando, lhes dá a sensação de ser "semelhante ao de um sonho"; isso não foi, em absoluto, relatado pelos voluntários de Strassman. Todos eles insistiram em que suas experiências haviam ocorrido em um local muito real, tridimensional, que não era, em definitivo, o de um sonho. Eles podiam caminhar de um lado para o outro, e explorar o ambiente; eles em geral afirmavam que não se sentiam, de maneira alguma, embriagados ou intoxicados. Na verdade, os relatos descrevem uma clareza de percepção maior do que quando se encontram no "mundo da vigília".

É claro que, enquanto se acreditava que o DMT fosse uma substância química estranha ao organismo, que tinha de ser inalada ou injetada, então, por mais intrigantes que fossem os seus efeitos, eles ainda eram artificialmente induzidos. Mas as descobertas, em 2001, dos receptores de traços de aminas, e em 2009, das propriedades de ligação do receptor sigma-1 apresentam-nos um fato extremamente significativo sugerindo-nos que o DMT é uma substância endógena (gerada internamente).

As implicações disso são espantosas. Existe agora a possibilidade real de que todos os tipos de fenômenos ecsomáticos, a EQM, a EFC, os sonhos lúcidos e a visão remota sejam estados de consciência naturais, e não estados alterados, nem alucinações provocadas por um cérebro doente ou danificado. Além disso, é razoável sugerir que o cérebro humano evoluiu de tal maneira que esses estados cerebrais precisam ter um propósito.

Em um desenvolvimento ainda mais intrigante, sugeriu-se que todas as crianças nascidas naturalmente (e não por cesariana) recebem, no momento de seu nascimento, um "tiro" de DMT destinado a intensificar a capacidade de sua mente. Também sugeriu-se que a glândula pineal torna-se plenamente funcional e capaz de gerar DMT apenas no 49º dia do desenvolvimento fetal. Será que é nesse dia que a consciência entra no corpo? Coincidência ou, talvez, não, os budistas também acreditam que a alma, em sua transmigração, passa 49 dias em um estado transcorporal antes de "renascer" em um novo corpo.

O que podemos fazer com isso? É claro que o DMT realmente parece abrir algum tipo de portal para outra realidade; uma realidade que parece manter-se coerente ao longo dos vários tipos de estados fora do corpo. Para mim, os paralelismos entre as alucinações induzidas pelo DMT e o "Local 2" de Monroe não podem ser ignorados.

No entanto, uma coisa é demonstrar que esses estados alterados de consciência são gerados pelo cérebro, mas outra, muito diferente, é sugerir que eles sejam "reais" em algum sentido. Os esquizofrênicos têm alucinações aterrorizantes e até mesmo indivíduos com epilepsia do lobo temporal e enxaqueca relatam estados alterados de consciência. Esses estados são igualmente gerados por várias substâncias químicas cerebrais endógenas. Em sua maioria, as pessoas não acreditam que essas ilusões sejam reais. Então, o que há de diferente no DMT?

O Caso da Metatonina

A melatonina é a substância que estimula a consciência a adormecer e, ao fazê-lo, permite que o corpo se recarregue. Uma substância a ela relacionada, a metatonina, funciona de maneira semelhante, mas sutilmente diferente. Ela nos permite pairar junto à linha fronteiriça entre o sono e a vigília. A melatonina é secretada pela glândula pineal, e desde há muito se suspeita que a metatonina tenha a mesma fonte. A principal substância química ativa da metatonina é o DMT. Portanto, pode ter algum significado o fato de que a palavra grega para a glândula pineal é *epiphysis* ou epifania.

Metatonina é uma palavra nova sugerida pelo pesquisador Beach Barrett. Ele a usa para descrever o DMT criado internamente e, portanto, natural, ao contrário da versão sintética e ilegal que pode ser comprada nas ruas.

Usualmente, a quantidade de metatonina existente dentro do cérebro é controlada com muito cuidado. Ela é continuamente excretada, mas, em seguida, é destruída por uma enzima conhecida como monoamina oxidase ou MAO.

Para quem não está preparado, a liberação de metatonina pode ser extremamente assustadora. O corpo se encontra em estado de sono e paralisado pelo efeito da melatonina, mas a mente está desperta e consciente por causa do efeito modificador da metatonina. Para a pessoa envolvida, isso será percebido como o fenômeno conhecido como "paralisia do sono", sobre o qual já discutimos.

É importante notar a posição da glândula pineal no cérebro; como ela está bem no centro, ela pode rapidamente inundar com metatonina as áreas que a circundam. Durante o início de uma experiência ecsomática, algumas pessoas relatam que sentem um sabor acre, metálico na parte de trás da garganta. Barrett sugere que essa sensação pode estar relacionada com o fato de que, após o 49º dia de gestação, a glândula pineal desenvolve-se em um local na parte de trás da garganta; depois de um certo tempo, ela se move lentamente para cima e para dentro do cérebro. No entanto, em adultos, um pequeno duto ainda permanece. Barrett propõe que parte do excesso de metatonina possa vazar por um duto vestigial para dentro da garganta. Ele acrescenta que, no Extremo Oriente, há textos religiosos que descrevem algo chamado de "o néctar da percepção sublime", que é produzido durante a meditação profunda.

Em um artigo fascinante sobre esse assunto (que se encontra no site, em inglês, da Cottonwood Research), Barrett faz uma observação muito interessante. Ele afirma que, precedendo essa inundação de metatonina, o sujeito pode sentir "uma onda de pressão pulsante, que lembra um som alto de sopro e que parece vir de todos os lados".[54] Isso me lembra muito a descrição de Robert Monroe de sua primeira experiência ecsomática, quando ele a descreveu dizendo que "não era uma sensação de sacudir, era mais como uma vibração, constante e uniforme em sua frequência. Dava mais a impressão de um choque elétrico que percorria todo o corpo, mas sem uma dor que o acompanhasse".[55]

Barrett sugere sete diferentes circunstâncias que iniciam a liberação de metatonina. São estas:

- focalização mental de extrema intensidade
- fortes sensações extremas físicas ou emocionais
- períodos de dor extrema
- experiências de quase morte
- sonho lúcido
- doença mental
- sensação de ser uma criança jovem

Estou particularmente interessado pelas implicações do grupo da doença mental. Barrett sugere que, nesse caso, a produção de MAO não é suficiente e o cérebro do sujeito está sendo continuamente inundado com metatonina. Ele ressalta que pesquisas realizadas na década de 1970 mostraram que o nível de metatonina presente na urina de pacientes com esquizofrenia era maior que o normal. Sem dúvida, naquela época não se sabia que a metatonina era um neurotransmissor e essa descoberta foi potencialmente significativa.

No entanto, em um artigo escrito em 2008, Barrett faz a sugestão fascinante de que a glândula pineal poderia de fato ser um portal para realidades paralelas. Ele indaga então se esse pequeno órgão não seria um "buraco de minhoca" que utilizaria a chamada "Ponte de Einstein-Rosen" para projetar a consciência em universos alternativos.

Uma Ponte de Einstein-Rosen é um buraco ligando duas áreas do espaço-tempo, mas uma imagem simples pode facilitar o entendimento da sua natureza. Imagine que o espaço é plano como uma folha de papel. Imagine em seguida um pedaço de papel de 50 centímetros do topo até a base. Se você dobrar o papel sobre si mesmo formando com ele um longo U e, em seguida, atravessar com a ponta de um lápis as duas partes superpostas desse pedaço de papel uns 3 centímetros abaixo do topo, você terá, com efeito, demonstrado o princípio dessas estruturas hipotéticas. A ponta do lápis funciona agora como uma ligação entre dois locais sobre a superfície do papel. Se você dobrar as duas superfícies uma sobre a outra, os furos onde a ponta do lápis entra em uma das folhas e sai pela outra são adjacentes, separados por uma distância que mede apenas o dobro da espessura do papel. Então, se a ponta do lápis for retirada e o papel for estendido na horizontal, você verá que os dois orifícios que antes eram contíguos, comunicando-se diretamente, estão agora, de súbito, a 44 centímetros de distância um do outro. Como Einstein propôs que o espaço-tempo era curvo, então um cenário como esse é uma possibilidade.

Infelizmente, essas estruturas teóricas para o "buraco de minhoca" seriam criadas por um buraco negro que suga matéria através do espaço-tempo e a ejeta do outro lado, por meio de uma estrutura conhecida como "buraco branco". Como se considera impossível que a matéria física viaje por um buraco negro por causa das forças gravitacionais de extrema intensidade que nele atuam, a ideia de que qualquer coisa possa atravessar o espaço-tempo dessa maneira é inviável.

No entanto, a consciência não é feita de matéria e, portanto, não seria afetada por forças que dilacerariam um objeto físico até desintegrá-lo completamente. Se as enormes regiões de espaço vazio encontradas no mundo subatômico, dentro de cada átomo do nosso cérebro, são levadas em consideração, então todos nós temos, em nosso interior, espaços curvos que podem de forma realista conter microburacos negros sugando enormes quantidades de "energia". De maneira semelhante, minúsculas Pontes de Einstein-Rosen poderiam ser criadas dentro desse imenso *plenum*.

A consciência poderia ter acesso a universos paralelos desaparecendo deste universo e aparecendo em outro por meio de um buraco de minhoca. É dessa maneira que Robert Monroe teve acesso ao Local 3?

No entanto, para que esse modelo funcione, precisamos descobrir se essa "energia" existe de fato. Haveria uma forma de energia que preenchesse o espaço vazio e que transformasse esse vácuo – que, por definição, não contém nada – em um *plenum*, um lugar que é absolutamente cheio e vivo em sua dimensão potencial?

Uma recente série de experimentos está sugerindo que essa forma de energia não somente existe como também preenche todo o espaço, tanto o espaço interior como o exterior. Chamada de energia do ponto zero, essa fonte potencialmente ilimitada de combustível poderia resolver todos os nossos atuais problemas de energia.

Para compreender por que essa descoberta é de tamanha importância em nossa busca por entender o que realmente está acontecendo em uma experiência fora do corpo, precisamos revisitar uma parte da nossa educação que muitos de nós deixaram para trás em nossa adolescência – a física, ou, mais especificamente, a ciência do inacreditavelmente pequeno, a ciência alucinante e maravilhosamente emocionante da física quântica.

CAPÍTULO 10

A Física

Montando o Cenário

OK, ENTÃO MUITAS PESSOAS AFIRMAM que podem viajar para fora do corpo e "perceber" coisas que não conseguiriam se não estivessem "viajando astralmente". Se esse é de fato o caso, então a nossa atual compreensão da ciência está totalmente errada.

Se você indagar a maioria dos cientistas profissionais, eles lhe dirão com o maior prazer que a crença em qualquer forma de percepção fora do corpo é totalmente contrária ao que conhecemos a respeito da ciência moderna. A consciência precisa do cérebro para existir, e estar fora do cérebro é simplesmente impossível.

Seja como for, é muito provável que tais cientistas sejam especialistas em ciências da vida ou em ciências sociais. Porém, quanto mais perto um cientista estiver das ciências realmente exatas, como a física e a cosmologia, menos certeza ele terá. Isso porque ele sabe que as pesquisas mais recentes sobre a natureza do muito pequeno (as "partículas" subatômicas) e do muito grande (as galáxias) revelam que essa natureza não é tão exata como o dualismo que a educação nos incute e nos leva a acreditar.

Nunca deixarei de me surpreender com o quão pouco o público em geral sabe sobre a física quântica. É como se houvesse algum tipo de conspiração sutil para manter a grande maioria da humanidade em um estado de beata inconsciência a respeito dos mistérios profundos que a física das partículas tem apresentado ao longo dos últimos cem anos.* Na verdade, eu gostaria de ir mais longe e dizer que o conhecimento dessa grande maioria se baseia no que se sabia há 110 anos,** como se todos os avanços que ocorreram no século passado nunca tivessem acontecido.

A maioria das pessoas tem algum conhecimento a respeito de Einstein e, se lhes perguntarmos, constataremos que elas podem estar cientes de que a teoria da relatividade de Einstein é muito difícil de entender. Algumas acrescentarão que Einstein mostrou que matéria e energia são a mesma coisa e que, quando se viaja com grande velocidade, o próprio tempo se dilata de alguma forma peculiar. Mas isso tudo apenas no que se refere à teoria da

---

* Esse clima de "conspiração sutil" era ainda mais sensível no ambiente acadêmico, e se tornou particularmente constrangedor depois de 1964, ano em que o físico irlandês John Bell demonstrou a realidade da conexão não local e do entrelaçamento quântico, em um teorema que sugeria inclusive as condições experimentais que poderiam comprová-lo. Mas a resistência acadêmica era tão obstinada que permaneceu cega e hostil até mesmo à possibilidade óbvia dessa comprovação experimental. Para quebrar essa má vontade da física oficial, foi preciso um esforço heroico, em boa parte empreendido por um grupo de físicos de mentalidade livre e independente, animada pelo espírito *hippie* da época, espírito com o qual tinha tudo a ver a ideia de que nenhuma distância que as separasse seria capaz de romper o "abraço quântico" de duas partículas. Esse grupo, do qual faziam parte Fritjof Capra e Fred Alan Wolf, sonhava em unificar a física quântica com o misticismo oriental e a parapsicologia, e foi, em boa parte, graças à sua coragem espiritual, à sua amplitude de visão e à sua liberdade de pensamento que a atual revolução da física quântica veio à luz, abrindo caminho, em particular, para a perspectiva concreta da computação quântica. John Clauser, outro membro desse grupo, usando em parte material sucateado de aparelhos mais antigos e descartados, montou o primeiro dispositivo que foi capaz de flagrar o entrelaçamento quântico em ação, comprovando o teorema de Bell. O físico David Kaiser conta toda essa emocionante história em *How the Hippies Saved Physics*, publicado em 2011, obra de importância-chave para a compreensão desse importante e até então praticamente desconhecido capítulo da física contemporânea. (N.T.)

** A primeira edição deste livro foi publicada em 2011 e a grande descoberta de Max Planck que desencadearia a física quântica foi anunciada bem na virada para o século XX. (N.T.)

relatividade. Porém, a maioria das pessoas não sabe nada sobre superposição quântica, entrelaçamento quântico, salto quântico, dualidade onda-partícula e todos os outros comportamentos, intrigantemente contraintuitivos, mas regularmente observados, das "ondículas"* subatômicas.

Como leitor regular de revistas como *New Scientist* e *Scientific American*, empenhei-me em compreender da melhor maneira que pude as implicações da física moderna. Pegue qualquer livro na seção de ciência popular de uma livraria e você encontrará obras sérias (e outras não tão sérias) escritas por algumas das principais autoridades do mundo sobre o assunto. Esses autores mostram claramente que eles estão, ao mesmo tempo, confusos e animados com as implicações dessas novas descobertas.

A fim de apreciar exatamente quão estranhas as coisas se tornaram e quão contraintuitivo é o mundo real, precisamos voltar ao básico. Precisamos compreender exatamente qual é a finalidade da física.

Desde os tempos antigos, o homem quis saber do que o mundo é feito. Vemos objetos no espaço ao nosso redor. Esses objetos parecem sólidos e semipermanentes. Mas eles precisam ser feitos de fragmentos menores de "alguma coisa". Por volta de 400 a.C., o filósofo grego Demócrito sugeriu que tudo, inclusive o espaço e o tempo, é constituído de minúsculas unidades indestrutíveis. Ele chamou essas unidades de "átomos", palavra grega que significa "indivisível". Mas isso era o máximo aonde ele podia ir; a humanidade naqueles dias não tinha como provar ou refutar tal ideia. Durante os 2.200 anos seguintes, essa hipótese foi praticamente esquecida até que um professor chamado John Dalton ressuscitou a ideia como uma maneira de formular um processo por meio do qual a matéria pode ser manipulada. Aplicando alguns princípios muito práticos, ele descobriu que todos os átomos de um determinado elemento eram idênticos. Além disso, ele sugeriu que, por meio da combinação de dois ou mais diferentes tipos de átomos,

---

* Em inglês, fica bem mais evidente no neologismo a "identidade" entre onda e partícula: *wavicles*. (N.T.)

compostos químicos podiam ser formados. Cuidadosamente, ele pesou suas substâncias químicas antes e depois de elas reagirem umas com as outras e, ao fazê-lo, calculou as proporções de diferentes elementos que entravam em compostos bem conhecidos. Dessa maneira, ele descobriu uma unidade de contagem que era realmente confiável, e que podia ser aplicada a coisas como a pressão do vapor e o comportamento dos gases.

Outros desenvolveram ainda mais essas observações práticas e, por volta do fim do século XIX, a "teoria atômica" já havia permitido aos cientistas prever as propriedades de todos os elementos químicos comumente disponíveis. Os químicos foram capazes de "planejar" milhares de compostos que facilitaram a realização de enormes avanços na indústria e na engenharia.

Embora se soubesse como manipular essa teoria, ninguém tinha nenhuma ideia de *como* ela funcionava ou o *que*, na verdade, eram esses átomos.

O que se sabia, no entanto, é que esses átomos, um número imenso deles, produziram a realidade física de todos os objetos físicos do mundo e, por extrapolação, o próprio universo. Depois da descoberta extremamente significativa de que cada elemento tinha uma "assinatura" diferente quando um feixe de luz por ele emitido era "quebrado" por meio de um prisma, os astrônomos conseguiram mostrar que o universo visível era constituído dos mesmos elementos encontrados na Terra. Ao olhar para o espaço, os cientistas descobriram novos elementos que foram posteriormente encontrados aqui na Terra. O hélio é um exemplo. Ele foi observado pela primeira vez em 1868, quando Pierre Janssen, um astrônomo francês, quebrou raios de luz que vazavam de um eclipse solar e descobriu uma assinatura de linha espectral totalmente nova.

Sem dúvida, para produzir um objeto sólido, os átomos devem, por pura lógica, ser eles mesmos sólidos. Aqui o conceito se referia a objetos muito pequenos semelhantes a bolas, todos eles amontoados conjuntamente em uma massa sólida. Na verdade, isso fazia sentido. Como você aprendeu nos seus dias de escola, a água é um composto de hidrogênio e oxigênio e a menor partícula de água é, de fato, formada por dois átomos de hidrogênio e um de oxigênio. Essa partícula composta é chamada de molécula, mas uma molécula é o menor "pedacinho" em que a água pode ser dividida. Se a própria molécula é quebrada, ela se torna hidrogênio e oxigênio. Já se sabia, há séculos, que a água tinha três formas – gelo, líquido e vapor. Esses estados estavam relacionados com a temperatura. Quando muito fria, a água se transforma em gelo. Quando é aquecida, as moléculas ficam agitadas e se afastam umas das outras, permitindo que o efeito de fluência da água seja observado. Quando aquecida suficientemente, até o ponto de ebulição, a água muda para a forma de um gás. As moléculas já não estão mais em contato umas com as outras.

Por isso, é óbvio, grandes objetos sólidos precisam ser feitos de trilhões de objetos muito menores, mas ainda sólidos. Essa é uma suposição totalmente lógica... E está totalmente errada.

Tudo o que você vê ao seu redor, incluindo este livro, seu corpo (e o cérebro fazendo o processamento) é, na verdade, composto de trilhões e trilhões de pedacinhos de *espaço vazio*! A solidez é uma ilusão provocada por algum tipo de truque mágico; mesmo agora, no início do século XXI, cientistas lutam para explicar como é que acontece esse processo de algo surgir a partir do nada.

Posso imaginar que se você está se deparando com esse fato pela primeira vez, simplesmente o rejeitará como sendo totalmente ridículo e ilógico. Posso pedir-lhe para se sentar, talvez fazer um café, e preparar-se para se surpreender, pois isso, meu caro leitor, é a "realidade" da ciência moderna. O fato é que os cientistas realmente não gostam que leigos saibam disso, pois é um assunto que abre mais perguntas do que aquelas que eles conseguem responder, ou pelo menos eles não têm o tipo de respostas que Newton e Einstein estariam contentes em nos oferecer. Bem-vindos aos dois segredos mais bem guardados dos tempos modernos: ou a realidade é criada pela consciência, ou então há trilhões de universos, todos eles contendo diferentes versões de você e de mim.

As próximas páginas podem ser difíceis de serem seguidas, mas, por favor, tenha paciência comigo. No final, você poderá estar em posição de apreciar não apenas como todas as experiências ecsomáticas que discutimos neste livro podem ser explicadas cientificamente no âmbito do presente paradigma, como também o fato de que essas experiências podem ser precursoras de uma nova ciência, na qual o elemento principal é a mente, e não a matéria.

Para se adquirir uma compreensão básica desses conceitos, é preciso ser introduzido outro fato surpreendente a respeito de como nossa confiança na solidez e na realidade do universo percebido, tal como ele se apresenta a nós por meio dos nossos sentidos, é uma ilusão. Em palavras simples, a frase muito citada "ver para crer" é um total absurdo. Isso pode ser demonstrado pela descoberta dos campos eletromagnéticos e, a partir deles, do espectro eletromagnético.

Em seu livro *A Estrutura das Revoluções Científicas*, o físico norte-americano Thomas Kuhn sugeriu que a nossa compreensão científica do mundo não evolui gradualmente, mas em revoluções bruscas nas quais um paradigma científico é substituído por outro. O paradigma original foi rotulado de "aristotélico" por Kuhn. Essa visão de mundo científica existiu desde o tempo dos antigos gregos até que Isaac Newton a eliminou completamente. O sistema propunha que a Terra era um objeto imóvel em torno do qual os céus giravam em círculos perfeitos. O estado natural de todas as coisas era a imobilidade e elas só poderiam se mover se fossem empurradas ou afetadas por um outro objeto que estava, ele próprio, em movimento. Todo movimento fora iniciado pelo *Primum Mobile*, o Primeiro Motor, comumente conhecido como Deus. Para que um objeto se mova, é preciso que haja contato físico entre esse objeto estacionário e essa força motriz de transferência.

Newton apareceu no século XVII e virou o senso comum de cabeça para baixo. Ele demonstrou que tudo se encontra em estado de movimento a menos que esse movimento seja interrompido ou desacelerado de alguma maneira. A mobilidade é o estado natural de todas as coisas. No entanto, ainda havia um problema, que se manifestava em um fenômeno comumente observado. Sob certas circunstâncias, os objetos pareciam afetados por outros objetos sem que houvesse qualquer forma de contato. Um exemplo disso é a força da gravidade. Como o próprio Newton supostamente observou, uma maçã cai no chão. Como isso acontece? Não há contato físico e mesmo assim a maçã se move através do espaço desde a árvore até o chão; a maçã é afetada por uma força misteriosa e totalmente invisível. Como sabemos, a explicação de Newton era a de que esse "campo de força" se devia a uma atração entre a massa da Terra e a massa da maçã. Mas isso não explicava como a força efetivamente operava. Era um exemplo prévio da "ação fantasmagórica a distância" que iria perturbar Einstein duzentos anos mais tarde.

Foi em abril de 1820 que um evento ímpar em um laboratório da Universidade de Copenhague precipitaria uma mudança fundamental em nossa compreensão da natureza do universo. O cientista Hans Christian Ørsted estava se preparando para proferir uma palestra quando percebeu que a agulha de uma bússola era desviada de sua direção convencional, que a levava a apontar constantemente para o norte magnético, quando uma corrente elétrica produzida por uma bateria e que percorria um fio metálico nas proximidades era ligada e desligada. O magnetismo e sua capacidade para atrair objetos de ferro sem qualquer contato físico sempre deixou perplexos os cientistas, e eis que surge agora uma evidente ligação entre esta e outra propriedade física misteriosa, a eletricidade. A observação de Ørsted não apenas comprovou a existência de uma relação entre a eletricidade e o magnetismo, mas também evidenciou que essa relação envolvia um campo de força que justificava a inexistência de um contato físico entre a bateria e a agulha da bússola. Mais tarde, Michael Faraday iria sugerir que a eletricidade e o magnetismo estavam ligados por algo que ele chamou de campo eletromagnético. No entanto, foi apenas em 1873 que James Clerk Maxwell demonstrou que a eletricidade e o magnetismo tinham, no fundo, a mesma natureza, e também que o campo eletromagnético não era simplesmente local, mas universal. Ele existia por toda a parte. Demonstrou-se que modificações imprimidas a esse campo eletromagnético viajavam através do espaço com a velocidade da luz. Essa foi uma percepção revolucionária. De repente, o espaço não estava mais vazio, mas continha um campo que conectava partículas, quer elas estivessem em contato ou não.

O espectro eletromagnético é, com efeito, radiação. Percebemos radiação eletromagnética como luz e calor, mas isso é apenas uma pequena parte do componente crucial do atual paradigma científico. A radiação eletromagnética viaja em ondas, e a maneira como os diferentes tipos de radiação são percebidos depende do "comprimento de onda" (a distância entre dois "picos" consecutivos) e da "frequência" (o número de ondas que passa por um determinado ponto em um segundo). Os comprimentos de onda mais curtos e de maior frequência são chamados de raios gama. O comprimento de onda de um raio gama é tão pequeno que cada onda completa cobre o tamanho de um núcleo atômico. Comprimentos de onda curtos também significam que a onda pode liberar mais energia por unidade de tempo. De fato, o calor, uma forma de energia, é simplesmente outra maneira de se medir elementos desse espectro. Os raios gama são muitíssimo quentes, dezenas de milhões de graus centígrados. À medida que o comprimento de onda aumenta, a quantidade de calor irradiado diminui. Vamos, assim, percorrendo o espectro eletromagnético passando dos raios X (que têm comprimento de onda igual ao tamanho de um átomo) à luz ultravioleta (com comprimento de onda equivalente ao diâmetro de uma molécula), vindo a seguir a luz visível (que tem comprimento de onda igual ao tamanho de um organismo unicelular), em seguida o infravermelho (com comprimento de onda do tamanho da ponta de uma agulha), as micro-ondas (ondas do tamanho de uma borboleta) e, finalmente, as ondas de rádio, cujos comprimentos de onda têm vários metros. Somente as ondas de luz visível, de radiação infravermelha e de rádio podem penetrar na atmosfera da Terra de modo a ser integralmente recebida na superfície.

Agora, a coisa fascinante a respeito do espectro eletromagnético é o fato de que o olho humano só pode ver uma faixa muito pequena, que chamamos de "luz visível" por razões óbvias. Para ter uma ideia de quão pequena é essa faixa visível, podemos recorrer a uma analogia. Se o espectro eletromagnético fosse um rolo de filme cinematográfico, que se estendesse ao longo de 4.023 quilômetros (esta é a distância entre Londres e Jerusalém), o espectro visível teria o tamanho de um único fotograma do filme, se esse tivesse cerca de 7,62 centímetros de comprimento. Isso é exatamente quão pouco nós, seres humanos, vemos do universo real que está lá fora e, no entanto, a maioria dos seres humanos acredita que é preciso "ver para crer"! Se pudéssemos enxergar as ondas de rádio, veríamos um céu cheio de galáxias, e não de estrelas.

A descoberta do espectro eletromagnético e a presença de muitas outras "verdades" científicas levaram a um grande sentimento de presunção dentro da comunidade científica à medida que o século XX despontava. Em geral, acreditava-se que a humanidade estava muito perto de compreender tudo o que restava saber sobre a física. Havia apenas algumas equações que ainda precisavam ser resolvidas, e era isso aí. No entanto, ainda havia uma ou duas coisas que intrigavam os cientistas. A maioria dos físicos as ignorou, mas um deles, Max Planck, as considerava preocupantes e, sendo um cientista alemão muito conservador, queria respostas.

O problema estava no espectro eletromagnético. Se, como sempre se acreditou, a energia era recebida em um fluxo contínuo, não era possível explicar certos fenômenos observados usando esse modelo. Um desses fenômenos era a chamada "radiação do corpo negro". Não temos espaço aqui para entrar em detalhes a respeito, mas basta dizer que Planck e seus colegas físicos estavam cientes de que o conceito de radiação como um fluxo contínuo de energia era incompatível com as medidas recentes da radiação emitida pelo corpo negro. Em um momento de inspiração, Planck conseguiu resolver o mistério. A única maneira pela qual essas anomalias podiam ser explicadas era se a radiação fosse emitida em pequenas rajadas ou pacotes. Ele chamou essas rajadas de *quanta*, plural da palavra latina para "pacote", *quantum*. De repente, a matemática funcionou. Mas havia mais. A nova observação de Planck também parecia funcionar para muitas outras coisas, sendo que a mais importante delas era a própria luz. O conflito lógico entre a luz como uma onda contínua e a luz como uma partícula transportando uma quantidade precisa de energia associada com a frequência dessa onda gerou um novo paradigma da ciência, o qual, usando o termo introduzido por Planck, tornou-se conhecido como "física quântica".

Uma parte integrante da física quântica é a necessidade da existência da incerteza na nossa descrição das interações entre as partículas. A realidade objetiva de Newton tinha agora um componente estatístico de incerteza adicionado a ela. A substituição do mundo confortável da certeza newtoniana (um lugar que muitos cientistas, até mesmo agora, mais de 310 anos depois, nunca abandonaram) pela incerteza quântica abriu um imenso abismo entre o que a mente humana podia realmente compreender sobre a natureza e as provas apresentadas por repetidas experimentações. Em palavras mais simples, o mundo do muito pequeno (os blocos de construção de tudo o que nos cerca, inclusive do nosso corpo e do nosso cérebro) de repente não fazia mais nenhum sentido lógico.

Novas teorias têm sido propostas para explicar essas observações fantásticas e maravilhosas. O que temos agora, no início do século XXI, no âmbito da física convencional, são três teorias conflitantes que dominam nossas tentativas de explicar o universo. Essas teorias são a Interpretação de Copenhague, a Interpretação dos Muitos Mundos e a Ordem Implicada. Todas as três têm seus defensores e seus detratores. Mas o que é de maior interesse no que diz respeito ao assunto deste livro é o fato de que cada uma delas pode ser usada para explicar a experiência fora do corpo.

Surpreso? Deixe-me explicar o porquê, percorrendo para isso, sistematicamente, cada uma das alternativas e mostrando como a ciência *hard* pode explicar a possibilidade de a experiência ecsomática ser um estado real.

A Interpretação de Copenhague

Apesar de os *quanta* de Planck funcionarem matematicamente, ele na verdade não explicou por que certos efeitos curiosos ocorriam. Quando a luz de uma única frequência incidia sobre uma delgada folha de metal, detectava-se a remoção de elétrons da sua superfície. Era como se a luz colidisse com a superfície e "lascasse" elétrons para fora dela da mesma maneira que um mancal de esferas desaloja lascas de madeira ao ser atirado em alta velocidade sobre uma prancha de madeira. Esse fenômeno, conhecido como "efeito fotoelétrico", não fazia sentido. Os físicos sabiam que a luz era uma onda, que é uma perturbação em um outro meio, da mesma maneira que uma onda sonora perturba o ar, viajando através dele. A interpretação clássica seria a de que as ondas luminosas agiriam como ondas do mar que colidissem com uma praia coberta de seixos. Quando cada onda atinge a praia, ela desloca alguns seixos. Portanto, era lógico concluir que quanto mais intensa fosse a iluminação (isto é, quanto mais brilhante) maior seria a energia liberada, de modo que mais elétrons seriam desalojados. Mas nenhuma relação foi descoberta quando o físico alemão Philip Lenard testou essa interpretação clássica. Na verdade, o que se mostrou ainda mais estranho foi o fato de que havia um limiar em que nenhum elétron a mais era ejetado, por mais brilhante que fosse a luz. Esse era um verdadeiro enigma. Mas uma solução logo se tornou possível.

Em 1905, um jovem funcionário de um serviço de patentes chamado Albert Einstein publicou um artigo no periódico científico *Annalen der Physik* que iria explicar o efeito fotoelétrico e levar a teoria quântica de Planck até um outro nível. Em palavras simples, ele sugeriu que a luz expulsava os elétrons porque ela não era constituída de ondas, mas de minúsculas partículas sólidas chamadas "fótons". Isso pode não parecer tão revolucionário, mas desde que Isaac Newton descobrira pela primeira vez a natureza ondulatória da luz, os cientistas passaram a constatar que de fato esse era o caso. Em 1801, o físico inglês Thomas Young mostrou que a luz fluía como uma onda e desde essa época as propriedades ondulatórias da luz estavam além de qualquer dúvida. E, no entanto, aqui estava esse alemão de 26 anos de idade sugerindo outra coisa, e provando que essa sugestão era verdadeira. Em 1909, Einstein publicou mais um artigo sugerindo que a luz tinha propriedades de dualidade, por causa das quais, sob certas circunstâncias, observava-se que ela se comportava como uma onda, e sob outras, como uma partícula. A questão, então, era esta: "Como poderia a luz ser duas coisas diferentes, uma onda e uma partícula?" Em 1924, outro jovem iria chocar até mesmo Einstein em sua solução para esse enigma. Seu nome era príncipe Louis de Broglie.

Para sua tese de doutorado, De Broglie partiu do modelo do efeito fotoelétrico de Einstein e sugeriu que a dualidade onda-partícula da luz se estenderia a todo o mundo físico. Para ele, esse fato não estava restrito aos fótons, mas incluía o movimento de qualquer tipo de partícula – fóton, elétron, próton ou qualquer outra. Einstein recebeu uma cópia desse artigo e ficou impressionado. Na sua opinião, a hipótese de De Broglie havia "levantado o grande véu" e revelado uma nova compreensão de como o universo físico realmente funcionava. Com efeito, De Broglie havia sugerido que toda a matéria no universo, desde o menor dos átomos até a maior das galáxias, tinha dois aspectos, o de uma onda e o de uma partícula. A questão era: "O que faz com que uma partícula decida mudar de natureza, deixando de ser uma onda e passando a ser uma partícula?"

A resposta foi tão surpreendente que até mesmo hoje a grande maioria da humanidade não tem ideia de que tal sugestão chegou sequer a ser apresentada, e muito menos que ela foi posteriormente comprovada repetidas vezes. Na minha opinião, isso aconteceu porque a resposta era tão contraintuitiva que ela simplesmente havia sido sub-repticiamente varrida para debaixo do tapete. Não se tratava exatamente de um segredo, mas também não era algo que, aos gritos, fora proclamado aos quatro ventos. A razão é simples, pois a resposta afirma muito claramente que o ato de observação transforma a onda não física em um objeto sólido! Para ser mais preciso, é a disponibilidade da informação criada por uma medição física que faz com que uma função de onda probabilística não física colapse em uma partícula física.

Em meados da década de 1920, alguns dos melhores cérebros do mundo da física passaram a gravitar em torno de Copenhague para trabalhar com o grande físico Niels Bohr. Esse grupo de cientistas desenvolveu um modelo da natureza básica da matéria que agora se tornou conhecido como a Interpretação de Copenhague. Em 1926, dois membros desse grupo, Werner Heisenberg e Max Born, apresentaram um artigo no qual propuseram que a onda de que estamos falando, e que estamos considerando como uma presença física, não é uma onda em qualquer sentido normal que possamos compreender. Para Born e Heisenberg ela era uma onda de "probabilidades". Esse conceito mudou para sempre a nossa compreensão da natureza da realidade. No modelo de Born/Heisenberg nada existe até que seja observado. Cada partícula tem a "probabilidade" de estar em um local ou em outro. Na verdade, a partícula se "esparrama" de modo a cobrir todos os locais possíveis. É a onda preenchendo todo o espaço possível em que a partícula pode estar. Quando a partícula é observada (voltaremos mais tarde a examinar o que entendemos por "observada"), ela é forçada a "tomar uma decisão" a respeito de onde deve se localizar. Em outras palavras, há uma "função de onda" que contém todos os locais possíveis, e que é "colapsada" em um único local pontual quando é observada ou medida.

Essa teoria é o modelo mais bem-sucedido criado até hoje para explicar como o universo funciona. Toda vez que foi testado, passou no teste com louvor. Para muitos cientistas profissionais, essa é de fato a maneira como o universo funciona. Pode ser totalmente ilógico e contraintuitivo, mas é assim que ele é. Um dos físicos mais respeitados da segunda metade do século XX foi Richard Feynman. Todos os anos, quando recebia a primeira leva de alunos admitidos nas suas aulas expositivas de física das partículas, ele declarava o seguinte:

> Não continue a dizer para si mesmo, se é que, possivelmente, você conseguirá evitar: "Mas como é que isso pode ser assim?", pois você vai "descer pelo ralo" e se enfiar em um beco sem saída do qual ninguém jamais conseguiu escapar. Ninguém sabe como isso pode ser assim.[56]

A pergunta mais importante que tem mantido os cientistas acordados à noite durante os últimos oitenta anos é esta: "O que significa um 'ato de observação'?" Alguns argumentam que ele realmente significa o ato de medição. Por exemplo, no mesmo momento em que um dispositivo de medida entra em contato com a função de onda, esta colapsa. Outros argumentaram que o observador precisa ser uma consciência autoconsciente. Em outras palavras, o observador precisa estar ciente de que está observando alguma coisa. Um dispositivo de medição não está ciente desse fato; apenas a pessoa que usa esse dispositivo está ciente.

As implicações disso são absolutamente espantosas e têm importância central para a minha tese segundo a qual os estados ecsomáticos são reais. Com efeito, a Interpretação de Copenhague sugere que *a realidade é criada por um ato de observação.* Sem um observador, não há realidade, mas apenas um vazio contendo ondas de probabilidade à espera de ser colapsadas por uma mente consciente. Se for esse o caso, então cada um de nós está criando sua própria versão da realidade conforme ele olha ao seu redor. Enquanto você está sentado lendo este livro, o que está atrás de você é provável, e não real. Mas quando se vira e olha para trás, você transforma essa probabilidade e a função de onda que a acompanha em uma realidade física.

A incerteza associada a essa probabilidade é relativamente pequena no mundo físico macro e relativamente grande no mundo físico micro; por isso, os efeitos quânticos são mais perceptíveis quando se mede pequenas partículas e desaparecem por completo nas interações cotidianas.

É exatamente isso o que Tom Campbell acredita que está acontecendo em seu conceito de realidade material física (RMF), como ele o apresenta em seus livros *My Big Toe*. Tom, como você deve se lembrar, sugere que nós percebemos dois níveis de "realidade". O primeiro é aquele que aparentemente compartilhamos com todas as outras pessoas, o espaço consensual, por falta de uma expressão melhor. Esse nível é o da RMF. O segundo, denominado realidade material não física, ou RMNF, é o nosso mundo interior, que aparentemente é de fato nosso, e constituído pelos nossos sonhos e experiências ecsomáticas. Ambos são estados quase ilusórios, mas também são objetivamente reais, no sentido de que são gerados por processos externos à mente. Na verdade, ambos os estados também são atraídos para a existência por meio de um "ato de observação", como Max Born sugeriu. A "onda de probabilidade" de um objeto que tem o potencial de estar em um local em vez de outro é "colapsada" quando a atenção do observador focaliza nela. No mundo compartilhado da RMF, depois que um objeto emergiu na existência por causa do "colapso", ele permanece na existência também para todos os outros observadores.

Naturalmente, a Interpretação de Copenhague também se assemelha, de um modo misterioso, a outro estado ecsomático que discutimos com alguns detalhes – o sonho lúcido. Você deve se lembrar de que o sonho lúcido ocorre quando o sonhador torna-se consciente de que está sonhando. Tão logo isso acontece, ele é capaz, em maior ou menor grau, de manipular seu ambiente onírico. No entanto, sonhadores lúcidos experientes, como Robert Waggoner e Ian Wilson, costumam destacar que em um estado de sonho lúcido a paisagem onírica se manifesta enquanto está sendo observada.

No entanto, a sensação de sonho lúcido é considerada por muitos como completamente diferente de outras experiências ecsomáticas, como a visão remota e a experiência fora do corpo. Para que essas sejam reais, deve haver uma maneira pela qual a mente possa localizar de imediato seus recursos perceptivos em outro lugar, como no caso da visão remota, ou então, como no caso das EFCs, graças às quais se viaja efetivamente até outros lugares. É interessante observar que esses dois estados podem ser explicados aplicando-se dois outros aspectos da moderna teoria quântica, a Interpretação dos Muitos Mundos (IMM) ou Interpretação das Muitas Mentes, e o misterioso fenômeno conhecido como Não Localidade. Gostaria de discutir a Não Localidade em primeiro lugar e, em seguida, passar para a fascinante IMM.

A Não Localidade

Todo o mistério começou em 1935, quando Albert Einstein estava tentando desesperadamente desmentir aquilo que, em sua mente, eram as implicações contraintuitivas da "nova" física discutidas na seção acima. Vimos como essa "nova" física propunha que o ato de observação realizado por uma mente consciente fazia com que uma "onda de estados prováveis" associada a uma partícula subatômica mudasse em um estado pontual real que era fisicamente mensurável. Para Einstein, isso era totalmente ilógico, pois sugeria que as coisas simplesmente não existiam se não estivéssemos olhando para elas. Certa vez, em uma observação famosa, ele afirmou que, em absoluto, não podia acreditar que a Lua não estivesse lá se ele não estivesse olhando para ela. Na opinião de Einstein, tinha de haver um nível mais profundo da realidade observada no qual o senso comum voltava a prevalecer. Esse nível tinha a ver com o que passaria a ser conhecido como "variáveis ocultas".

Em 1935, Einstein se reuniu com dois colegas, Nathan Rosen e Boris Podolsky, e propôs um "experimento de pensamento" que realçaria quão logicamente falha era essa ideia de realidade "baseada no observador".

Em um artigo publicado no fim daquele ano, Einstein e seus dois colegas fizeram uma pergunta simples: "O que aconteceria se uma partícula sofresse decaimento, enviando dois prótons em sentidos opostos, a fim de que o *momentum* fosse conservado?"

Imagine que os dois prótons são um par de bolas de bilhar vermelhas, de algum modo ligadas uma à outra. Uma terceira bola de bilhar é atirada em direção a ambas, separando-as e fazendo com que disparassem em diferentes direções. É uma situação análoga ao decaimento instantâneo de uma partícula (as bolas originais ligadas). Quando se afastam uma da outra, cada uma delas leva consigo um tipo de marca da outra sob a forma de um *momentum* angular. Uma delas gira em um sentido, e a outra gira no sentido oposto. Uma terá o que se chama de *spin* "para cima" e a outra terá um *spin* "para baixo". Agora, até que as partículas sejam "observadas" por um ato de medição, não há nenhuma maneira de dizer qual delas tem qual ângulo de *spin*. Mas, uma vez que se observa que uma delas tem um certo tipo de *spin*, é fácil saber qual é o *spin* da outra bola. Se a bola observada tem *spin* "para cima", a outra deverá ter *spin* "para baixo". Eu sempre achei mais fácil explicar isso usando cores. Imagine que o impacto de uma bola branca faz duas bolas vermelhas "entrelaçadas" mudarem de cor, uma delas tornando-se verde e a outra azul.

Essas são as duas únicas cores possíveis. Agora, suponha que o impacto é tão rápido que não podemos ver qual bola vai em qual sentido. Suponha, ainda, que a pessoa que golpeia as bolas é um jogador de sinuca profissional que encaçapa ambas as bolas em diferentes partes da mesa. Vamos para uma das caçapas e verificamos que ela contém uma bola de bilhar azul. Sabemos instantaneamente, com base nessa constatação, que, sem dúvida, a outra caçapa conterá a bola verde. Não há nada de misterioso a respeito disso, em nenhum sentido, mas no mundo da física quântica é uma das coisas mais bizarras conhecidas pela ciência moderna. Deixe-me explicar.

De acordo com a Interpretação de Copenhague, depois do momento do impacto as duas bolas, contanto que elas não sejam "observadas", entram em um estado peculiar no qual ambas têm o "potencial" para ser azuis ou verdes. Isso é tecnicamente conhecido como "superposição", um conceito sobre o qual nos estenderemos mais adiante. Lembre-se de que a escolha aleatória de a bola ser de qualquer cor acontece *depois* que ocorreu o impacto da bola branca; antes disso, ambas são vermelhas. Cada uma delas tem um potencial estatístico de 50/50 de ser azul e um potencial estatístico de 50/50 de ser verde. Nesse estado não observado, as duas bolas viajam ao longo da mesa de bilhar e entram em suas respectivas caçapas. Então, o "observador" verifica uma das caçapas e, ao fazê-lo, provoca o "colapso do estado potencial ondulatório (*wave potential*)" (conhecido como "função de onda") da bola observada e o força a decidir qual é a cor da bola: azul ou verde. Você está me acompanhando até agora? Ok, então, assim que o observador força o colapso da onda que representa a primeira bola, e vê uma bola verde, uma "mensagem" é enviada para a segunda bola dizendo-lhe que ela também precisa colapsar sua função de onda em uma bola azul sólida.*

---

* Repare que a observação poderia colapsar a função de onda na bola azul, pois a bola encaçapada continha as duas cores potencialmente superpostas. Assim como foi a observação que fez a função de onda da primeira bola colapsar na bola verde. (N.T.)

Usando uma outra terminologia, foi exatamente isso o que Einstein e seus dois colegas sugeriram que aconteceria se a Interpretação de Copenhague estivesse correta. Einstein apontou que o sinal que veiculasse a mensagem cruzaria instantaneamente o espaço entre as duas caçapas para mudar a segunda bola de uma bola verde ou azul *potencial* em uma bola azul ou verde *real*. Ele chamou isso de "ação fantasmagórica a distância". Salientou ainda que tal situação viola a lei física, até então inabalável, segundo a qual nada, nem mesmo uma mensagem, pode viajar mais depressa do que a luz, e como a mensagem viaja instantaneamente de uma caçapa para a outra, ela está viajando com uma velocidade muitas e muitas vezes mais depressa do que a luz. Com efeito, sua velocidade poderia ser considerada infinita.

Para Einstein, esse experimento de pensamento, que passou a ser conhecido pela posteridade como Paradoxo EPR, de acordo com as iniciais de seus criadores, mostrava quão ridícula era a teoria de Bohr. Era evidente por si mesmo, afirmou Einstein, que as duas partículas já existiam em todos os momentos de suas viagens e que mantinham suas propriedades individuais (*spin* ou cor) desde o momento da partida. Não havia nenhuma ação fantasmagórica a distância; apenas uma proposição simples, lógica e direta segundo a qual se observarmos a bola verde, então a outra é azul, e ela foi azul desde o momento inicial do impacto com a outra bola.

É altamente provável que o leitor cuja mentalidade esteja firmemente alicerçada em uma física prática, newtoniana, concordará com Einstein e seus colegas; qualquer posição contrária é sem dúvida ridícula.

Mas a física moderna mostrou e continua a mostrar que Einstein estava errado e que a ilógica Interpretação de Copenhague de Bohr estava certa, pelo menos até onde isso dizia respeito à "ação fantasmagórica a distância". Experimentos têm demonstrado que partículas podem, de fato, comunicar-se instantaneamente, e que, ao fazê-lo, põem em questão alguns dos princípios básicos da física ao evidenciar que a comunicação mais rápida que a luz é possível, ou que a relação entre mente e matéria é muito mais estranha do que jamais poderíamos ter imaginado.

Durante quase trinta anos, o paradoxo EPR manteve-se como uma prova lógica de que, embora a física de Bohr possa ter funcionado na prática, havia algo de muito errado na sua Interpretação de Copenhague e na sugestão que esta oferecia, segundo a qual a matéria precisava de "um ato de observação" para passar a existir. No entanto, em 1964, um matemático irlandês publicou, em um periódico científico, um artigo que iria abalar a ciência moderna até o seu âmago. Tão revolucionário era esse artigo, bem como os experimentos efetivamente realizados que ele posteriormente ocasionou, que os físicos tradicionais ainda tentam ignorar suas implicações, esperando que as verdades embaraçosas simplesmente acabem por ir embora; o fato é que uma porcentagem surpreendentemente grande de pessoas instruídas permanece totalmente ignorante dessas verdades.*

O matemático em questão era o dr. John Bell e o seu artigo, que tinha por título "On the Einstein-Podolsky-Rosen Paradox" [Sobre o Paradoxo de Einstein-Podolsky-Rosen], propunha-se a responder à pergunta-título do famoso artigo que Einstein e colegas publicaram em

---

* Parte dessa ignorância se deve, sem dúvida, à resistência ao impacto que a aceitação plena da não localidade já está exercendo sobre as visões de mundo locais. Em seu livro *The Non-Local Universe*, Robert Nadeau e Menas Kafatos mostram que o advento da não localidade, ao solapar a pedra fundamental da ciência e da filosofia modernas, que é o dualismo cartesiano, o qual impõe uma oposição radical entre mente e matéria, também coloca em questão outra série de visões de mundo que desde há muito configuram nossos universos mentais baseados na oposição entre sujeito e objeto, como a existencialista, a estruturalista e a pós-moderna, e que mantêm ativa a "guerra das duas culturas" acadêmicas: as ciências exatas e as ciências humanas. Além disso, eles sugerem que o reconhecimento da coerência não local exigirá da ciência e da filosofia nada menos que a adoção de uma nova epistemologia. Por outro lado, ao contrário do que ocorria com a restrição da experiência humana a um mundo local, um mundo não local é perfeitamente coerente com antigas doutrinas que manifestavam diretamente a correspondência microcosmo-macrocosmo, como o esoterismo tradicional, e também com a experiência mística. A um universo local, tipificado pela experiência egoica da separação, no mundo que está nascendo, e que será coerente com a realidade da não localidade, essa mesma coerência provavelmente aprofundará e ampliará a experiência da conexão empática, experiência que manifestações culturais como a série de TV *sense8* já começaram a sintonizar. (N.T.)

1935: "Can Quantum-Mechanical Description of Physical Reality Be Considered Complete?" [Pode uma Descrição Quantomecânica do Mundo Ser Considerada Completa?] Então, o que o artigo de Bell sugeria e que era tão revolucionário?

O paradoxo EPR não seria realmente capaz de desafiar a Interpretação de Copenhague porque nenhum experimento poderia ser montado para testar suas conclusões. Bell decidiu adotar uma abordagem diferente. Ele supôs que Einstein estava certo e que os objetos de nosso mundo têm de fato propriedades fisicamente reais e não precisam do ato de observação para trazê-los à existência; uma proposição com a qual a maioria das pessoas que não têm conhecimento dos mistérios da física quântica sinceramente concordaria. Em seguida, ele também supôs que quando dois objetos são separados um do outro no espaço, o que acontece com um não deve exercer nenhum efeito sobre o outro. A primeira afirmação pode ser denominada "realidade" e a última "separabilidade". Para que a teoria quântica, como é sugerido pela Interpretação de Copenhague, esteja correta, essas quantidades observáveis precisam ser desiguais, uma delas precisando ser maior que a outra. A expressão matemática dessa conclusão foi denominada Desigualdade de Bell.

Na verdade, o artigo de Bell comprovou que aquilo que a teoria quântica previa estava correto, e que as previsões dele e de Einstein estavam erradas; a "ação fantasmagórica a distância" de fato acontece.[57] Mas esse modelo era puramente hipotético. Ele exigia um experimento real, que pudesse comprovar que a desigualdade era mais que uma bela teoria. Isso aconteceu em 1982, em Paris, quando o físico francês Alain Aspect e um grupo de colegas seus do Institut d'Optique, em Orsay, perto de Paris, realizaram um experimento que punha à prova uma versão do paradoxo EPR e constataram que a hipótese de Bell estava correta.[58] Uma vez que duas partículas estejam ligadas entre si, ou *entrelaçadas*, uma delas reagirá imediatamente se alguma coisa for feita com a outra.

Em 1998, outra série de testes realizados na Universidade de Genebra demonstrou o entrelaçamento não local de fótons ao longo de 11 km de fibra óptica. Em 2004, a mesma equipe estendeu essa distância para mais de 50 km.[59]

O que isso prova é uma constatação que, em suas implicações, abala os nossos fundamentos. Significa que em um nível da realidade mais profundo do que aquele de que estamos cientes, *tudo* está ligado com tudo. A separabilidade é uma ilusão. Tudo é parte de *alguma coisa* imensa na qual a comunicação é instantânea, por mais que os seus componentes individuais estejam afastados uns dos outros.

Então, o que isso significa com relação ao estado fora do corpo? Alguns físicos acreditam que o entrelaçamento abole toda a ideia de que os objetos existem no espaço – a ideia de que eles são "locais". A desigualdade de Bell, juntamente com os resultados do experimento de Aspect, sugere que os objetos são "não locais" no sentido de que eles são, de alguma maneira muito profunda, parte da mesma coisa. Com isso quero dizer que as duas partículas "entrelaçadas" podem "conhecer" o estado uma da outra não porque elas estejam se comunicando por meio de alguma "ação fantasmagórica a distância", mas porque elas são, na verdade, *o mesmo objeto*. Esta não é uma ideia tão estranha como possa parecer à primeira vista; Richard Feynman certa vez sugeriu que todo o universo pode consistir em um único elétron movimentando-se com uma velocidade infinita. Se for esse o caso, então o entrelaçamento é o estado natural do universo.

Quando aplicado a estados ecsomáticos, o entrelaçamento é uma explicação perfeita. A pergunta a respeito de como uma pessoa pode perceber informações originadas em um local situado a quilômetros de distância de onde está o seu corpo (*soma*) é facilmente respondida, pois a separação, como Bell mostrou, é uma ilusão. Tudo está entrelaçado e todas as informações estão disponíveis em todos os locais do universo. Como vimos em um capítulo anterior, Ingo Swann afirmou que ele observou a distância a superfície de Júpiter. Como a distância é simplesmente outra palavra para separação, é claro que tal coisa poderia acontecer.

No entanto, o entrelaçamento não consegue explicar um dos grandes mistérios da percepção ecsomática: "Por que pessoas dignas de crédito, como Ingo Swann e Robert Monroe, de maneira coerente, não conseguem provar suas habilidades em condições de laboratório? Por que Ingo identificou montanhas em Júpiter quando se sabe que tais estruturas não existem? Seria simplesmente porque eles estão fingindo que têm essas habilidades? Passar algum tempo com pessoas que afirmam ter vivenciado experiências ecsomáticas ou tido visão remota de lugares e pessoas leva-nos a concluir que essas pessoas estão realmente vivenciando um genuíno estado alterado. Então, por que eles fazem coisas tão erradas?"

Para mim, a pista encontra-se em relatos de Robert Monroe de suas viagens ao Local 3. Acredito que os viajantes astrais, de fato, vão para algum lugar diferente, mas esse outro lugar não é o universo externo/físico, como nós entendemos que ele é. Estou sugerindo que a resposta a esse enigma pode ser explicada sem se recorrer a qualquer lugar-comum do tipo "filosofia Nova Era", mas por meio de um novo modelo que aplica na experiência ecsomática duas teorias modernas simplesmente fantásticas, mas aparentemente conflitantes, a respeito da natureza real do universo, da consciência e da realidade. Uma dessas teorias é a chamada Ordem Implicada, do professor David Bohm, e a outra é a estonteante Interpretação dos Muitos Mundos, do dr. Hugh Everett III. Se você nunca encontrou essas teorias antes, garanto que depois de ler as próximas poucas páginas que escrevi aqui sobre esse assunto fascinante, sua visão do universo e sua compreensão do papel que você desempenha nele mudarão permanentemente.

A Ordem Implicada

A não localidade sugere que quando dois sistemas quânticos interagem, suas funções de onda passam a apresentar o que se chama de "entrelaçamento de fase". Isso significa que quando uma das funções de onda entrelaçadas colapsa, a outra também colapsa imediatamente, por maior que seja a distância que separa os dois sistemas. Como vimos, essa é a "ação fantasmagórica a distância" de Einstein. Ela implica que, ao partilhar de uma função de onda, os dois sistemas, na verdade, tornam-se o mesmo sistema. Isso não está restrito a pares isolados de sistemas de ondas; o número de sistemas de ondas envolvidos é ilimitado. Ora, isso sugere algo realmente fantástico. Nos primeiros milissegundos do Big Bang, toda a matéria passou a existir a partir daquilo que é conhecido como uma "singularidade". Tudo o que existe – cada elétron, fóton e qualquer outra partícula subatômica – foi "criado" naquele momento. Tudo o que nós observamos (e, provavelmente, tudo o que não podemos observar, como a "energia escura" e a "matéria escura") deriva dessas partículas iniciais, que faziam parte dessa singularidade. É razoável concluir que todas essas partículas ficaram ligadas por "entrelaçamento de fase" durante esses primeiros nanossegundos e, em seguida, como no caso das duas partículas no experimento de Aspect, essas incontáveis partículas se espalharam em disparada em várias direções e começaram a construir a matéria – toda a matéria. Desse modo, isso significa na verdade que tudo no universo está entrelaçado – você, eu, o livro em sua mão, o planeta Júpiter e a galáxia de Andrômeda – todos nós somos partes uns dos outros.

Mas as coisas ficam ainda mais estranhas se nós aplicamos as teorias do físico de partículas David Bohm a essa observação alucinante. O professor Bohm dava grande apoio a Einstein. Ele acreditava que a Interpretação de Copenhague, como Einstein sugeriu, estava incompleta.

Bohm concordava com Einstein em sua crença de que é preciso haver alguma forma de realidade subjacente ao comportamento aparentemente aleatório das partículas. Da mesma maneira que os turbilhões e redemoinhos de um rio bem cheio parecem aleatórios no seu movimento quando vistos de uma ponte, os mesmos redemoinhos aleatórios são unidos conjuntamente como parte do fluxo que ocorre debaixo da superfície. Bohm quis olhar debaixo da "superfície" do comportamento quântico, descobrir as "variáveis ocultas", como ele as chamou, e mostrar que a mecânica clássica permanece consistente.

No entanto, ele enfrentou um enorme obstáculo: uma fórmula matemática chamada "prova de Von Neumann". Essa prova apareceu pela primeira vez em 1931 e parecia que o modelo de realidade, tal como se apresentava na Interpretação de Copenhague, era onde tudo parava. A ciência não precisava mergulhar mais fundo, pois não havia mais para onde ir. A fim de chegar às suas "variáveis ocultas", Bohm teve de desmentir a famosa equação. Em 1952, ele fez exatamente isso. Ele arrancou essa "prova" pela raiz ao construir um modelo do elétron com atributos clássicos cujo comportamento correspondia às previsões da teoria quântica. Nesse modelo, o elétron é considerado como uma partícula comum, com uma diferença fundamental: ele tem acesso a informações sobre o seu ambiente.

Bohm chamou de "potencial quântico" a maneira pela qual a partícula se comunica com o resto do seu ambiente. É por meio desse "potencial" que todas as comunicações a distância aparentemente estranhas sugeridas pelo paradoxo EPR, e comprovadas por Aspect, ocorriam. Embora duas ondas possam parecer torres de água individuais, se você olhar por baixo delas, verá que o oceano as liga. Assim, quão "baixo" precisamos olhar para encontrar a "superfície do oceano" para as nossas ondas quânticas?

Para Bohm, o lugar "onde as variáveis ocultas se assentam" deve encontrar-se entre a menor distância que a ciência pode detectar e a menor distância possível permitida pela física. Quando essa distância é encontrada pela primeira vez, é um conceito extremamente estranho, mas parece que em uma distância de 10^{-33} cm é impossível a existência de qualquer espaço. Bohm argumentou que a menor distância que a física pode detectar é 10^{-17} cm. Isso deixa um domínio desconhecido que se estende ao longo de 16 ordens de grandeza de tamanho relativo, que é comparável à diferença de tamanho entre o nosso mundo macroscópico ordinário e a menor distância física detectável (10^{-17} cm). É dentro desse domínio que o "potencial quântico" atua. Como esse espaço vazio existe em um tamanho tão diminuto, ele possivelmente não conterá coisa alguma; é, com efeito, um vácuo. Mas, como descobriremos mais tarde, esse vácuo está longe de ser vazio. A essa altura, considere o fato de que esse imenso volume de espaço vazio está por toda parte ao seu redor e também dentro de você. Mais significativamente, como descobriremos mais adiante, esse imenso vazio existe dentro de cada neurônio e entre cada dois neurônios contíguos do seu cérebro.

O "potencial quântico" de Bohm é um sistema de informação ondulatória que guia o elétron através do "meio ambiente" da "variável oculta". Bohm usa a analogia do sistema de guiamento de um avião em apoio à sua teoria. Os aviões mudam seu curso em resposta a instruções enviadas a eles por ondas de rádio. No entanto, a onda de rádio não oferece a energia para mudar o curso, mas exclusivamente a informação ativa. É o próprio avião que fornece a energia necessária para fazer as requeridas mudanças de curso. Da mesma maneira, o potencial quântico instrui o elétron para fazer certas mudanças em sua condição.

No conceito de mecânica quântica de Bohm, todas as partículas estão ligadas por meio desse potencial quântico dentro de uma imensa teia interconectada. Assim como uma aranha pode reconhecer a presença de movimento em qualquer ponto de sua teia, é isso o que também acontece com as partículas no potencial quântico. Essa é a maneira como as partículas se comunicam no experimento de Aspect. De acordo com Bohm, a relatividade não é violada porque ela simplesmente não funciona no nível mais profundo onde o potencial quântico exerce sua influência.

Então, como podemos visualizar a maneira como essas variáveis ocultas atuam? Bohm apresentou um exemplo engenhoso para mostrar como observadores que não têm todas as informações em mãos podem confundir o que veem e fazer suposições totalmente erradas. Ele nos pediu para imaginar criaturas vivendo em outro planeta. Essas criaturas nunca viram um peixe e não têm noção do que é um aquário. Como não podemos enviar a elas um aquário ou um peixe, uma solução é montar duas câmeras de TV em circuito fechado que apontam para um peixe real nadando em um aquário. Uma das câmeras está dirigida para a frente do aquário e a outra para o seu lado. Nossos amigos alienígenas montam dois televisores, um para receber o sinal de uma câmera e o outro para receber o sinal da outra. Não sabendo de nada mais, os alienígenas, muito corretamente, supõem que estão olhando para duas entidades separadas, e não para um só peixe. Depois de algum tempo, nossos inteligentes alienígenas notam que parece haver uma relação definida entre as duas entidades. Embora não se movam na mesma direção nem pareçam exatamente iguais em qualquer momento, elas mostram semelhanças; por exemplo, quando uma olha para a frente, a outra olha para o lado. Os alienígenas chegam à conclusão de que alguma forma de comunicação subliminar, mas instantânea, está ocorrendo. No entanto, não é esse o caso. Os dois peixes são na verdade uma mesma coisa.

Isso, diz Bohm, é precisamente o que está ocorrendo entre as partículas subatômicas no experimento de Aspect. A transferência aparentemente instantânea de informação entre as partículas subatômicas está realmente nos dizendo que há um nível de realidade mais profundo que desconhecemos; uma dimensão mais complexa além da nossa, que é análoga ao aquário. E, acrescenta, vemos objetos, como essas partículas subatômicas, como separados uns dos outros porque estamos vendo apenas uma parte de sua realidade.

Bohm suspeitava que tudo está, de alguma maneira, contido em tudo, e que tudo contém tudo. Em outras palavras, tudo está, como ele o denominou, "dobrado" (*enfolded*) sobre si mesmo. Objetos que, a nosso ver, parecem separados, estão na verdade ligados em um nível muito mais profundo, microcósmico (*lower*), da realidade. Assim como o peixe na analogia do aquário, onde uma única entidade era percebida como duas entidades por causa das ferramentas perceptivas disponíveis aos observadores, assim também acontece com o nosso universo. As duas partículas no experimento de Aspect comunicam-se a distância porque estão dobradas uma dentro da outra. É assim que a comunicação ocorre. Na visão de Bohm, subjacente à nossa percepção de coisas separadas, há uma ordem de totalidade coesa e interligada. Esse processo de dobramento (*enfolding*)* envolve tudo o que existe, inclusive a própria consciência humana. Nas palavras de Bohm:

> Na ordem implicada, a totalidade da existência está dobrada dentro de cada região do espaço (e do tempo). Assim, qualquer parte, elemento ou aspecto que podemos abstrair no pensamento ainda envolve o todo e está, portanto, intrinsecamente relacionado com a totalidade da qual foi abstraído. Desse modo, a totalidade permeia tudo o que se está sendo discutido, desde o princípio.[60]

---

* O verbo "dobrar" desempenha um papel-chave na teoria de Bohm, estando presente tanto na sua forma latina *plicare* (ordem implicada, ordem explicada) como na forma inglesa *to fold*, como em *enfold* (envolver) e *unfold* (desdobrar). Por isso, optamos por traduzir *enfold* diretamente por "dobrar", pois em todos esses casos a referência feita pelo autor à teoria de Bohm é explícita, mas isso não ficaria evidente se usássemos a tradução mais óbvia, "envolver". É estranho que muitos tradutores prefiram traduzir *implicate* por "implícita" e *enfoldment* por "envolvimento", mantendo assim no anonimato a tão original e sugestiva nomenclatura de Bohm. (N.T.)

Bohm teve a boa sorte de poder contar com o exemplo de uma invenção moderna que implica em que cada parte do objeto maior contém versões de si mesmo. Essa invenção é o holograma. Os hologramas, que se tornaram tão comuns nos dias de hoje, são coisas muito peculiares. Um feixe de luz de laser é dividido em dois outros feixes, um dos quais se desvia e incide sobre o objeto a ser "holografado", de onde em seguida é refletido em direção a uma chapa fotográfica. Ele interfere com o outro feixe, e o padrão de interferência é registrado na chapa. A olho nu, esse padrão é visto simplesmente como um aglomerado de redemoinhos e linhas curvas sem nenhum sentido. No entanto, quando essa placa é iluminada com luz de laser, ocorre um efeito surpreendente: o emaranhado de redemoinhos e curvas dá lugar a uma imagem tridimensional do objeto original. Essa imagem pode ser vista a partir de qualquer ângulo. A chapa fotográfica contém uma ordem oculta, ou dobrada, dentro dela. Isso é bem conhecido. O que é menos conhecido é o fato de que, se o filme holográfico, no qual está registrado o padrão de interferência, for quebrado em pedaços, e cada um desses pedaços for novamente iluminado com luz de laser, ele não exibirá, como talvez se pudesse esperar, uma parte da imagem toda, mas sim, uma cópia em miniatura de toda a imagem original. Essa cópia é ligeiramente difusa, mas, mesmo assim, pode ser identificada como sendo a imagem original. Esse efeito peculiar justifica, de maneira muito visível, a ideia de Bohm segundo a qual a parte contém o todo. A forma e a estrutura de todo o objeto estão codificadas dentro de cada região do registro fotográfico.

A partir daí, Bohm sugeriu que todo o universo pode ser pensado como uma espécie de holograma gigantesco e fluente, que ele chamou de *holomovimento*, onde uma ordem total está contida, em algum sentido implícito, em cada região do espaço e do tempo. A ordem explicada é uma projeção de níveis de realidade de dimensão superior, e a estabilidade e a solidez aparentes dos objetos e entidades que a compõem são geradas e sustentadas por um processo incessante de dobramento (*enfoldment*) e desdobramento (*unfoldment*), pois as partículas subatômicas estão constantemente se dissolvendo na ordem implicada e, em seguida, se reformando ou reemergindo.

Nos últimos anos, o interesse pelas ideias e teorias de David Bohm tem demonstrado um enorme ressurgimento. Em novembro de 2009, participei de um simpósio em Londres no qual um grupo de físicos apresentou trabalhos sobre o poder explicativo da obra de Bohm. À medida que compreendemos mais e mais a respeito da natureza do universo subatômico, mais e mais a estrela de Bohm continua a subir para aqueles que não se sentem constrangidos pela camisa de força do atual paradigma científico. Suspeito que os resultados dos experimentos que ocorrem no Grande Colisor de Hádrons (LHC), na fronteira suíço-francesa, pode vir a comprovar que Bohm está correto.

Se o conceito de dobramento de David Bohm é uma alternativa razoável à "ação fantasmagórica a distância", então nós temos outra possível explicação para o estado ecsomático. Na verdade, por extrapolação, também temos uma explicação para a telepatia, a visão remota, as lembranças de vidas passadas, a precognição e, possivelmente, até mesmo os fantasmas. Assim como cada fragmento de um holograma contém a imagem de um todo, o mesmo ocorre com o universo. Cada parte está dobrada dentro do todo, envolvida dentro dele, assim como o todo está dobrado dentro de cada parte. Isso significa que, se soubéssemos como encontrá-la, poderíamos ver a galáxia de Andrômeda flutuando no líquido que circunda o nosso olho. Também dentro do olho será encontrado cada evento histórico que já aconteceu; Napoleão ainda está se retirando de Moscou e Neil Armstrong ainda está dando o seu "um pequeno passo para o homem" na superfície da Lua.

Mas essa ideia se torna ainda mais estranha. Cada dobramento conterá outros dobramentos. Por exemplo, cada um de nós carregará, em cada átomo do nosso corpo, imagens do nosso próprio passado e do nosso próprio futuro desaparecendo na distância, como as imagens em dois espelhos paralelos refletindo um ao outro eternidade afora.

No modelo de Bohm, fenômenos como a visão remota, o sonho lúcido e as experiências fora do corpo são totalmente explicáveis, até mesmo naturais. Se tudo está ligado a tudo o mais, então a consciência não está restrita ao cérebro, mas pode viajar no seu próprio "espaço interior", que, por sua vez, contém todo o universo. Isso, realmente, resolve o problema que indaga se o cérebro cria ou não a consciência, pois ambos são aspectos da mesma coisa. Que Ingo Swann pudesse "ver" a superfície de Io enquanto estava deitado em uma cama nos Estados Unidos é perfeitamente compreensível. Ele não viajou para o espaço fora de seu cérebro, mas viajou interiormente para as profundezas do seu próprio subconsciente e lá encontrou outro local, tão real quanto o que se encontra milhões de quilômetros de distância no espaço.

É claro que isso realmente não explica como é que videntes remotos altamente eficientes, como Ingo Swann, Robert Monroe e muitos outros, parecem falhar quando são solicitados a comprovar suas habilidades em condições de laboratório ou quando parecem perceber dados incorretos ao "viajar" dentro do "Local 1" de Monroe. Além disso, a teoria de Bohm não explica os outros dois Locais de Monroe, que sugerem ambientes muito diferentes daqueles que existem na Terra e, possivelmente, em qualquer outro lugar dentro do nosso universo consensual. Por exemplo, como podemos explicar o encontro de Monroe com o "eu de lá"? Poderia acontecer que certas experiências ecsomáticas envolvem viajar para universos alternativos que podem estar fora deste universo? Minha resposta a isso é "sim", e eu acredito que a teoria de um físico excêntrico chamado Hugh Everett III contém a resposta a esse enigma, o segundo dos principais mistérios dos estados ecsomáticos.

A Interpretação dos Muitos Mundos

Em uma famosa demonstração para mostrar quão ilógico era o colapso da função de onda gerado pelo observador, o físico Erwin Schrödinger propôs um experimento de pensamento. Ele sugeriu que um gato fosse colocado dentro de uma caixa fechada, sem aberturas. Dentro dessa caixa também haveria um frasco contendo um gás letal, e equilibrado em cima da caixa um pequeno martelo retido por um trinco. Por sua vez, o trinco estaria conectado a um detetor. Este estaria programado para registrar o decaimento até mesmo de um único átomo em uma amostra de material radioativo, um evento que se sabe ter uma probabilidade de ocorrência de 50/50. Se o átomo decair, o detetor enviará um sinal para o trinco instruindo-o para soltar o martelo. Como um moderno felino equivalente à "Espada de Dâmocles", o martelo cai sobre o frasco, quebrando-o e libertando assim o gás venenoso. Obviamente, isso resultará na morte imediata do pobre gato. Mas se não houver decaimento, o martelo não se soltará e o gato continuará vivo. Não podemos confirmar o estado do gato até abrirmos a caixa e olharmos dentro. De acordo com Bohr e seus colegas, a função de onda precisa de um observador para provocar o seu colapso, o qual, por sua vez, evidenciará o decaimento ou o não decaimento do átomo em questão. Desse modo, até que a observação seja realizada, o gato está em uma curiosa situação, vivo e morto ao mesmo tempo. Com seu experimento mental, Schrödinger mostrou com clareza que a "interpretação estatística" era simplesmente ilógica.

Os seguidores da Interpretação de Copenhague se mantiveram firmes. Eles sugeriram que o gato se encontraria, na verdade, em um estado "híbrido", nem vivo nem morto, até que a caixa fosse aberta e o ato de observação fizesse com que todas as possibilidades estatísticas colapsassem em um único estado observado: um gato morto ou um gato muito vivo.

Em 1957, o jovem Hugh Everett completou sua tese de doutorado. Nela, propôs uma solução radical e totalmente nova para o problema do colapso da função de onda induzido pelo observador. Esse problema era a falta de lógica, aparentemente do tipo senso comum, que sustentava a Interpretação de Copenhague.

Como muitos outros, Everett simplesmente não podia aceitar uma posição tão ilógica, mas o problema era que a Interpretação de Copenhague funcionava – todas as previsões feitas quando ela era aplicada a fenômenos observados comprovaram-se corretas. Embora Everett aceitasse a validade do modelo, ele propôs uma interpretação diferente.

Para ele, era logicamente absurdo acreditar que a função de onda só produzisse um resultado real em consequência da observação feita por uma mente consciente. É claro que a onda já existia antes da observação, e continuava a existir depois. Ela simplesmente mudava. Então, como é que sua nova proposta, racional e não paranormal, explicava o que acontecia?

Everett sugeriu que, no caso do gato de Schrödinger, a própria função de onda se divide em duas realidades: uma realidade onde ela colapsa provocando o decaimento atômico e uma onde o decaimento não acontece. Com efeito, ambas as realidades existem juntas. Quando a caixa é aberta, o próprio observador se divide em duas versões idênticas de si mesmo, uma na qual observa o gato morto e a outra na qual observa o gato vivo. Dessa forma, Everett resolveu a horrível ideia de que a mente era, de alguma maneira, diferente com relação à matéria.

Que solução! Em vez de se ter apenas uma consciência dando à luz a realidade material, temos agora um cenário de ficção científica de universos paralelos. Desse modo, se aceitamos a proposta de Everett, uma versão do cientista deixa a sala e escreve um relatório, ao mesmo tempo que, no outro universo, a outra versão do cientista escreve um relatório diferente. Muito depressa, uma ondulação de causa e efeito muda cada universo, inicialmente em uma escala pequena, mas, à medida que cada novo cenário gera seu próprio resultado, os dois universos especulares divergem desdobrando-se por locais potencialmente muito diferentes.*

A proposta de Everett, conhecida hoje como a Interpretação dos Muitos Mundos (IMM), não para por aí. A bifurcação real do universo não ocorre no ponto de observação, mas no ponto do evento quântico, na "decisão" que o átomo faz de decair ou não. Esse evento terá causado seus próprios cenários alternativos no nível quântico, fazendo com que divisão seja somada a divisão. Na verdade, Everett, e seu defensor em um período mais recente, Bryce DeWitt, sugere que o universo se divide a cada evento quântico, e cada novo universo começa por sua vez a se dividir – e vem fazendo isso desde o primeiro milissegundo do Big Bang!

Desse modo, levada à sua conclusão lógica, a Interpretação dos Muitos Mundos implica o fato de que todos os cenários possíveis já aconteceram ou irão acontecer nesse novo multiverso em rápida inflação.

No fim da década de 1980, um levantamento realizado entre 72 dos principais cosmólogos do mundo resultou nas seguintes respostas com relação à IMM:

- 58% disseram que acreditavam que a teoria de Everett era verdadeira
- 18% disseram que não a aceitavam
- 13% responderam que pensavam que seria possível, mas ainda não haviam se convencido
- os 11% restantes não tinham nenhuma opinião a respeito

Entre aqueles que concordavam, havia nomes ilustres como Stephen Hawking e os Prêmios Nobel Murray Gell-Mann e Richard Feynman.

---

* Em 1941, o escritor argentino Jorge Luis Borges, em uma antecipação genial, desenvolveu essa ideia em um famoso conto, "O Jardim dos Caminhos que se Bifurcam", que ele publicou em seu livro *Ficções*. (N.T.)

Gell-Mann e Hawking manifestaram reservas com relação ao nome "Muitos Mundos", mas não quanto ao conteúdo da teoria. O Prêmio Nobel Steven Weinberg também é mencionado como um apoiador da Interpretação [um *Many-Worlder*]. Em um contexto mais amplo, Gell-Mann descreveu a si mesmo como um adepto da interpretação pós-Everett.

Em termos práticos, o que a Interpretação dos Muitos Mundos sugere é que há, literalmente falando, trilhões de trilhões de universos, e todos eles estão continuamente se dividindo em mais e mais universos. É razoável concluir que, para todos os efeitos, o número de universos poderia muito bem ser infinito. Como já descobrimos, essa divisão vem acontecendo desde os primeiros microssegundos do Big Bang.

Isso significa que cada resultado possível de cada evento acontecerá em um ou mais universos. Por sua vez, isso significa que todo evento possível que pode acontecer de fato acontecerá, ou já aconteceu, em algum lugar dentro desse "macroverso" que rapidamente inflaciona. Você e eu, e todos os outros seres vivos, somos parte dessa inflação; há versões de você que já viveram todos os resultados possíveis de todas as decisões possíveis que você já tomou, desde o momento de seu nascimento até o momento de sua morte. Mas isso se torna mais complexo porque você não vive a sua vida em isolamento. Seus pais também terão feito miríades de decisões, assim como os pais deles, processo que vai remontando ao longo de toda a sua ancestralidade. Algumas dessas decisões podem ter envolvido mudanças para outros lugares do mundo. Na verdade, a lógica exige que eles terão decidido viver em cada local habitável na Terra. Haverá versões de você nascidas em cada aldeia e em cada cidade de seu próprio país, além de versões semelhantes em cada aldeia da Birmânia, do Peru, da Noruega e todos os outros países do planeta. Algumas versões de você terão origens culturais e visões de mundo radicalmente diferentes da sua, enquanto outras serão praticamente idênticas a você – com todas as gradações entre elas também representadas nesse maravilhoso macroverso.

O enigma realmente interessante está no fato de que, em alguns universos, você pode até mesmo ser uma pessoa diferente. Seus pais podem não ter feito amor no momento em que você deveria ter sido concebido. Se eles tivessem atrasado cinco minutos, será que o bebê ainda seria você ou seria um outro indivíduo? As possibilidades são infinitas, mas uma coisa é clara – isso torna a sua vida, e todas as suas vidas potenciais, muito mais complexas do que você jamais poderia ter sonhado.

Por isso, vamos imaginar por um segundo que Everett e Bohm estejam ambos corretos – afinal, ambos sugerem teorias que contestam a ideia simples de que a consciência colapsa a função de onda – e então, vamos supor que há inúmeras versões de você vivendo inúmeras variações de sua vida e que todas elas estão *dobradas* dentro de você. Será que isso poderia explicar por que, às vezes, visitamos lugares estranhos em nossos sonhos? Seria por isso que os sonhadores lúcidos encontram mundos e locais estranhos? Será que todos esses lugares e locais estão, ao mesmo tempo, desdobrados "lá fora", no espaço exterior, e dobrados dentro de todos nós?

Sugestões recentes feitas pelo professor Stephen Hawking e um colega, Thomas Hertog, do CERN, tornam essa proposição ainda mais fascinante. Eles apresentaram um modelo matemático complexo propondo algo a que chamaram de "universo criado pelo observador". Eles argumentam que todos esses universos não se ramificam existindo isoladamente, mas sim, existem de forma simultânea em um estado de "superposição". Você deve se lembrar de que esse é o estado em que uma partícula se encontra antes de ser "observada". Ela existe em uma superposição de todos os locais possíveis onde pode estatisticamente ser encontrada quando a onda de probabilidade colapsa. Surpreendentemente, Hawking e Hertog sugerem que todos os trilhões de universos estão lá fora esperando por uma tomada de decisão por parte de cada um de nós. Quando fazemos isso, a "função de onda" do universo que contém o resultado dessa decisão colapsa, deixando que todos os outros universos potenciais continuem em um estado de superposição com todos os outros.

Vamos dar um passo atrás e levar em consideração exatamente o que um dos principais físicos do mundo está sugerindo – você está criando o seu próprio universo à medida que avança, e assim também o fazem todas as outras consciências. E isso também vale para todas as outras pessoas com as quais você interage ao longo da vida. Estamos todos existindo em nosso próprio jogo de computador pessoal, jogo esse em que cada decisão produz uma diferente versão da realidade, mas (e essa é uma conclusão muito importante para retermos) o *resultado potencial* de cada decisão existe quer você o escolha ou não.

Isso, com certeza, explicaria por que Robert Monroe foi capaz de fundir sua mente na mente do seu "eu de lá" que ele encontrou no Local 3, e, ao mesmo tempo, poderia explicar por que algumas das percepções que Monroe experimentou "fora do corpo" no Local 1 foram ligeiramente diferentes de como elas realmente eram quando ele as verificou. Talvez o dr. Bradshaw tivesse dirigido a palavra a ele em um universo, mas não em outro.

Porém, tudo isso é suposição de minha parte. A fim de apresentá-la como uma possibilidade em vez de simplesmente fazê-lo como se estivesse oferecendo uma proposta divertida, preciso apresentar provas concretas advindas da linha de frente do pensamento científico mostrando que tal ideia não é tão louca quanto parece. Se o universo está entrelaçado de alguma maneira, e se a consciência é, de algum modo, a "criadora" da matéria, como isso funciona? Uma coisa é provar, como William Blake disse certa vez, que existe um céu em uma flor silvestre, mas outra coisa, totalmente diferente, é apresentar isso como um *fato* potencial.

ORCH-OR

Fato é algo que se poderá muito bem comprovar se um físico teórico britânico, o professor Roger Penrose, e um anestesista norte-americano, o professor Stuart Hamerhoff, tiverem algo a ver com ele. Se suas sugestões estiverem corretas, então, em seu fantástico e maravilhoso mundo, as partículas entrelaçadas e as funções de onda colapsadas existem, todas elas, por uma e apenas uma razão – permitir que a consciência experimente o macroverso de Everett em toda a sua glória, e também facilitar essa experiência.

Esses pioneiros muito criticados têm trabalhado sobre um modelo o qual sugere que a linha limítrofe entre o universo microcósmico da estranheza quântica e o universo seguro e determinista da física newtoniana pode ser encontrada dentro das estruturas profundas do cérebro humano. Esse é o lugar onde a insanidade quântica se transforma em sanidade newtoniana. Eles chamam esse processo de ORCHestrated Objective Reduction [Redução Objetiva Orquestrada], ou ORCH-OR.

A fim de apreciar o poder desse conceito, precisamos compreender outro – algo chamado de coerência quântica.

A coerência quântica é exibida quando um grande número de partículas cooperam coletivamente em um único estado. Por exemplo, o estreito e intenso feixe de um laser é um exemplo perfeito. Nesse estado, todos os fótons do laser carecem de identidade individual. Eles se tornaram *coerentes*. Quando estimulados de uma maneira específica, todos os fótons movem-se coletivamente para um estado de energia mais alta, que é idêntico para todos eles. Essa é uma transição de fase não linear, significando que isso acontece subitamente a todos eles no mesmo momento. É isso o que torna a luz de laser diferente da luz comum, que é *in*coerente. Tecnicamente, esse estado coletivo é conhecido como um *condensado de Bose-Einstein* e muitos acreditam que ele é uma forma de matéria completamente nova. O que é particularmente significativo a respeito desses condensados de B-E é que eles podem ser observados a olho nu.

Para que os condensados de B-E se formem, é preciso haver comunicação não local entre as partículas. Como vimos em nossa discussão a respeito da Desigualdade de Bell e do experimento de Aspect, esses estados envolvem comunicação instantânea de informações entre todos os elementos. É como se cada parte fosse um elemento de um todo que "soubesse" instantaneamente sobre o estado de todos os outros elementos.

O que é ainda mais surpreendente é a descoberta de que esses peculiares condensados de B-E existem dentro do corpo humano. Na verdade, descobriu-se que grande parte de todas as coisas vivas tem estrutura *cristalina líquida*. Por exemplo, o colágeno nos ossos é uma substância semissólida e é chamada de "cristal líquido". Se você já usou uma calculadora de bolso, você viu cristais líquidos em ação. Mas é um estado da matéria extremamente estranho, nem líquido, nem sólido, mas um peculiar estado híbrido. Sabe-se agora que a informação é transferida instantaneamente dentro desse estado. Quase todos os tecidos conjuntivos e membranas celulares contêm essa substância. Possivelmente de grande importância é o fato de que, dentro de todas as células do corpo podem ser encontradas estruturas minúsculas que são, com efeito, condensados de Bose-Einstein biológicos. Denominados microtúbulos, é possível que essas estruturas tubulares auto-organizadoras de proteínas retenham o segredo das experiências ecsomáticas e da visão remota. Poderiam, talvez, até mesmo constituir um canal por onde todos nós seríamos capazes de visitar outras dimensões. E, o que é ainda mais surpreendente, poderiam até mesmo explicar a própria consciência.

Essas estruturas intrigantes podem ser encontradas em todas as células do corpo que tenham um núcleo. Elas são responsáveis pela comunicação através de cada célula e, como tais, têm sido chamadas de o "cérebro" da célula. Como o nome indica, os microtúbulos são microscópicos e têm forma tubular. Em algumas células cerebrais (neurônios), eles podem ser surpreendentemente longos, alguns deles atingindo cerca de um metro de comprimento, e enfeixados em arranjos consistindo em centenas, ou até mesmo milhares, de estruturas individuais. Essas estruturas em feixe são reminiscentes de fibras ópticas e, de fato, têm grande semelhança com essa forma de comunicação feita pelo homem, pois funcionam de maneira semelhante, no sentido de que enviam informações usando uma forma de propagação luminosa. Significativamente, demonstrou-se que os micropulsos de luz coerente de um só fóton que são enviados ao longo do comprimento de cada microtúbulo individual são gerados da condensação de Bose-Einstein. Em outras palavras, os processos de comunicação que os microtúbulos utilizam são também facilitados por efeitos quânticos.

Foi a natureza peculiar dos microtúbulos, semelhante à de um computador, que primeiro chamou a atenção do professor Stuart Hamerhoff, da Medical School da Universidade do Arizona. Como anestesista, Hamerhoff estava já havia muito tempo fascinado pelo que acontecia exatamente quando uma pessoa era colocada sob anestesia geral – ou seja, quando ela ficava totalmente inconsciente. Para ele, era como se as drogas, literalmente falando, tirassem a consciência das pessoas durante o tempo em que atuavam efetivamente. Com exceção da perda de consciência, o cérebro continuava a funcionar como sempre o fazia. No entanto, permanecer em um tal estado de anestesia não é o mesmo que estar em um sono profundo, como muitas pessoas acreditam. Não há sonhos e, absolutamente, nenhuma sensação de dor. É claro que, se não há consciência dentro do cérebro nesse período, então não há nada para levar a pessoa a sentir dor. Isso é de uma profunda importância filosófica. Aonde a consciência vai durante esse tempo? Ela é simplesmente "desligada" em um estado semelhante ao da morte? Ou será, simplesmente, que o anestésico interrompe a comunicação entre a consciência e o corpo?

Agora – e você poderá receber isso como uma surpresa, assim como aconteceu comigo quando eu estava pesquisando sobre o assunto desta seção –, apesar de os médicos saberem dos efeitos dos anestésicos em geral, eles não têm nenhuma ideia real de *por que* eles funcionam ou mesmo de *como* eles funcionam. Essa ainda é uma área de pura teoria, com novas sugestões sendo apresentadas de tempos em tempos nos periódicos médicos. Será que isso acontece porque os pesquisadores estariam trabalhando dentro do paradigma errado? Neste caso, enquanto eles continuarem a procurar recorrendo ao modelo materialista-determinista, eles estarão condenados ao fracasso, pois continuarão a procurar as respostas nos lugares errados.

Parece que Stuart Hamerhoff não está cometendo esse erro. Como é um pensador eclético e de mente aberta, ele fez questão de aplicar as descobertas mais recentes da física quântica a esse mistério. Ele estava intrigado com o papel que os microtúbulos poderiam desempenhar nesse processo. Não se restringindo à ideia de que a consciência é alguma forma de ilusão, ele trabalhou no modelo segundo o qual esse estado efêmero de autopercepção estava sendo bloqueado de alguma maneira pelos anestésicos. Ele sabia, com base em seu treinamento, que as drogas tinham por alvo, especificamente, os microtúbulos, e a partir disso ele concluiu que os microtúbulos poderiam desempenhar um papel de importância crucial na geração da consciência.

Em um momento semelhante, o físico teórico britânico Roger Penrose tinha escrito um livro chamado *A Mente Nova do Rei*, no qual ressaltava que o cérebro humano precisaria ser muito mais complexo do que seria possível se ele funcionasse de maneira semelhante a um supercomputador. Ele sugeriu que se poderia encontrar uma solução aplicando-se a física quântica à maneira como o cérebro coleta e processa informações. O professor Hamerhoff leu esse livro, entrou em contato com o professor Penrose, e sugeriu que talvez eles devessem trabalhar no desenvolvimento de uma teoria conjunta que explicasse a maneira como a consciência poderia surgir dentro das estruturas profundas do cérebro.

Penrose e Hamerhoff agora propõem um modelo funcional sobre como a função de onda pode colapsar em uma partícula punctiforme dentro dos próprios microtúbulos. Em outras palavras, Stuart e Roger apresentam a surpreendente justificativa de acordo com a qual essas minúsculas estruturas criam a "realidade", forçando uma onda de probabilidades a se converter em um objeto físico que tem massa e localização. Esta é uma ideia incrível, como implicações de longo alcance para a nossa compreensão do universo. Se estiver correta, isso significa que a mente realmente cria a matéria, e não o contrário.

A implicação disso é que cada ser autoconsciente está tendo acesso a informações que não provêm do mundo dos "fenômenos", externo a nós, mas do universo interior da superposição quântica e do modelo de Bohm, agora conhecido como "ordem implicada". Se for esse o caso, então o nosso modelo do mundo dos fenômenos é criado internamente, e em seguida projetado para fora, a fim de criar a ilusão de um lugar real localizado no espaço e no tempo, sendo que ambos são mistérios para o atual paradigma científico. Dessa maneira, o comportamento bizarro das partículas que passam a existir em consequência do mero ato de observação pode ser explicado. É um ciclo de *feedback* completamente autorreferencial e totalmente encerrado dentro de nós.

Na verdade, afirmar que a consciência existe ou não existe no cérebro é errar completamente o alvo. Ela existe em todos os lugares, como parte da "ordem implicada" de Bohm. Ela está dobrada dentro do próprio universo e contém o universo dobrado dentro de si mesma. Além do mais, isso significaria que a consciência tem acesso a todas as informações disponíveis dentro dessa matriz. Será que isso não poderia ser um modelo para uma nova ciência, uma ciência que pudesse explicar a experiência ecsomática?

CAPÍTULO 11

A Experiência "Intrassomática"

O Problema

ANTES QUE EU ME EMPENHASSE na redação deste livro, não tinha opiniões bem definidas sobre a experiência ecsomática. Quando comecei minha revisão das evidências à procura de provas convincentes, fiquei, ao mesmo tempo, surpreso e decepcionado com o número muito reduzido de constatações que encontrei comprovando que havia indivíduos capazes, pela força de sua vontade, de deixar seu corpo e ter acesso a informações presentes em outros lugares e não disponíveis à percepção cotidiana tridimensional. Todos os casos clássicos, que são, de tempos em tempos, citados como "prova" de percepções ecsomáticas, em livro após livro, infelizmente se desfaziam quando examinados mais detalhadamente.

No entanto, tão logo eu passei a me voltar para a ciência, descobri que tais percepções fora do corpo podem ficar disponíveis sob certas condições neuroquímicas ou estados alterados de consciência estimulados pelo cérebro.

Então, eis o mistério. As evidências empíricas para as percepções subjetivas fora do corpo simplesmente não estavam lá, mas também era evidente que essas pessoas experimentaram algo fora do comum. Eu sinceramente não posso acreditar que todos eles fossem mentirosos e charlatães. O que Robert Monroe tinha a ganhar escrevendo seu primeiro livro? Ele era um homem de negócios bem-sucedido. De fato, no prefácio à segunda edição de *Viagens Fora do Corpo*, ele descreve suas preocupações pessoais a respeito de como o livro seria recebido por seus colegas, homens de negócios como ele. Sua carreira poderia ter sido facilmente destruída, se não fosse pelo fato de que muitas outras pessoas passaram por coisas semelhantes, mas tinham receio de falar sobre elas por medo do ridículo. Ingo Swann estava sem dúvida vendo lugares e paisagens em seu estado de semissono; para ele, esses lugares eram reais. Como eu já disse, também tive essas experiências e sei que os lugares que são "vistos" durante esses estados hipnopômpicos ou hipnagógicos parecem – e despertam a sensação de ser – muito reais. Elas contêm, na sua estrutura, uma lógica interna que é totalmente convincente.

Se acreditarmos em pesquisas estatísticas, reconheceremos que esse fenômeno é extremamente comum. De acordo com um estudo realizado em 1984 por Glackenberg e LaBerge, aproximadamente uma em cada cinco pessoas terá uma EFC em algum momento durante a vida. Só no Reino Unido, esses dados estatísticos sugerem que *pelo menos* 20 milhões de experiências fora do corpo ocorrerão ao longo de um período médio de setenta anos. Isso corresponde a 285.714 casos por ano, 5.495 por semana ou 784 *a cada dia*... e mesmo assim não há um só caso verídico convincente disponível para comprovar a realidade do fenômeno.

Tenho de aceitar o fato de que, sem acesso aos documentos originais, algumas das percepções a distância de Swann foram surpreendentemente precisas. Seus desenhos e mapas de locais vistos a distância são extraordinários. No entanto, em outras ocasiões, ele parecia perder elementos essenciais da cena. Era como se ele percebesse um local que era *quase* o lugar que de fato existia na Terra, mas não completamente. Por que deveria ser assim se ele estava apenas descrevendo o que realmente via? Será que ele perdeu algumas coisas simplesmente porque elas não estavam lá?

A situação de Robert Monroe era semelhante. Quando ele viajava até o lugar a que chamava de "Local 1", ele com frequência percebia coisas que não eram totalmente corretas. Isso, para mim, é estranho. Assim como no caso de Swann, como ele poderia estar parcialmente certo e parcialmente errado a respeito de uma cena que ele "viu" com o olho de sua mente? Se ele estava simplesmente enganando a si mesmo, não teria visto nada com precisão. É claro, ele poderia modelar uma cena a partir de sua memória e preencher o restante com conjecturas, mas isso simplesmente não podia explicar como ele sabia que o dr. Bradshaw fora dar um passeio com a mulher, quando Robert esperava que ele estivesse na cama. Isso não explica como ele descreveu com precisão a nova casa de Charles T. Tart, na Califórnia, e, mesmo assim, "viu" pessoas que não estavam lá na ocasião. Estranhamente, ele também afirmou que interagia e se comunicava com pessoas nesse estado hipnagógico – o dr. Bradshaw reconheceu sua presença e o técnico de laboratório felicitou-o por seu sucesso em sair do seu corpo. No entanto, nenhuma dessas pessoas se recordou de ter feito tal comunicação. Mais uma vez, isso intensifica minha crença em que Monroe estava descrevendo algo que na verdade aconteceu com ele. Por que não afirmar que o dr. Bradshaw de fato se lembrava de falar com um Monroe desencarnado, ou mesmo simplesmente não menciona sua tentativa de comunicação? Quem iria contradizer isso, anos depois do evento? Não, esse é um homem que diz a verdade e é honesto, e que descreve os eventos conforme os percebeu.

Para mim, a pista encontra-se na própria cosmologia de Monroe. Ele sugere que existem três "Locais". O Local 1 é este mundo, o Local 2 é o equivalente ao mundo dos sonhos, e o Local 3 está inteiramente em outro lugar. Poderia ocorrer que, na realidade, houvesse apenas dois Locais, o 2 e o 3? O Local 1 é, na verdade, uma ilusão hipnagógica ou é outra versão do Local 3, que é *quase* idêntica à nossa realidade normal. Isso certamente explicaria os erros de percepção regularmente relatados por pessoas que vivenciaram EFCs. Será que elas estariam confundindo o "aqui" com "algum outro lugar"?

Esta é exatamente a conclusão a que chegou o moderno viajante ecsomático William Buhlman.* Ele escreveu:

> Lentamente, passei a entender que o ambiente que eu estava observando não era o mundo físico, como eu havia suposto. Percebi que as estruturas que eu normalmente observava quando estava fora do corpo eram estruturas não físicas... Agora eu finalmente compreendo por que havia ligeiras variações entre os móveis e outros objetos não físicos e físicos. Por exemplo, as paredes não físicas eram muitas vezes de cor diferente, e as formas e os estilos de alguns dos móveis e tapetes eram diferentes. Grande parte deles era menor, mas, mesmo assim, perceptível... Parece que não estamos observando o mundo físico a partir de uma perspectiva diferente, como muitos acreditam, mas estamos interagindo em uma dimensão de energia separada, mas paralela.[61]

Antes, eu discuti como, nos últimos anos, descobriu-se que uma substância altamente psicodélica, o DMT, não apenas é gerada internamente em nosso corpo, mas é também um neurotransmissor de importância potencialmente fundamental dentro do próprio cérebro. De acordo com o psicólogo Rick Strassman, essa substância fascinante pode ser gerada dentro da glândula pineal e, em certas ocasiões cruciais, inunda o

---

* E também um dos mais proeminentes pesquisadores atuais de EFCs, como se pode constatar em seu excelente *O Segredo da Alma: O Uso de Experiências Fora do Corpo para Entender a Nossa Verdadeira Natureza*, de William L. Buhlman, publicado pela Editora Cultrix, São Paulo, 2005, fora de catálogo. (N.T.)

tecido cerebral que lhe é adjacente, causando um estado de consciência totalmente alterado na pessoa afetada. Como já discutimos, seu colega Beach Barrett foi além e sugeriu que a glândula pineal seria, com efeito, um buraco de minhoca que utiliza o princípio de uma Ponte de Einstein-Rosen para projetar a consciência em uma realidade paralela.

Poderia ocorrer que essa realidade seja o *algum outro lugar* aonde vão as pessoas que vivenciam a EFC? Na verdade, aplicando a Interpretação dos Muitos Mundos de Everett e a ordem implicada de David Bohm, posso até mesmo ser capaz de explicar por que não há casos convincentes de percepção verídica durante uma experiência ecsomática. Isso ocorre porque o experimentador não está mais neste universo, mas em outro, muito "perto do nosso".

Falsos Despertares

Levada à sua conclusão lógica, a Interpretação dos Muitos Mundos de Everett propõe que cada resultado de cada decisão manifesta-se em um imenso macroverso, que cresce cada vez mais, e isso começou a acontecer desde os primeiros segundos do Big Bang. Com efeito, alguns físicos modernos usam esse modelo para argumentar contra outra teoria cosmológica, chamada de Princípio Cosmológico Antrópico. Esse princípio se refere à incrível série de coincidências fortuitas que passaram a ocorrer desde os primeiros segundos após o Big Bang e estaria cuidando de garantir que a vida iria evoluir em algum lugar no universo. Essas coincidências continuaram ao longo de bilhões e bilhões de anos e, ao fazê-lo, prosseguiram estabelecendo condições de sintonia fina para acolher a evolução da vida neste planeta, a qual viria a se tornar consciente, autoconsciente e, por fim, reflexivamente autoconsciente. Alguns chegaram até mesmo a sugerir que o universo precisaria criar essa percepção a fim de continuar a existir no futuro, quando seria criado por "observadores" que provocariam o colapso da sua função de onda. O motivo pelo qual esse argumento é tão sedutor para muitas pessoas, particularmente para os crentes religiosos, é que tudo isso foi conseguido já na primeira tentativa. Em outras palavras, se há somente um universo, então ele teve apenas uma chance, contra todas as probabilidades, de "acertar logo na primeira vez". No entanto, e essa é a parte realmente inteligente, se Everett está certo e se há de fato trilhões de universos, então a vida e a consciência terão o conjunto certo de circunstâncias em muitos desses universos, e acontece de habitarmos um deles.

O que isso significa é que existem, literalmente falando, milhões, e talvez bilhões, de versões de você e de mim e de cada ser humano que já existiu. Na verdade, as coisas se tornam ainda mais complexas. Também haverá muito mais semiversões de todos nós. Lembre-se, se seus pais não tomaram as mesmas decisões que haviam tomado no presente universo, as outras versões de você poderiam ter sido concebidas em diferentes momentos por diferentes espermatozoides. Seria ainda você ou uma versão sutilmente diferente de você, mas carregando o mesmo DNA? Um mês diferente corresponderia a um ovo diferente. Embora o DNA seja o mesmo, será que a pessoa seria a mesma? A complexidade, então, se abre em leque ao longo de todas as escolhas que todos os nossos ancestrais fizeram. Uma escolha de local para viver, uma decisão de emigrar para outra parte do mundo e muitas outras decisões como essas mudam tudo para todas as gerações futuras dentro desse universo.

Mas agora eu vou tornar as coisas realmente complexas ao assinalar que cada versão de você "criará" toda uma vida a partir do campo akáshico que o circunda. Essa vida será então "codificada" dentro do dobramento "bohmiano" dentro de você. Então, nas profundezas do seu cérebro, há um registro holográfico de cada vida que você poderia possivelmente viver. Em meus livros anteriores, eu chamo esse registro de

IMAX bohmiano. Quando aplicado às experiências ecsomáticas, isso pode explicar plenamente por que é impossível obter evidências verídicas durante uma EFC ou uma EQM realizada no Local 1.

Eu gostaria de dar a essas experiências geradas interiormente o nome de "intrassomáticas". A palavra "ecsomática" significa "fora do corpo", enquanto meu novo termo sugere uma experiência que vem das profundezas do corpo. Ele não sugere que, pelo fato de ser gerado interiormente, não seja "real" – longe disso. Essas experiências são provavelmente mais reais do que quaisquer experiências vivenciadas no mundo dos fenômenos.

Nesse modelo, quando uma pessoa tem a sensação de deixar o seu corpo, ela na verdade está penetrando um espaço interior, e não exterior. A sensação de formigamento relatada por muitas pessoas que passam por uma EFC é produzida pela inundação de DMT (metatonina) através das sinapses do cérebro. A consciência é então puxada para o nosso interior, para as áreas mais profundas do cérebro, e cruza por uma Ponte de Einstein-Rosen, que lhe permite acesso imediato às informações contidas no Campo do Ponto Zero (o campo akáshico). Lembre-se de que, de acordo com o professor Ervin Laszlo, descobriu-se que o vácuo quântico – um estado que não deveria conter absolutamente nada – está repleto de uma forma nova e aparentemente ilimitada de energia. Sugeriu-se seriamente que essa chamada energia do ponto zero contém quantidades imensas de informação (definindo então como campo akáshico do ponto zero – ou "campo A"). Se David Bohm está correto e aquilo que percebemos como realidade é uma ilusão gerada holograficamente, então cada ponto de localização dentro desse holograma pode ser acessado dentro do campo. Então, quando a pessoa entrasse no CPZ, ela poderia se localizar em qualquer lugar como um ponto de consciência.

Pode ser que, no estado limítrofe, essa pessoa esteja percebendo um universo de Everett ligeiramente diferente do seu, no qual tudo pode parecer exatamente como é no local correspondente de sua casa. A única diferença é que ela o está vendo de uma posição aparentemente impossível, como na posição perto do teto. Ela olhará para baixo e verá outra versão de si mesma deitada na cama. Nessa parte do CPZ, ela não está aprisionada em um corpo, como ela o está em seu Local habitual, e pode "viajar" dentro desse fac-símile e perceber (e receber) informações e interagir com outras pessoas. Mas essas informações não são as mesmas que circulam no Local 1. Haverá diferenças sutis. Essa é, literalmente falando, uma ilusão "gerada pela mente", que tem sua própria realidade externa, se é que isso faz sentido para você.

Ao retornar pelo buraco de minhoca e voltar ao Local 1, a pessoa acorda e relata o sonho mais estranho. Esse sonho parece tão real que ela está convencida de que de fato esteve fora do seu corpo, movendo-se no espaço externo de sua vida cotidiana. No entanto, as coisas de que ela se lembra não combinam muito bem com a realidade do Local 1. Ela pode descrever uma conversa que teve com pessoas que, ao serem subsequentemente indagadas, não confirmam esse diálogo; lembre-se do encontro de Robert Monroe com o dr. Bradshaw e de suas interações subsequentes com as técnicas que trabalhavam no laboratório do dr. Tart. Ela pode tentar ler documentos ou registrar números, mas simplesmente não os vê. Isso ocorre porque está procurando no lugar errado!

Outro fenômeno regularmente relatado é o dos "falsos despertares". Eles ocorrem quando a pessoa acorda e se levanta da cama, geralmente tarde da noite, e se dirige ao banheiro. Ela se levanta, atravessa o quarto, vira-se e vê que está deitada na cama. Em seguida, levanta-se novamente e faz a mesma coisa, apenas para descobrir que se encontra em um sonho dentro de um sonho. Acredito que esses sonhos são exatamente isso – sonhos. A pessoa se move dentro de uma "realidade" aparentemente tridimensional que é muito bem conhecida dela. É justo supor que o sonho apenas cria um modelo subjetivo do local externo e coloca o sonhador dentro dessa criação.

Uma experiência semelhante é denominada "paralisia do sono". Como já vimos, essa sensação perturbadora é gerada por um estado neurológico conhecido como Intrusão REM. É quando a pessoa acorda e sente-se paralisada. É extremamente perturbadora e, em geral, acompanhada pelo sentimento de que há uma entidade maléfica presente – uma figura acaçapada em um canto da sala ou um ser semelhante a um gnomo sentado sobre o peito e aumentando a sensação geral de opressão. Você deve se lembrar de que foi exatamente essa a sensação produzida quando Olaf Blanke estimulou o giro angular esquerdo de seus pacientes, e quando o "capacete de Deus" de Michael Persinger estimulou o lobo temporal de seus voluntários.

A explicação que se sugere para a paralisia do sono afirma que a responsável é a melatonina, o neurotransmissor irmão da metatonina. Como já vimos, essa substância é ativada durante os períodos de escuridão, e facilita o sono paralisando efetivamente o corpo. Isso permite que o corpo se desassocie do cérebro e interrompa qualquer dano potencial que viesse a ocorrer se o corpo adormecido se movesse por efeito da mente adormecida. Em geral, esse processo é ativado logo depois que a mente está dormindo profundamente. No entanto, às vezes, uma inundação de metatonina conduz a mente a um estado de quase percepção na qual ela, ao mesmo tempo, acessa informações do campo do ponto zero e está semidesperta. Há um sentido muito real de paralisia, juntamente com o encontro de uma presença trazida do subconsciente profundo. Com efeito, em reconhecimento do modelo de Monroe, podemos dizer que essa poderia ser uma manifestação do Local 2.

O Campo do Ponto Zero

Em nossa busca pela compreensão da experiência fora do corpo, eu já havia mencionado, enigmaticamente, uma potencial nova forma de energia que poderia resolver para sempre a crise mundial ocasionada pelo inevitável esgotamento das nossas reservas de energia baseadas no carbono. Chamado de energia do ponto zero, ou EPZ, esse recurso pode ser encontrado, literalmente falando, em todos os lugares possíveis e oferece um potencial de tamanha proporção que patentes já foram concedidas a dispositivos projetados para processar e converter essa energia em um recurso utilizável.

No entanto, o que muitos comentadores deixaram de assinalar é o fato de que a EPZ também tem profundas implicações para a nossa compreensão do que, exatamente, faz o universo funcionar e, por sua vez, essa fonte de energia pode reter a chave para a compreensão do maior de todos os mistérios – a consciência.

Então, o que queremos dizer quando usamos a expressão energia do ponto zero? Bem, para começar a compreender esse novo conceito, temos de desconsiderar a maior parte do que nos foi ensinado sobre a natureza do vácuo.

A maior parte das pessoas que receberam uma educação básica em ciências aprendeu que o espaço é exatamente isso – vazio. É claro que, na Terra, nenhum espaço é sempre *realmente* vazio, mas o espaço externo é um conceito totalmente diferente. Por definição, ele é vazio de qualquer coisa. No século XIX, a ideia de que o espaço externo era realmente vazio era uma imensa questão. O problema era simples – a energia eletromagnética. Como já discutimos, a ideia de que a luz era uma onda que viajava através do espaço como uma onda sonora viaja através do ar era reconhecida como um "fato" científico. Nisso residia o problema. O som, em si mesmo, não existe. Ele é simplesmente uma onda de compressão que viaja no ar como as ondas viajam na água (as quais, novamente, se você pensar sobre isso, não existirão se não houver água – não haverá onda se não houver água para ela ondular!). Mas ficou claro que as ondas luminosas de fato viajam através do vácuo do espaço sideral. Então, como a luz e o calor conseguem percorrer o espaço entre o Sol e a Terra? O que estava ocasionando a "ondulação"?

Na tentativa de resolver esse enigma, cientistas vitorianos propuseram a ideia de que o espaço não estava vazio, mas continha uma substância que carregava as ondas eletromagnéticas através do espaço. Essa substância foi chamada de "éter luminífero". Seu papel é esclarecido pelo significado da palavra "luminífero", que significa "transportador da luz". No entanto, não havia nenhuma evidência de que essa substância invisível de fato existisse, exceto como uma ferramenta para que um paradigma científico permanecesse incontestado contra todas as evidências em contrário. Em 1887, dois pesquisadores norte-americanos, Albert Michelson e Edward Morley, demonstraram, em um experimento muito engenhoso, que o éter luminífero não existia.

Essa foi uma das primeiras descobertas que contribuíram para o conceito do atual paradigma da ciência. Se a luz era uma onda – e a experimentação comprovou sem dúvida que ela era – então como ela poderia viajar através do espaço vazio?

Lembre-se de que, em 1905, Albert Einstein provou que a luz era também particulada – ela era constituída de minúsculas partículas individuais chamadas fótons. O problema da propagação da luz foi resolvido. Partículas existem por si mesmas e, portanto, não precisam de um meio no qual possam viajar. Portanto, partículas luminosas poderiam facilmente voar através do espaço entre o Sol e a Terra.

É irônico que recentes descobertas a respeito da natureza do próprio espaço podem sugerir que estamos precisando de mais uma mudança de paradigma. Em um curioso eco vindo do passado, parece que uma substância semelhante ao éter pode realmente preencher todo o espaço. Ela é conhecida como o campo do ponto zero – um campo que preenche todo o espaço e é, de muitas maneiras, o pano de fundo para o que chamamos de "realidade".

Como discutimos anteriormente, um "campo" é um meio por cujo intermédio as informações são transferidas de uma partícula para outra. Vimos como o campo eletromagnético existe por toda parte. Bem, isso não é totalmente verdadeiro; no zero absoluto, todas as formas conhecidas de energia, inclusive a energia eletromagnética, se desvanecem. Esse espaço onde vigora essa temperatura extrema é, realmente, "espaço vazio", e acredita-se que seja o lugar onde o campo do ponto zero (CPZ) existe. Com efeito, ele se chama "ponto zero" porque se encontra no ponto em que a temperatura é o zero absoluto. Por acordo internacional, o zero absoluto é definido como 0 K na escala Kelvin, −273,15 °C na escala Celsius e −459,67 °F na escala Fahrenheit.

Esse é um lugar muito estranho, em diversos aspectos ligado ao mundo quântico simplesmente por meio de seu próprio ambiente. Mas o que é de grande importância para mim em minha busca por uma explicação das experiências ecsomáticas é o fato de que nessas temperaturas superbaixas outro fenômeno também ocorre – a criação dos condensados de Bose-Einstein. Será que dentro do mais profundo espaço interior, nessa região do menor tamanho possível e onde vigora a menor temperatura possível, o lugar mesmo que David Bohm sugeriu como local para sua "ordem implicada", a energia do ponto zero forneceria o combustível para a criação dos condensados de Bose-Einstein? Poderia ser esse o modelo unificado que estivemos procurando? De acordo com Ervin Laszlo, filósofo húngaro de renome mundial, o campo do ponto zero é o estado fundamental último do universo. De fato, em seu livro *Science and the Akashic Field**, ele vai mais longe e sugere que o CPZ é o estado fundamental de *tudo* – o Akasha das grandes religiões e filosofias orientais, o lugar que contém os registros de toda e qualquer coisa que já

---

* Em português, *A Ciência e o Campo Akáshico: Uma Teoria Integral de Tudo*, publicado pela Editora Cultrix, São Paulo, 2008. (N.T.)

ocorreu no universo e, possivelmente, de toda e qualquer coisa que ocorrerá até o Big Crunch [Grande Esmagamento], e talvez até mesmo além dele.

De repente, não existe tal coisa como o espaço vazio ou um vácuo verdadeiro, mesmo no zero absoluto. A energia do ponto zero (EPZ) é o equivalente à energia eletromagnética no nível do CPZ e é, portanto, ainda mais onipresente do que os fótons. Ela está, literalmente falando, em todos os lugares possíveis. Isso inclui o espaço vazio no interior do átomo. Pode ser uma surpresa para você, mas cerca de 99,99% de seu corpo é feito do que se costumava pensar que fosse espaço vazio. Cada elemento em seu corpo é composto de trilhões de moléculas. Por sua vez, cada molécula consiste em átomos dispostos em configurações particulares. A maioria das pessoas supõe que os átomos são minúsculas bolas rígidas de bilhar. Elas não são. Como já dissemos, elas são, em sua maior parte, e talvez até mesmo inteiramente, constituídas de espaço vazio, mais especificamente, de um núcleo minúsculo com elétrons girando em torno dele em uma nuvem de probabilidades. Mais uma vez, quase todas essas formas são constituídas de espaço vazio. Agora, isso é espaço real porque, ao contrário do espaço exterior, onde objetos podem existir, no espaço atômico e nuclear não há, literalmente falando, nada mais a não ser a EPZ.

Ora, é aqui que as possibilidades adquirem realmente uma estatura alucinante. O professor Laszlo acredita que os Registros Akáshicos dos místicos e teosofistas são idênticos ao campo do ponto zero. Ele chama esse novo conceito de "Campo Akáshico". Se acrescentarmos a ele o papel dos microtúbulos, como intermediários entre o mundo quântico e o mundo que percebemos, estaremos desenvolvendo um desafiador modelo de consciência.

É lógico concluir que os microtúbulos do cérebro poderiam ter uma comunicação direta com o CPZ e, por implicação, com o campo akáshico de Laszlo, por meio da forma de energia eletromagnética que discuti antes, a enigmática "luz coerente".

Isso é significativo, uma vez que os físicos japoneses Isuki Hirano e Atsushi Hirai sugeriram que cada micropulso de luz gera hologramas de um só fóton. Ora, há, literalmente falando, trilhões de microtúbulos no corpo humano. Se cada um deles pode criar hologramas de um só fóton, então a quantidade de informação que o corpo humano pode armazenar é efetivamente ilimitada.[62]

Em outro artigo, Peter Marcer e Walter Schempp mostraram que a comunicação entre microtúbulos através de todo o corpo funciona de uma maneira não local. Em outras palavras, a informação é transferida instantaneamente entre diferentes locais dentro do corpo.[63]

Porém, o mais surpreendente fato isolado a respeito dos microtúbulos é que quaisquer dois microtúbulos paralelos estreitamente próximos um do outro produzirão um intenso feixe de luz de um único comprimento de onda na direção de seu parceiro. Imensas quantidades de informação poderiam ser codificadas dentro dessas faixas de comprimentos de onda.

Essa luz coerente é gerada a partir de condensados de Bose-Einstein nas profundezas do próprio cérebro. Como vimos, esse estado peculiar da matéria funciona em um estado de comunicação não local. No entanto, ainda mais significativo é o fato de que os condensados de B-E passam a existir quando um gás diluído é resfriado até um estado um pouco acima do zero absoluto. Com efeito, isso significa que os condensados de B-E precisam adquirir sua energia de uma fonte diferente do espectro eletromagnético. Não seria razoável sugerir que essa fonte de energia possa ser o CPZ e, por implicação, o Campo Akáshico?

Se for esse o caso, então seria por meio de tal processo que a consciência adquire quantidades ilimitadas de informação. Os dados codificados vindos do CPZ são carregados (*uploaded*) pelos condensados de B-E sob a forma de luz coerente. Em seguida, essa luz coerente gera hologramas de um só fóton entre microtúbulos estreitamente próximos. Os padrões de interferência gerados dessa maneira podem, então, ser comunicados através do cérebro por via não local.

Será que é por meio desse processo que a visão remota pode funcionar? Será que o vidente remoto, literalmente falando, coleta informações "dobradas" nas profundezas do CPZ? Isso certamente explicaria por que a informação é imprevisível e parece ter natureza onírica. De fato, há um argumento razoável sugerindo que, às vezes, o local vivenciado pode estar em uma Terra, mas não nesta. Se aplicarmos o cenário dos Muitos Mundos de Everett ao nosso modelo, então, às vezes, o vidente remoto pode estar percebendo o mesmo local em outra versão da Terra.

A partir disso, pode-se também explicar como os Locais 2 e 3 de Monroe poderiam encontrar-se em universos alternativos. Aqui há também uma possibilidade de que até mesmo o Local 1, que pode parecer muitíssimo com a "realidade", é, na verdade, uma Terra estreitamente relacionada à nossa, mas não idêntica a ela, e localizada em outro universo de Everett. Os detalhes dessa Terra podem ser carregados (*uploaded*) a partir do CPZ e apresentados à consciência como uma imagem holográfica tridimensional que parecerá real, e de fato, em algum sentido, provavelmente é real.

Em um capítulo anterior, mostrei como Tom Campbell e seu colega Dennis Mennerich conceberam o processo HemiSync®, que coloca o cérebro em um estado conhecido como "sincronia". Esse estado parece abrir a consciência, de tal maneira que ela consegue ter acesso direto ao Campo Akáshico. Assim, pessoas que usam o HemiSync® afirmam que viajam para fora do seu corpo e para outros lugares, que são, sem dúvida, os mesmos que Robert Monroe chama de Locais 2 e 3. Porém, há mais coisas que podemos dizer sobre isso. Parece que a produção de energia eletromagnética coerente e sincronizada no cérebro, a uma dada frequência, produz condições "semelhantes às do laser". Isso, por sua vez, gera uma sincronia entre os dois hemisférios do cérebro.

No meu segundo livro, *The Daemon – A Guide to Your Extraordinary Secret Self*, sugiro que todos os seres humanos consistem em duas consciências independentes. Eu as chamo de *Daemon* e *Eidolon*. O *Eidolon* está localizado no hemisfério dominante do cérebro; ele é o eu "cotidiano", o ser que chama a si mesmo de "eu" ou de "mim". O habitante do hemisfério não dominante, o *Daemon*, é uma entidade muito mais complexa. Na verdade, esse ser tem acesso a quantidades consideráveis de informações negadas ao *Eidolon*. Em palavras simples, ele é o "Eu Superior", o "Supereu (*Overself*)" ou o *Neshamah* da Cabala. Sugiro, além disso, que pode haver uma situação na qual o *Daemon* e o *Eidolon* podem tornar-se um único ser, um ser unitário. Chamo esse ser de "Díada" e sugiro que esse é o estado que muitos adeptos e seres humanos espiritualmente avançados alcançam depois de muitas "encarnações". Além disso, é altamente possível que a aplicação de qualquer processo que produza sincronia no cérebro possa cortar caminho, avançando por um atalho nessa evolução, embora por um período de tempo muito curto.

No entanto, por mais sedutor que esse modelo possa parecer, ele tem seus problemas. O principal é que os condensados de B-E só podem existir em temperaturas extremamente baixas. O cérebro humano é um lugar muito quente e úmido, no qual a temperatura ambiente é de 37 ºC, enquanto os condensados de B-E só se manifestam em −272,78 ºC. Esse fato foi apontado pelo físico de partículas Max Tegmark; ele assinala que a função de onda pode existir em um estado coerente, mas apenas durante intervalos de tempo minúsculos, antes de, rapidamente, perder a coerência dentro do ambiente quente e úmido do cérebro. Ele calculou que esse intervalo seria algo em torno de 100 femtossegundos.[64]

Mas os hologramas de um só fóton sugeridos por Hirano e Hirai precisam exatamente das temperaturas quentes encontradas dentro dos fluidos celulares onde estão imersos os microtúbulos.

No meu primeiro livro *Is There Life After Death? – The Extraordinary Science of What Happens When We Die*, sugiro que a mente humana registra todos os eventos, pensamentos e sentimentos que temos durante toda a vida. Além disso, sugiro que essa "gravação" é reproduzida no momento da morte, naquilo que os pesquisadores da experiência de quase morte (EQM) conhecem como "Revisão Panorâmica da Vida". Chamo essa gravação de *IMAX Bohmiano* em homenagem a David Bohm. Depois de pesquisar materiais para este livro, cheguei à conclusão de que o "BIMAX" é mais do que simplesmente uma memória gerada pelo cérebro; é, na realidade, a pessoa que está morrendo tendo acesso à sua própria seção do Campo Akáshico (CPZ) por meio da interação da EPZ com os condensados de B-E dentro dos microtúbulos. É uma ampliação do modelo de Laszlo, exclusivo para o CPZ, dos condensados de B-E de Hirano e Hirai e do colapso da função de onda nos microtúbulos na visão de Penrose e Hamerhoff. Gostaria, portanto, de expandir o meu modelo, originalmente limitado à revisão "panorâmica" da vida, gerada internamente, de modo a abranger esse modelo, muito mais amplo e mais satisfatório, mas também de modo a descrevê-lo como o IMAX Bohmiano.

Poderia ser isso o que realmente acontece quando certos indivíduos se encontram em outros locais? Na minha opinião, experiências regulares fora do corpo, que resultam em um experimentador vendo seu próprio corpo a partir de um ponto de vista externo, podem ser explicadas aplicando-se os resultados dos experimentos de Olaf Blanke e Henrik Ehrsson discutidos no Capítulo 8. Isso pode ser uma elaborada ilusão e, como tal, explicaria a escassez de informações verídicas em apoio à ideia de que se trata de uma experiência "real". No entanto, acredito que a "clarividência viajante" e a visão remota são fenômenos muito diferentes, como são os sonhos lúcidos e as viagens a outras dimensões.

Na minha opinião, o modelo do CPZ realmente sugere uma explicação da experiência ecsomática que transcende o atual impasse entre o materialismo e o idealismo. Nenhuma das posições é certa ou errada. É a compreensão da linha de base do funcionamento do universo que é imperfeita.

Por exemplo, tomemos os conceitos cabalistas de Chockmah, Kether e Yesod, e apliquemos a eles a minha interpretação para descobrir o que esses conceitos esotéricos significam no âmbito de meu modelo revisado.

Chockmah incorpora todos os comprimentos de onda luminosos que podem ser percebidos pela mente. Como vimos, é possível que a parte visível do espectro eletromagnético estimule a produção de DMT dentro da glândula pineal. Esta, por sua vez, gera uma percepção de luz interior quando associada a um padrão estroboscópico, tal como o que é gerado pelo *LL-stimulator* de Winkler e Proeckl. De acordo com Dubuis, Chockmah também é experimentada pela mente ecsomática como um domínio de ausência de espaço, ou, mais especificamente, como um local onde tudo o que está dentro da Criação existe em um mesmo lugar. Não é exatamente assim que Laszlo descreve o campo do ponto zero? Na verdade, isso também tem ecos imensos da ordem implicada de David Bohm.

Kether é definido como "a Coroa". De acordo com o Zohar, ela é a "mais oculta de todas as coisas". Outros esoteristas, como Dion Fortune, descrevem Kether como um ponto que se cristaliza a partir da imensidão da infinidade não manifesta conhecida como *Ain Soph*. Uma variação desse último é o *Ain Soph Aur*, que se traduz do hebraico como "luz infinita". Tal localização pontual que contém enormes quantidades de luz poderia ser interpretada como um buraco negro ou, mais precisamente, como a outra extremidade de uma Ponte de Einstein-Rosen, um objeto conhecido como "buraco branco", do qual a luz emana.

O astrofísico Stephen Hawking sugeriu que o campo do ponto zero pode estar totalmente cheio de minúsculos buracos negros. Tecnicamente conhecidos como "buracos negros quantomecânicos", esses minúsculos objetos podem ser apenas ligeiramente maiores do que o menor tamanho possível de espaço, o "comprimento de Planck". Como sabemos, essa é a distância incrivelmente minúscula de 10^{-33} centímetros. Se Hawking está correto, então esses minúsculos buracos negros preenchem todo o espaço vazio, transformando assim o vácuo em um *plenum*. Portanto, o cérebro humano teria trilhões e trilhões desses objetos, todos eles sugando energia eletromagnética. Cada um deles é uma Ponte de Einstein-Rosen em potencial. O que é ainda mais intrigante é o fato de que, onde houvesse microburacos negros, haveria também microburacos brancos cuspindo luz. Como essa luz consistiria em fótons que estão "entrelaçados", ela seria coerente e, como já sabemos, luz coerente gerada dessa maneira é conhecida como um condensado de Bose-Einstein. Esses condensados fluem do campo do ponto zero e estimulam os trilhões de microtúbulos dentro dos bilhões de neurônios a criar a experiência holográfica que viemos a conhecer como "realidade". Se isso estiver correto, então o mundo exterior é gerado internamente, e é uma percepção intensamente pessoal construída a partir de nossa própria história psicológica e das experiências de cada ser humano que já viveu e que virá a existir. Esse é o campo do ponto zero, também conhecido como Registros Akáshicos.

Será que temos uma resposta potencial para o mistério da experiência ecsomática? Durante séculos, a palavra "iluminação" tem sido usada para descrever a abertura da consciência às verdades ocultas e às experiências místicas. Será que esta é a suprema descoberta, a de que somos, de fato, iluminados pela luz, e que a realidade tem muito, muito mais níveis do que podemos imaginar?

Epílogo

MEU ENCONTRO COM LUCIA, em Genebra, foi seguido por um jantar. Evelyn, Engelbert, Dirk, o filho de Engelbert, Elias, e eu nos juntamos ao especialista em *déjà-vu*, o dr. Arthur Funkhouser, ao pesquisador Mike Horner e a um canadense, croata de nascimento, chamado Pier Rubesa. Discutimos muitas áreas de interesse mútuo, e todos nós tivemos uma noite maravilhosa. No entanto, eu ainda me encontrava em um curioso estado mental; os acontecimentos da tarde haviam produzido uma profunda mudança em mim. De alguma maneira, eu me sentia mais vivo e meus sentidos pareciam mais sintonizados com o que estava acontecendo ao meu redor. Além disso, algo significativo aconteceu mais tarde, depois que eu havia me retirado. Acordei nas primeiras horas da manhã com uma sensação peculiar no centro da minha testa. Era como se uma pequena serpente estivesse se movendo cerca de 7,5 centímetros acima da base do meu nariz. Qualquer coisa que eu fizesse, a sensação permanecia. Às vezes, ela dava a sensação de uma vibração, e em outros momentos, parecia mais um latejamento. Não era perturbadora em nenhum sentido, mas certamente era estranha.

No dia seguinte, vi-me arrebatado, ao longo das margens do Lago de Genebra, até uma pequena cidade chamada Clarens, pouco além de Montreux. Mike, Evelyn e eu estávamos a caminho do Centro de Pesquisas Bio-Harmônicas de Pier Rubesa, às margens do lago. Chegamos no meio da manhã, com o lago parecendo um enorme espelho refletindo as montanhas francesas no lado oposto. Era um local idílico.

Pier estava ansioso para que eu acrescentasse mais um evento "Lucia" às minhas pesquisas, dando-me a oportunidade de entrar em contato com outro cenário de produção de estado alterado para a mente. Em seu estúdio, ele montou três enormes alto-falantes que estavam ligados ao seu computador. Com isso, ele conseguia modular as frequências do som de tal maneira que as ondas sonoras podiam ser focalizadas em um só ponto. É o lugar em que o sujeito está localizado dentro do quarto.

Pela segunda vez em dois dias, eu me vi deitado e concentrando-me em uma fonte exterior de estímulo sensorial. Dessa vez, foi o som. Assim como no caso do *LL-stimulator*, demorou alguns minutos para que meu cérebro entrasse em sintonia com o que estava ocorrendo. De repente, senti alguma coisa que reconheci de imediato. Era um formigamento nas veias do meu braço. Podia perceber o sangue correndo por elas e, em seguida, como eu esperava, senti o sangue começar a vibrar e uma sensação de aperto ao redor da minha cabeça. Já havia tido essa sensação muitas vezes na vida, mas foi essa a primeira vez depois de cerca de cinco anos. Reconheci isso como algo coloquialmente conhecido como "Síndrome do Restaurante Chinês". Assim que começou, eu sabia que era de grande importância.

A profissão médica sabe que a SRC é provocada por uma reação "alérgica" ao aditivo alimentar glutamato monossódico. Sem dúvida, os sons ambientes que vinham até mim de três direções diferentes modularam-se mutuamente até formarem um único tom, um tom puro. Esse som estimulava a produção do neurotransmissor glutamato nas sinapses do meu cérebro. Como já havíamos comentado, o glutamato é o mensageiro químico-chave nos lobos temporal e frontal, e tem importância central no funcionamento do hipocampo. O dr. Karl Jansen, do Hospital Maudsley, em Londres, mostrou que esse neurotransmissor pode ser responsável pela experiência de quase morte, bem como pela ação de facilitar a epilepsia do lobo temporal e as auras de enxaqueca. O que a paisagem sonora de Pier estava criando em meu cérebro era um "estado alterado de consciência" clássico, e o que aconteceu a seguir, portanto, não deveria ser nenhuma surpresa para mim. Mas foi. A vibração na minha glândula pineal recomeçou, só que dessa vez muito mais suave do que com o *LL-stimulator*. Senti que eu balançava de um lado para o outro como se estivesse em um pequeno barco em um mar agitado. Depois de alguns segundos, esse "mar" se apaziguou e a paisagem sonora desapareceu. Minha segunda "viagem" em dois dias tinha chegado ao fim, e com ela minha velha compreensão da palavra "realidade".

De acordo com o falecido filósofo-matemático Michael Whiteman, nossa compreensão do funcionamento definitivo do universo não pode ser completada porque a visão de mundo dominante é, como ele a chamou, um "naturalismo de um só nível".[65] Ele descreveu isso como:

> Em primeiro lugar, existe apenas um espaço e um tempo reais... Em segundo lugar, as únicas "realidades" são partículas punctiformes e campos... Em terceiro lugar, há um conjunto completo de leis matemáticas por meio das quais as medidas para partículas e campos são determinadas com exatidão para todo o tempo futuro.[66]

O naturalismo de um só nível não é mais um modelo adequado por meio do qual tentamos medir a natureza observada do universo. Como já descobrimos, a física quântica nos mostra que a matéria é construída a partir de uma substância que tem propriedades de onda e que colapsa em objetos punctiformes por meio do ato de observação ou de medição. Einstein mostrou que não há nada de absoluto a respeito do espaço e do tempo. Na verdade, concordo plenamente com Whiteman quando ele afirma que esse modelo não pode sequer começar a explicar a consciência, o eu, o livre-arbítrio, o significado, o conhecimento ou a moralidade. Whiteman fez uma descrição maravilhosamente precisa desse erro; ele afirmou que nós confundimos "realidade com aparência".[67]

Essa é a posição em que eu estava quando comecei minhas pesquisas para este livro. No entanto, à medida que eu descobria mais sobre o fenômeno ecsomático, percebia que jamais iria encontrar a "prova" de que tais experiências acontecem na realidade consensual, e isso porque, pela sua própria natureza, essas percepções não podem ser medidas por qualquer métrica científica conhecida. A maioria dos escritores e pesquisadores, inclusive eu mesmo, tem tentado encontrar respostas usando o naturalismo de um só nível de Whiteman. Mesmo as próprias pessoas que as experimentaram compreenderam que suas percepções fazem parte desse modelo; é por isso que elas sempre falham quando tentam comprovar suas experiências ecsomáticas todas as vezes em que são solicitadas a fornecer evidências verídicas de suas percepções fora do corpo.

Depois de minhas duas experiências na Suíça, agora sei exatamente por que o estado ecsomático é uma percepção tão maravilhosamente iluminadora, e, uma vez experimentada, o mundo se torna um lugar muito diferente.

Minha glândula pineal agora está ativa, e estou aguardando o próximo desenvolvimento desse emocionante jogo de primeira pessoa chamado *Vida*.

Notas

1. Segal, Suzanne, *Collision with the Infinite*, Blue Dove Press, 1998, p. 49.
2. Kowalski, Marek e Rubin, David, "Improved Cosmological Constraints from New, Old and Combined Supernova Datasets", *The Astrophysical Journal* 686, pp. 749-78, University of Chicago Press, 27 de outubro de 2008, pp. 103-04.
3. Stavish, Mark, *Between the Gates – Lucid Dreaming, Astral Projection and the Body of Light in Western Esotericism*, Weiser Books, 2008, pp. 103-04.
4. Blavatsky, H. P., *The Key to Theosophy*, Theosophical University Press, 2002, p. 121.
5. Hinckley, Bryant S., *The Faith of Our Pioneer Fathers*, Deseret, 1959, p. 183.
6. Ibidem
7. Clark, Kimberley, "Clinical Interventions with Near-Death Experiencers", em *The Near-Death Experience – Problems, Prospects, Perspectives*, B. Greyson e C. P. Flynn (orgs.), Charles C. Thomas, 1984, pp. 242-55.

8   Van Lommel, P., *et al.*, "Near-Death Experience in Survivors of Cardiac Arrest: A Prospective Study in the Netherlands", *The Lancet* 358, 2001, pp. 2.039-45.
9   Smit, Rudolf H., "Corroboration of the Denture Anecdote Involving Veridical Perception in a Near-Death Experience", *Journal of Near-Death Studies* 27, 1, 2008.
10 Lindley, J. H., Bryan, S. e Conley, B., "Near-Death Experiences in a Pacific Northwest Population: The Evergreen Study", *Anabiosis* 1, 1981, p. 109.
11 Ibidem, p. 110.
12 Augustine, K., "Hallucinatory Near-Death Experiences", *Infidels Net* (2008), e uma versão mais resumida, "Near-Death Experiences with Hallucinatory Features", *Journal of Near-Death Studies* 26, 1, 2007, pp. 3-31.
13 Holden, Janice M., "Visual Perception During Naturalistic Near--Death Out-of-Body Experiences", *Journal of Near-Death Studies* 7, pp. 107-20.
14 Ibidem
15 Holden, Janice M. e Joesten, Leroy, "Near-Death Veridicality Research in the Hospital Setting: Problems and Promise", *Journal of Near-Death Studies* 9, 1, 1990, p. 46.
16 Greyson, B., Holden, J. M. e Mounsey, J. P., "Failure to Elicit Near-Death Experiences in Induced Cardiac Arrest", *Journal of Near-Death Studies* 25, 2, 2006, pp. 85-98.
17 *Daily Telegraph*, 18 de setembro de 2008.
18 Ring, K. e Elsaesser-Valarino, E., *Lessons from the Light*, Moment Point Press, 2006, p. 77.
19 Ibidem
20 Monroe, Robert A., *Journeys Out of the Body*, Broadway Books, 2001, p. 30.
21 Ibidem, p. 47

22 Monroe, Robert A., *Journeys Out of the Body*, Broadway Books, 2001, p. 71.
23 Tart, Charles T., "Six Studies of Out-of-the-Body Experiences", *Journal of Near-Death Studies*, março de 1997.
24 Monroe, Robert A., *Journeys Out of the Body*, Broadway Books, 2001, p. 87.
25 Ibidem, p. 131.
26 Ibidem, p. 24.
27 Swann, Ingo, *To Kiss Earth Goodbye*, Dell, 1975, pp. 118-19.
28 Targ, Russell e Puthoff, Harold, *Mind Reach*, Hampton Roads, 2005, p. 26.
29 Ibidem, pp. 27, 28.
30 Ibidem, 2005, p. 2.
31 Ibidem, 2005, p. 208.
32 Ibidem, 2005, p. 210.
33 Vieira, Waldo, *Projections of the Consciousness – A Diary of Out-of-Body Experiences*, IAC, 2007, p. 59.
34 Campbell, Thomas, *My Big Toe – Book 1, Awakening*, Lightening Strike Books, 2007, p. 76.
35 http://www.eckankar.org/soultravel.html.
36 Twemlow, Gabbard e Jones, "The Out-of-Body Experience: A Phenomenological Typology Based on Questionnaire Responses", *American Journal of Psychiatry* 139, abril de 1982, pp. 450-55.
37 Monroe, Robert A., *Journeys Out of the Body*, Broadway Books, 2001, p. 28.
38 Waggoner, Robert, *Lucid Dreaming – Gateway to the Inner Self*, Moment Point Press, 2009.
39 Campbell, Thomas, *My Big Toe*, Lightening Strike Books, 2003.
40 Yuschek, Thomas, *Advanced Lucid Dreaming*, Lulu, 2006, p. 9.
41 Ibidem, p. 164.

42 Monroe, Robert A., *Journeys Out of the Body*, Broadway Books, 2001, p. 26.
43 Twemlow, S. W. e Gabbard, G., *With the Eyes of the Mind: An Empirical Analysis of Out-of-the-Body States*, 1984.
44 Wilson, Ian, "Interview with Robert Waggoner", *The Lucid Dream Exchange*, junho de 2010.
45 Blanke, O., Ortigue, S., Landis, T. e Seeck, M., "Stimulating Own-Body Perceptions", *Nature* 419, 2002, pp. 269-70.
46 Olney *et al.*, "Excito-Toxic Mechanisms of Epileptic Brain Damage", *Advances in Neurology* 44, 1986, pp. 857-77.
47 Jansen, K. L. R., "Neuroscience and the Near-Death Experience: Roles for the NMDA-PCP Receptor, the Sigma Receptor and Endopsychosins", *Medical Hypotheses* 31, 1990, pp. 25-9.
48 _____., "Neuroscience, Ketamine and the Near-Death Experience", em *The Near Death Experience*, Bailey, L. e Yates, J., orgs., Routledge, 1996.
49 Grinspoon, L. e Bakalar, S., *Psychedelic Drugs Reconsidered*, Basic Books, Nova York, 1981.
50 Quirion *et al.*, "Evidence for an Endogenous Peptide Ligand for the Phencyclidine Receptor", *Peptides* 5, 1984, pp. 967-77.
51 Carr, D. B., "Endorphins at the Approach of Death", *Lancet* 1, 1981, p. 390.
52 _____., "On the Evolving Neurobiology of the Near-Death Experience", *Journal of Near-Death Studies* 7, 1989, pp. 251-54.
53 Fontanilla *et al.*, "The Hallucinogen N, N-Dimethyltryptamine (DMT) Is an Endogenous Sigma-1 Receptor Regulator", *Science*, 323, 5.916, fevereiro de 2009, pp. 934-37.
54 http://metatoninresearch.org/Home.html.
55 Monroe, Robert A., *Journeys Out of the Body*, Broadway Books, 1977, p. 24.
56 Feynman, R., *The Character of Physical Law*, Penguin, Londres, 1992, p. 29.

57 Conheço duas excelentes explicações não técnicas da Desigualdade de Bell. Uma delas pode ser encontrada nas páginas 227-31 do livro *Entangled Minds*, de Dean Radin. A outra, ligeiramente mais técnica, pode ser encontrada nas páginas 143-51 de *Quantum Enigma – Physics Encounters Consciousnes* por Bruce Rosenblum e Fred Kuttner.

58 Aspect, A., Dalibaed, J. e Roger, G., "Experimental Test of Bell's In-Equalities Using Time-Varying Analyzers", *Physical Review Letters* 49, 1982, p. 1.804.

59 Marcikic, I., De Riedmatten, H., Tittel, W., Zbinden, H., Legre, M. e Gisin, N., "Distribution of Time-Bin Entangled Quibits over 50 km of Optical Fibre", *Physical Review Letters* 93, 2004.

60 Bohm, D., *Wholeness and the Implicate Order*, Routledge & Kegan Paul, 1980, p. 17. 2. [Em português, *A Totalidade e a Ordem Implicada*, Editora Cultrix, São Paulo, 1992, fora de catálogo.]

61 Buhlman, William, *Adventures Beyond the Body*, Harper, 1996, pp. 16-8.

62 Hirano, I. e Hirai, N., "Holography in the Single Photon Region", *Applied Optics* 25, 1986, pp. 1.741-742.

63 Marcer, P. J. e Schempp, W., "Model of the Neuron Working by Quantum Holography", *Informatica* 21, 1997, pp. 514-19.

64 Isto é um quatrilionésimo, ou um milionésimo de bilionésimo de segundo. Para ter uma ideia melhor de quão pequeno é esse intervalo de tempo, saiba que um femtossegundo está para um segundo assim como um segundo está para cerca de 31,7 milhões de anos.

65 Whiteman, J. H. M., "Quantum Theory & Parapsychology", *Journal of the American Society for Psychical Research* 67, 1973, pp. 341-61.

66 Whiteman, J. H. M., "A Three-Tier Ontology for Parapsychology and Modern Physics", em *Parapsychology in South Africa*, J. C. Poynton (org.), 1975, p. 124.

67 Whiteman, J. H. M., *Old and New Evidence on the Meaning of Life, Vol. 1 – An Introduction to Scientific Mysticism*, Colin Smythe, 1986.

PRÓXIMOS LANÇAMENTOS

Para receber informações sobre os lançamentos da
Editora Pensamento, basta cadastrar-se no site:
www.editorapensamento.com.br

Para enviar seus comentários sobre este livro,
visite o site
www.editorapensamento.com.br
ou mande um e-mail para
atendimento@editorapensamento.com.br